Introduction to the Nature of Mind

Dzogchen Pema Kalsang Rinpoche

Translated by Christian A Stewart

Mahasandhi Publishing

Mahasandhi Publishing
5 Corinthian Court
West Hill Road
Cowes
Isle of Wight
U.K.

www.dzogchen-monastery.org

Cover photograph of Mura Rinpoche by Chris Stewart
Design and typeset by Mahasandhi Publishing

INTRODUCTION TO THE NATURE OF MIND
By Dzogchen Pema Kalsang Rinpoche
Translated by Christian A Stewart

First edition

ISBN: 978-0-9568596-3-1

CONTENTS

Translator's Foreword

This teaching, a commentary on Mipham Rinpoche's *Instruction to Point Out the Nature of Mind in the Tradition of the Senior Realised Ones, Entitled 'A Lamp to Dispel Darkness'*, was given by Dzogchen Pema Kalsang Rinpoche in the Lotus Ground Retreat Centre, Dzogchen Monastery, Tibet, in the summer of 2007. The teaching was requested by Gerong Tulku Ogyen Tenzin, of Gerong Monastery in Amdo, who also prepared the Tibetan transcript. It was republished as volume six of the Collected Works of Dzogchen Pema Kalsang Rinpoche, under the title *sems ngo mdzub tshugs kyi gdams pa gnad 'grol chos rje pad ma skal bzang gi zhal rgyun* by Gansu Nationalities Publishing House in 2018. This is also reproduced here in full.

This English translation was prepared based on both Lama Rinpoche's original oral teaching and the transcribed text. My numerous questions were patiently answered by Lama Rinpoche personally, his nephew and director of the Lotus Ground Retreat Centre, Mura Rinpoche, and Khenpo Ngedon Dorje.

It should go without saying that these direct and profound instructions must only be read by those who have already been authorised and empowered into the main Dzogchen practices. The importance of this and its consequences, are highlighted in the teaching itself:

> This teaching is not to be seen by unworthy vessels. If it is spread to anyone violating the bounds of secrecy, it is a violation of samaya. For that reason, wrathful yakshas will drink their heart's blood like yogurt and, having suffered in this life from all kinds of undesirable things, in the next they must to go to vajra hell.

Royalties from the sale of this book go directly to Dzogchen Monastery and its numerous beneficial projects. May this virtue enlighten all beings!

Christian A Stewart
August 2018

Lotus Ground Retreat Centre
Dzogchen Monastery, Tibet
www.dzogchen-monastery.org

BRIEF INTRODUCTION TO DZOGCHEN PEMA KALSANG RINPOCHE

Having received an intense and enlightening education with some of the most eminent masters of the 20th century, while still a teenager, Dzogchen Pema Kalsang Rinpoche became twelfth throne holder of Dzogchen Monastery. Throughout the bleak period of the 1960s and '70s, he managed to maintain and practise the Dharma in secret, and as soon as circumstances permitted, he completely rebuilt Dzogchen Monastery, Shirasing Buddhist College, and established the Lotus Ground Great Perfection Retreat Centre. He now devotes his time to teaching Dzogpa Chenpo to tens of thousands of students from all over the world, and to date, thirty-two volumes of his teachings have been published in Tibetan.

Pema Kalsang Rinpoche was born in the summer of 1943 in Dzachuka, Eastern Tibet, the homeland of many exceptional masters, including the great bodhisattva Patrul Rinpoche and the incomparable scholar Mipham Rinpoche. Lama Rinpoche's mother was the sister of the accomplished Dzogchen master Adro Socho, and she bore many signs of a dakini. Rinpoche's maternal uncle, the fourth Mura Rinpoche Pema Norbu, named the child Pema Kalsang.

When Pema Kalsang reached the age of five, Dzogchen Kontul Rinpoche, who had been very close to the second Pema Banza, travelled to Dzachuka and arrived at the family camp. As soon as the young Pema Kalsang saw the master, he went to him very joyfully, as if he was a good friend. He also recognised the knife strapped to Kontul Rinpoche's belt, saying 'That's mine!' The knife had belonged to the second Pema Banza. The names of Rinpoche's parents, his place of birth, and other details were found to correspond with the prophesies of Jamyang Khyentse Choki Lodro, the sixth Dzogchen Rinpoche, and other genuine masters, and Pema Kalsang was recognised as the third incarnation of Great Khenpo Pema Banza.

The first Dzogchen Pema Banza, also known as Padma Vajra or Pema Dorje, was considered the most learned master of his time. He presided as Head Khenpo in Shirasing Buddhist College for many years, and in the latter part of his life, lived and taught in the Dzogchen Lotus Ground. He was amazingly realised, and in particular, in visions of the wisdom body of All-knowing Jigme Lingpa, attained indications of realising the ultimate lineage, thereby receiving direct transmission of the Heart

Essence teachings. Great Khenpo Pema Banza had many eminent students, including Mipham Rinpoche, Jamyang Khyentse Wangpo, the fourth Shechen Gyaltsab, Do Khyentse, the third Dodrupchen, Adzom Drukpa, the fifth Shechen Rabjam, and the treasure revealer Lerab Lingpa.

Pema Banza is in turn considered to be the emanation of Zurchen Choying Rangdrol, who was the Tantra master, root guru, and Dzogchen master to none other than the Great Fifth Dalai Lama. He is a very important and influential figure in Tibetan Buddhism, numbering many eminent masters of the seventeenth century among his students.

While Pema Kalsang Rinpoche was growing up, he lived and studied with his root guru Khenpo Yonten Gonpo, and the sixth Dzogchen Rinpoche, in the Lama Palace of Dzogchen Monastery. Together they also travelled to the monastery of Dzongsar Khyentse Jamyang Choki Lodru to receive empowerments of the old and new traditions, Sutras, Tantras, and treasure texts. In 1955, Lama Rinpoche, together with Khenpo Yonten Gonpo and the sixth Dzogchen Rinpoche, travelled to Central Tibet and Tsang on extensive pilgrimage and met many great lamas, including a young 14th Dalai Lama. Following their return, from the age of fourteen to sixteen, Lama Rinpoche lived in the Long Life Retreat Centre above the Dzogchen valley with great Khenpo Pema Tsewang, who taught him personally. This was to be the last opportunity Lama Rinpoche had to study with his masters.

In the autumn of 1958, when Lama Rinpoche was seventeen, Dzogchen Rinpoche took him to Gyalgi Drakkar, the retreat centre of Great Khenpo Tupten Nyendrak. With tears in his eyes, Dzogchen Rinpoche requested the khenpo to give Lama Rinpoche seventeen long life empowerments, corresponding in number to the years of his age. Dzogchen Rinpoche said to the khenpo, 'Very soon the Buddhist tradition will face great obstacles, and destruction. At that time don't worry about me, focus your attention on this young one', and he pointed to Lama Rinpoche. It was only a few days later the political situation deteriorated into violence.

During the winter of the following year, Lama Rinpoche, Dzogchen Rinpoche, and Khenpo Gonre were imprisoned in Dege for political re-education. At one stage, because he was still only a boy, Lama Rinpoche was allowed to return to Dzogchen. This was the last time he saw either Dzogchen Rinpoche or Khenpo Gonre. Lama Rinpoche himself recalls a brief exchange he had with Dzogchen Rinpoche several years earlier:

> One day, as we were sitting together, Dzogchen Rinpoche turned and said to me quite emphatically, 'I have no other heir but you. Do you

understand?' I didn't know it at the time, but later I realised what Rinpoche said to me that day was prophetic.

The next twenty years brought terrible suffering, even before the turmoil of the Cultural Revolution. Dzogchen Monastery and Shirasing Buddhist College were completely razed to the ground and Lama Rinpoche was sent to live in Dzogchen village. From 1959 to the late 1970s, under extreme duress and with no personal freedom, Lama Rinpoche was allotted the heaviest manual labour, forced to move earth and stones, make roads, and build houses for the Chinese. During the worst years, not only was he allocated heavy work during the day, but the evenings were filled with terrible political education sessions. Every so often, Lama Rinpoche was arrested and threatened with imprisonment, or even death, if he did not conform. He was often singled out as an object of intimidation, repression, and struggle. During the years of the Cultural Revolution, Lama Rinpoche was accused of various anti-revolutionary crimes, and forced to live in conditions worse than anyone else. It was only many years later that he was given the less demanding work of tailoring. In the words of Lama Rinpoche himself:

> More devastating than all of this was the complete waste of the crucial time when my youthful mental faculties were at their sharpest. My progress in studying general areas of knowledge and science, and in particular the traditions of Tibetan Buddhism, came to an abrupt end under the Cultural Revolution. The little knowledge I have of Dharma does not extend beyond that which I had when I was sixteen years old. If I had completed my education, I believe I would certainly have been able to write a few more Dharma-related books and leave a positive legacy which would benefit many future generations. However, the lives of my parents and family were taken when I was young, and my holy tutors, spiritual companions, and master khenpos were separated from me by force, leaving me alive but orphaned from their wisdom and love.

During this time, Lama Pema Kalsang Rinpoche prayed day and night for the revival of the precious Buddhist teachings. He risked everything to store secretly even the smallest piece of scripture or representation of the Buddha which came into his possession. He did not waste any time resting from the exhausting daily labour, but tirelessly practised the approach and accomplishment of the yidam, and the practices of generation, perfection, and Great Perfection. In this way he embraced the bad conditions into the path of Dharma to enhance his realisation.

In Rinpoche's own words:

> Despite all the physical and mental hardship and suffering that I endured, I also realised many beneficial aspects of these experiences, true teachers which cannot be found in the words of books. These included true renunciation of samsara, realisation of the impermanence and unreliability of worldly pursuits, the way to find inner happiness from undefiled samadhi, and non-separation from the lama who resides in the centre of the heart.

During the years 1978 and 1979, limited freedom to travel was allowed, and Lama Rinpoche took the opportunity to make pilgrimage to almost all the important holy sites of the Central and Tsang regions of Tibet. Travelling widely on foot, he managed to recover many important texts and statues which had escaped destruction. These he saved, and often carrying them on his back, brought them back to Dzogchen. In this way, he managed to preserve many sacred items which otherwise would have been lost or stolen.

Returning to Dzogchen, Lama Rinpoche gathered resources to build a small mantra wheel house on the site of the ruined Dzogchen Monastery, where only a few collapsed walls remained. This was barely permissible at the time, but he managed to complete its construction. Eventually, Lama Rinpoche was able to move back to the monastery grounds where he lived in a tent. Small pujas began to be held in makeshift buildings, and finally monks were permitted to wear robes once again.

In 1981, Lama Rinpoche began reconstruction of the ground floor of the Dzogchen Lama Palace. He based the design on the original building and began construction on the original site, finishing it the same year. This was the crucial first step in the revival of Dzogchen Monastery.

In the same year, Lama Pema Kalsang Rinpoche and Zankar Rinpoche, managed to get permission to establish the first Tibetan language college of Sichuan Province, on the original site of Shirasing Buddhist College. Lama Rinpoche went to great lengths to invite senior non-sectarian masters, the remaining holders of the Dzogchen teaching lineage, to give instruction on Tibetan language and other key subjects. Because Dzogchen is historically such an important seat, these eminent lamas and khenpos were willing to act as school teachers in the new Tibetan Language School.

At first the school was merely a few tents pitched on the site of the original college. Only later was it possible for basic classrooms and accommodation to be built. The school served as a lone outpost of learning and culture to educate a generation of Tibetans who otherwise would have had no opportunity to receive an education, or even study their own language. At that time, becoming a monk or nun was prohibited, so the school also served as a refuge for young men and women, where they were able to dedicate themselves to concentrated study. Later, the Tibetan Language School was moved to Dartsedo in Kham (Chn. Kanding), where it continues to provide comprehensive learning opportunities for young Tibetans; opportunities which are still very difficult to find elsewhere in the region.

In 1982, at the age of thirty-nine, Lama Rinpoche set out to travel on pilgrimage to India, but on the way was involved in a terrible car accident. He was seriously injured and almost died. In Lama Rinpoche's own words:

> I had managed to survive all the obstacles that threatened my life. I was the only one left of all the lamas and monks who had lived in the Lama Palace of Dzogchen. That I was able to continue to work for the Dharma at a time of extreme decline was certainly due to the power of Dzogchen Rinpoche's prayers, and the blessings of Khenpo Tupten Nyendrak's seventeen long life empowerments.

Lama Rinpoche was forced to spend a year in hospital where he underwent multiple operations to pin together broken bones, some of which had to be repositioned over and over again. Not disheartened, Lama Rinpoche recovered his strength, and relying on two walking sticks, travelled to India and Nepal, working for the teachings and making pilgrimage to all the major holy sites. During this time he was also reunited with His Holiness the 14th Dalai Lama. From India he visited Europe and the United States, where he gave teachings to many fortunate Westerners.

Having returned to Dzogchen, Lama Rinpoche took responsibility for the completion of the upper floors of the Lama Palace, as well as the reconstruction of the Grand Temple of Dzogchen Monastery. Despite the physical hardships, he once again joined in the manual labour on the construction site. Lama Rinpoche was also able to build a golden reliquary stupa to enshrine the relics of the sixth Dzogchen Rinpoche, which he had risked his life keeping hidden for twenty-five years. The stupa is now enshrined in the newly rebuilt Dzogchen Lama Palace.

From a prophecy of the Great Treasure Revealer Pema Namdrol Lingpa:

> On the supreme fearless lion throne
> Of Shri Singha Dharma Centre,
> Padma's mind emanation, named Pema,
> Will illuminate like the sun
> The excellent and enlightened qualities

Of all the Buddha's teachings,
And the thousand-petal lotuses
Of many young Pemas will bloom.

This prophecy was fulfilled when reconstruction of the great Buddhist College of Shirasing began in the fortunate dragon year of 1988. Lama Rinpoche used the small amount of money he received in compensation from his road accident to start the building work. In the past, the college was a highly specialised establishment accommodating only fifty or so of the most exceptional and promising tulkus and monks, together with the most eminent khenpos and lamas. Lama Rinpoche saw the opportunity for expansion, and constructed buildings to accommodate five hundred monks, and a large temple which could hold a thousand people. Again, Lama Rinpoche laboured personally on the construction to the extent that the soles of his feet cracked open.

When the building was complete, he invited many of the surviving senior and most learned masters from all schools of Tibetan Buddhism to revive the teaching lineages, and so Shirasing Buddhist College attracted students from all traditions. This was a very fragile time for the Dharma in Tibet, but Lama Rinpoche managed to bring up a new generation of monks, tulkus, and khenpos in the true Dharma, educating them to the highest possible standard. He spent the next ten years living in the college, focused on educating the younger generation, so there would be qualified teachers to spread the Dharma in the future.

Lama Rinpoche also revived the tradition of ordination in Tibet, and was the first master to give the vows of ordination in Samye Monastery after the Cultural Revolution, in the same temple where the first ever Tibetans became monks. Travelling extensively, he was invited to give teachings and empowerments in the great monastic seats of Dorje Drak, Mindroling, Palri, Jigme Lingpa's seat at Tsering Jong, Samye, and Drigang, as well as over a hundred of Dzogchen's branch monasteries. Lama Rinpoche also established extensive community aid and education programmes through his charitable organisation, the Kalsang Foundation.

In 2003, Lama Rinpoche completed the Lotus Ground Great Perfection Retreat Centre in Dzogchen Pema Tung, the site of his previous incarnation Pema Banza's retreat centre. It is from here that he now shares the blessings of one of the closest and most pure Longchen Nyingthig lineages in the world. Only five lineage holders connect All-knowing Jigme Lingpa with Lama Rinpoche, all of whom were truly eminent masters.

Despite being still very active in teaching, writing, and travelling, Lama Rinpoche now spends most of his time in silent retreat, rising early every day to engage in sessions of prostration, writing, and meditation. Working with all the tremendous hardships and challenges he has faced throughout his life, Lama Rinpoche fully embodies the activities of Buddha body, speech, and mind. With his body he rebuilt Dzogchen Monastery from the foundations up, with his speech he teaches the enlightened view of the Great Perfection, and with his mind he never ceases to benefit all sentient beings by transmitting realisation of Dzogchen Great Perfection.

General Outline of Dzogpa Chenpo

From the writings of Dzogchen Pema Kalsang Rinpoche

Luminosity Dzogpa Chenpo is the peak of all spiritual approaches, the ultimate intent of the victorious ones, the enlightened speech of Samantabhadra, teacher of the three inseparable buddha bodies. The tantras, those widely known and unknown in the Place of the Vajra, all that exist in their entirety, were first transmitted in the human realm to Vidyadhara Garab Dorje. Master Garab Dorje received the entire Dzogpa Chenpo teachings in person from Vajrasattva. Following this, together with wisdom dakinis, he compiled the tantras at the Illuminating Sun Mountain in the north of Oddiyana. This produced the twenty-two thousand tantras, six million four hundred thousand verses, thirty-five thousand chapters, twenty-one thousand sections, and one hundred and eighty volumes, and so on, of Dzogpa Chenpo.

Later, Master Manjushrimitra compiled the [Dzogchen teachings] into three [sections]:

1) Outer Mind Section.
2) Inner Space Section.
3) Secret Direct Instruction Section.

The Direct Instruction Section itself was arranged into four major divisions by Master Shri Singha, who also [arranged] the Mind Section into eighteen great tantras, and three general tantras making twenty-one, and the Space Section into three: white, black, and variegated. These were each divided into three sections of three, [making] nine Space [divisions in total].

The Direct Instruction Section was also divided into scattered [instructions], spoken [instructions], dispelling hindrances at the vital points, and together with our textual tradition of the tantras, was assembled into four divisions:

1) Outer Division.
2) Inner Division.
3) Secret Division.
4) Most Secret Unexcelled Division.

The Three Great Champions of Dzogpa Chenpo are Vimalamitra, Master Padmasambhava, and Vairotsana. Accordingly, the ultimate meaning of the all the sutras and tantras, Mind, Space, and Direct Instruction

Sections, are condensed into the Most Secret Unexcelled [Division]. [Here] the stages of liberating instructions of the luminous vajra essence are taught in Great Pandita Vimalamitra's *Vima Nyingtik*. He compiled the two: the explanatory tantras of complete essential instructions for liberation in this life, and the hearing lineage of the complete direct instructions for liberation in the natural manifestation of wisdom in the bardo.

In Shodot Taldro, Tibet, Guru Padma[sambhava] taught the *Heart Essence of the Dakini* to Dakini Yeshe Tsogyal, together with one hundred-thousand wisdom dakinis. In Gyalmo Tsawarong, Vairotsana translated and taught the complete tantras and direct instructions of the Mind and Space sections to Prince Yudra Nyingpo and others.

At a later time, All-knowing Longchen Rabjam [summarised] the oceanic Dharma precepts of the tantras, transmissions, and direct instructions, together with the explanatory tantras and hearing lineage, in the vast explanatory tradition of the pandita. [He composed] the *Seven Great Treasuries*, the *Finding Rest Trilogy*, and so on. Additionally, in the profound explanatory tradition of the kusali, [Longchenpa revealed] the two mother and two child *Heart Essences*. Thus, the teachings were spread and widely established in Tibet.

In terms of the texts of the remarkably exalted most secret unexcelled Dzogpa Chenpo tantras, scriptures, and direct instructions, in the tantric class there are the root *Seventeen Great Tantras of Most Secret Definitive Essence*, [added to which is] the *Blazing Expanse of Luminosity Tantra* and the tantra of Dharma Protector Troma, making nineteen. In terms of scriptures there are four [types]: those with golden letters, turquoise letters, copper letters, and conch letters. [In terms of the] heart of direct instructions, there are one hundred and nineteen, and so forth, the essence of which was unified into a single essential teaching by the two: All-knowing Longchen Rabjam and, in three visions of [Longchenpa's] wisdom body, All-knowing Jigme Lingpa, who reached the consummate enlightened intent of Dzogpa Chenpo natural manifestation perceived unconditionally. He combined the mother and child sections of the teaching into one, renowned as the '*Longchen Nyingtik*', with the warm blessings of the close lineage undiminished.

As for the meaning of Dzogpa Chenpo, it is not something newly contrived. The manner in which the natural state of all phenomena is originally spontaneously present is complete [or perfect], so this therefore is known as 'Dzogpa Chenpo'. This is the particular term for primordially abiding, naturally occurring wisdom.

How are all phenomena of samsara and nirvana complete in the nature of rigpa?

All phenomena of samsara are apparent yet uniformly non-existent, like last night's dream, and are nothing other than part of the expressivity of rigpa. Like the sun and sunlight, all phenomena of nirvana have the perfect spontaneously present nature of rigpa itself – wisdom that fully pervades all of samsara and nirvana – therefore it is termed 'chenpo' [or 'great']. To subdivide this, there are three:

1) Ground Dzogpa Chenpo.
2) Path Dzogpa Chenpo.
3) Result Dzogpa Chenpo.

As long as someone is a sentient being possessed of a mindstream, the unaltered and unadulterated essence of mind itself, the true natural state, is the threefold indivisible wisdom of empty essence, luminous nature, and all-pervasive compassion. That is the basis, therefore it is termed 'ground Dzogpa Chenpo'.

By means of our tradition of maturing empowerments and liberating instructions, a mindstream is matured and liberated. In the great purity and equalness of rigpa nature, [all] paths of the Secret Mantra Vajra Vehicle are contained without exception, therefore meditating on this kind of path is 'path Dzogpa Chenpo'.

By deciding with the view, cultivating with meditation, and determining with conduct, the true nature of the result: the abiding manner of the fundamental state, just as it is, becomes fully apparent. Delusions, together with habituations, are purified, and the three doors mature as the three kayas, which is the result to be attained; therefore this is termed 'result Dzogpa Chenpo'.

Of these, the ground is what is to be realised, the path is the means of realisation, and the result is what is to be attained. In short, the ground is primordial purity and spontaneous presence, the path is trekcho and togal, and the result is the enlightened qualities of the kayas and wisdoms; all of which are originally complete in the expanse of the true nature of our enlightened essence from the very beginning. Because there is no striving for anything new, it is termed 'Dzogpa Chenpo'.

The view of ground Mahamadyamika establishes the nature of all phenomena as emptiness. Path Mahamudra realises our mind as the union of luminosity and emptiness. Result Dzogpa Chenpo realises the mind-transcending nature of rigpa wisdom. Together, the profound key points of the three: Madya[mika], [Maha]mudra, and Dzog[chen], combine into one in the view of Dzogpa Chenpo, which is unaltered, non-referential, naturally occurring fresh rigpa, settled in the natural state – the expanse of unaltered true nature.

As for 'settling unaltered', it is necessary to settle in the state of unaltered true nature otherwise, if one stays without any thought, then one does not transcend straying into indeterminacy or alaya. Ultimate wisdom, the enlightened mind of Samantabhadra, is uncompounded and spontaneously accomplished, therefore not made positive by the buddhas or made unwholesome by sentient beings. This kind of rigpa or the enlightened mind of the Buddha, originally present within oneself, is directly introduced by a lama endowed with authentic qualities. By granting a great empowerment of rigpa expressivity and so forth, it is called 'great seeing of the unseen'. Within the single inner light of seeing rigpa nature, the nature of whatever arises – everything – is seen laid bare, and the darkness of delusion never comes close.

When a beginner meditates, they are like a child abandoned in a furious battle ground of multitudinous thoughts, but through practice and improvement, strength develops and stability is gained. Other than that, fixation on mere one-sided understanding becomes grasping at mental constructs. Therefore, free from characteristics of grasped-grasping, primordially pure rigpa beyond elaboration is alone the wisdom of enlightenment.

Having realised the view of Dzogchen, all the illusory appearances of samsara disappear naturally, without a trace. The aspect of mind without delusion is undeluded. If the continuity of the delusion of non-rigpa itself is broken, there is nothing other than undeluded rigpa wisdom. That is originally pure wisdom; so likewise, whether clouds form in the sky or not, there is no change to the nature of the sky itself. Seeing directly the nature of rigpa, doubt is cleared and certainty grows. By maintaining the continuity of this practice, stability will come. Based on this, having been freed from the obscurations of afflictive emotions and so forth, rigpa will appear nakedly. Whatever arises, it all becomes a companion to meditation and, like a lamp raised in the darkness, this conviction is decisive. Accordingly, instantaneously, the true nature of dharmakaya is seen, and thereby many kalpas of accumulations are gathered in a moment. For this reason, it is an extremely swift path.

The nature of all myriad phenomenal appearances is emptiness. It is from the state of emptiness that myriad [phenomena] appear. While the nature of rigpa wisdom remains unchanging, myriad modes of appearance of the adornment of expressivity and display arise. Regardless of how [they] arise, there is no transition or change, diminishment or development, in the nature of rigpa.

Ultimate truth is not within the range of experience of ordinary mind, therefore cannot be expressed in words. However, as the form of the moon can be inferred from its reflection in water, likewise through examples, meaning can be conveyed. This use of contrived words to infer uncontrived truth is one special feature of the Dzogchen path.

Although we ordinary beginners do not see the truth immediately, impure perceptions can gradually become wisdom. This is the buddha-nature that we have ourselves, that we do not need to search for elsewhere. This is like having an elephant at home, there is no need to search for elephant tracks in the forest.

By means of three-fold unwavering, and the four methods of settling, having mastered the key points of knowing your own nature and settling naturally, all ordinary thoughts of samsara and nirvana – happiness and suffering, positive and negative, hope and doubt – are cut through directly in the state of great equalness of dharmadhatu. Therefore this is called 'trekcho' [or 'cutting through']. This is the Dzogpa Chenpo view of direct experience of the true nature of phenomena. Maintaining the continuity of mindfulness of the true nature of phenomena as it is, is meditation, and training in order to strengthen it is called 'conduct'. As it is taught:

> View should be courageous,
> Conduct should be cautious.

Similarly, it is important that conduct is not lost to the perspective of the view. Someone on this path, by training in similitude wisdom, while they are establishing supreme ultimate realisation in their mindstream, when stability of the essence of meditation on the uncontrived fundamental nature is lost, and dynamic energy comes under the sway of delusory afflictive emotions, there exists virtue and non-virtue, cause and effect, benefit and harm. Therefore, until the level of complete enlightenment is arrived at, relative truth is to be held important, and it is necessary to gather the accumulations and purify obscurations. The following scriptural reference, repeated many times before, should once again be recalled [here]:

> It is solely through achievement in gathering the accumulations and purifying obscurations, together with the blessings of the realised lama, that the true face of ultimate innate wisdom is seen.

Through perfecting the expressivity of rigpa and remaining in one's own nature, the result is the consummate achievement of the two: dharmakaya and rupakaya. A yogi of the highest acumen, realised in the key point of the view of Dzogpa Chenpo just as it is – primordial liberation of samsara and nirvana – grasps the fundamental intent of absolute liberation of primordial purity. Not wavering day or night from the expanse of luminosity, they actualise familiarity of spontaneously accomplished togal and master all four visions. Thereby, in this lifetime, in the primordial expanse, the eternal kingdom is gained.

For someone with middling faculties, at one point, when freed from the enclosure of the body, in the bardo of dharmata, they are liberated in the inner expanse of the youthful vase body, in the space of Samantabhadra's enlightened mind, like a child going to their mother's lap. At the very least, one will actualise enlightenment in the natural nirmanakaya pure realm.

The ultimate result, perfect renunciation and realisation, is the attainment of the level of complete enlightenment, whereby the dharmakaya which benefits oneself is actualised. Thus, without wavering from the expanse of the dharmakaya, the two form bodies which benefit others, like wish-fulfilling trees or excellent vases, [emanate] boundless enlightened activities for the welfare of whichever beings are to be tamed. This perpetual, all-pervasive, spontaneously accomplished nature arises for as long as samsara remains unemptied. From the state of dharmadhatu, perception of the phenomenal world is unobstructed. Arising within the expanse, liberated within the expanse, [all is] encompassed within the single sphere of dharmadhatu.

ROOT TEXT

AN INSTRUCTION TO POINT OUT THE NATURE OF MIND IN THE TRADITION OF THE SENIOR REALISED ONES, ENTITLED 'A LAMP TO DISPEL DARKNESS'

By Jamgon Mipham

Homage to the lama and Manjushri Jnanasattva.

> Without the need for extensive study, contemplation, or training,
> With the direct instruction method to preserve the essence of mind,
> Most householder yogis can, with little difficulty,
> Reach the level of a vidyadhara; it is a powerful profound path.

When this mind of ours settles as it naturally is, without thinking anything, and in that state mindfulness is continuously maintained, at that time a neutral indeterminate awareness occurs that is dark and vague. Within that, when no vipashyana of knowing this or that arises whatsoever, then from this aspect masters call it 'ignorance'. From the perspective of not knowing how to express with certainty what it is or what it resembles, this state of mind is termed 'indeterminate'. Unable to say where you are or what you are thinking, it is designated 'ordinary neutrality'. Actually, this is mere ordinary staying in alaya.

By relying on this kind of settling method, non-conceptual wisdom should be aroused. However, as the wisdom of knowing self-nature has not dawned, this kind of practice is not the actual meditation. As it says in the *Aspiration of Samantabhadra*:

> Vagueness without thinking anything,
> Is itself ignorance, the cause of delusion.

Therefore, without thought or stirring, mind experiences this kind of vague awareness; so by looking naturally at the one who is aware of this, the one who is not thinking, rigpa free of stirring thoughts arises – unobstructed transparency without outer or inner, like a clear sky.

Although there is no duality of an experience or an experiencer, but by self-determining itself that this is its nature, if the feeling that 'it is none other than this' arises, then, as it cannot be expressed with concepts or words, it can appropriately be called 'beyond extremes', 'beyond expression', 'innate luminosity', or 'rigpa'.

As the wisdom of recognising your nature dawns, the darkness of vague mental obscurity is cleared. Just as your home becomes visible at daybreak, certainty in the nature of your mind grows. This is the 'direct instruction that cracks open the shell of ignorance'.

When this is realised, you will understand such a nature abides timelessly, naturally, and spontaneously, so is uncompounded of causes and conditions, and unmoving or changing in the three times. Other than this, not even an iota of something called 'mind' can be observed to exist.

Although the previous vague mental obscurity was indescribable, it was indeterminable because there was no knowing how to express anything. The nature of rigpa is also indescribable, but the fact that it is indescribable is determined without any doubt. Therefore the manner in which these two are indescribable is very different, like being blind or fully sighted. Thus the distinction between alaya and dharmakaya is also included in this key point.

Hence, 'ordinary mind', 'no mental activity', 'ineffable', and so on, are both authentic and inauthentic. So, if you ascertain the key point that the same terms have exalted meaning, you will discover realisation of the profound Dharma.

When it comes to settling naturally in the state of mind essence, some people maintain mere clarity, mere awareness, entering into a state whereby conceptual mind thinks 'This is clarity'. Others hold their mind serenely empty, as if their awareness had gone blank. However, both these are mere fixation on aspects of mental consciousness's dualistic experience. Therefore at that time, when there is both luminosity and one perceiving luminosity, or emptiness and one perceiving emptiness, by looking upon the mind, this stream of tightly fixated perception, the tethering stake of mind fixated upon dualistic grasped-grasping is uprooted. Then, if naked manifest luminosity-emptiness without centre or edge is naturally determined as it is and pure limpidity arises, then that is called the 'nature of rigpa'. Free from the covers of grasping experience, it is naked arising of rigpa wisdom. This is called the 'direct instruction that cuts the web of samsaric existence'.

In this way, recognise rigpa free from the husks of various mental analyses and temporary experiences, like hulled rice, through the true nature of naturally settled self-luminosity.

Merely recognising the nature of rigpa is not enough, one needs to stabilise steady familiarity with that state. So it is important to maintain without distraction a constant mindfulness of resting in mind as it naturally is.

When practicing like this, sometimes there may be a dull, no-thought state of unknowing. Sometimes there may be a no-thought state of unobstructed transparency where the clarity of vipashyana appears. Sometimes there may be an experience of bliss with attachment, sometimes an experience of bliss without attachment. Sometimes there may be various experiences of luminosity with fixation, sometimes unclouded luminous clarity without fixation. Sometimes there may be rough, unpleasant experiences, sometimes smooth, pleasant experiences. Sometimes you follow after strongly turbulent, intense thoughts that scatter meditation. Sometimes there is murkiness, through dullness being indistinguishable from clarity, and so on.

These states that arise are various habituated thoughts and waves of karmic wind from beginningless time without certainty or measure, like seeing various pleasant or precipitous scenery on a long journey. So whatever arises maintain your path, without paying them particular attention.

In particular, while not familiar with the practice, when you feel agitation of multitudinous thoughts blazing up like fire, do not be discouraged by this. With a balance of tight and looseness, practise without losing the continuity [of rigpa]. Thereby, the latter meditational experiences of 'attainment' and so on, will gradually occur.

At that time, generally, you gain confidence in the difference between rigpa and non-rigpa, alaya and dharmakaya, consciousness and wisdom, with recognition based on experience of the direct instructions of the lama.

When maintaining this, as water clears if not agitated, by settling consciousness naturally upon itself, its nature of wisdom is naturally apparent; this should be taken as the main direct instruction.

Do not analyse with acceptance or rejection, thinking 'Am I meditating here on consciousness or wisdom?' or increase thought activity with theoretical scriptural knowledge. These slightly obscure both shamatha and vipashyana.

If you reach stable familiarity with the spontaneous manner in which familiarity with naturally settled, constant mindfulness of steady shamatha and vipashyana of awareness of the natural lucidity of self-nature, are connected, then realisation of shamatha primordially abiding as it naturally is, and vipashyana natural luminosity, the two primordially inseparable, will come to arise – naturally occurring wisdom Dzogpa Chenpo. This is the 'direct instruction for abiding in space-like equanimity'.

Accordingly, as glorious Sahara said:

> Completely abandoning thinker and object of thought,

> Abide like a thought-free child.

This is the method of resting. Also:

> If you concentrate on the lama's teachings and strive intensively...

Then, if you have come to possess the direct instructions that introduce rigpa:

> There is no doubt innateness will come about.

Primordially, your mind arises with the innate nature of mind, rigpa; naturally emerging wisdom. This is not separate from the nature of all things, and is also original, ultimate luminosity.

Therefore, this method to rest naturally and maintain rigpa knowing one's nature, or the nature or essence of mind, is the direct instruction that consolidates a hundred vital points into one. Moreover, this is also what to maintain continuously.

The measure of proficiency is holding luminosity at night. Realise the signs of being on the correct path are spontaneous increase in faith, compassion, wisdom, and so on. Understand through your experience the ease and minimal hardship of this practice. Be certain of its profundity and swiftness by comparing the measure of realisation of those on other practice paths of extreme effort.

Attainment of the result by meditating on your mind's luminosity is when the obscurations of thoughts and their habituations upon your mind naturally clear, then as the two-fold knowledge develops effortlessly, you capture the primordial permanent kingdom and spontaneously accomplish the three kayas. Profound! Guhya. Samaya.

On the twelfth day of the second month in the Fire Horse year, this profound instruction was written for householder yogis and others who do not greatly exert themselves in study or reflection, but wish to practise the essence of mind. [It is] the experience of all the senior realised ones, a bare instruction in accordingly easy to understand Dharma terminology, by Mipham Jampal Dorje. Virtuous! Auspicious!

COMMENTARY

UNRAVELLING THE KEY POINTS OF THE DZOGPA CHENPO INSTRUCTIONS FOR POINTING OUT THE ESSENCE OF MIND

From the oral instructions of
Kyabje Pema Kalsang Rinpoche.

OPENING PRAYERS

With great compassion, [you] embraced the degenerate realm of strife,
And made five hundred great prayers of aspiration.
Praised like the white lotus, hearing your name one returns not,
I pay homage to the compassionate Teacher.

In a pristine island lake, atop the stem of a lotus,
Self-arising and spontaneously accomplished emanation of the victorious ones,
Blazing with the complete marks and assembly of enlightened qualities,
Padmasambhava, nurture the lotus lake of my mind.

[You] received blessings of the three lineages, perfected the great power of enlightened intent,
Mastered the four visions, [and] attained the kingdom of the dharmakaya.
Primordial protector in the guise of a man,
I pray to Jigme Yonten Gonpo.
Bless me with transference of realisation of enlightened mind.

From the unexcelled palace of dharmadhatu,
The very essence of all buddhas of the three times,
I pray to the supreme root lama,
Who showed my mind [to be] the actual dharmakaya.
Turn my mind and others' to the Dharma.

Whoever has become a student of the Ones Gone to Bliss,
Wherever in the ten directions of the thousand-fold universe,

Come here at this time,
All who wish to listen to a rain of holy Dharma.

The language of the gods, nagas, harm bringers,
The kimbhandas and all human languages,
The languages of all wandering beings, however many,
May this teaching translate into all these languages.

The six kinds of wandering sentient beings as limitless as space who have been [our] mothers desire happiness, but are engaging in the causes of suffering. How pitiful they all are! Mere pity does not bring any help. All of them need to find a way to escape from the suffering of samsara forever; mere positive thinking is of no use. This time, not only have we attained the freedoms and advantages of the precious human body, but we have met with these extremely exalted profound teachings of the supreme vehicle of Dzogpa Chenpo's most secret direct instruction section.

In the past, we laid aside important issues and wasted our lives reaching out for worldly undertakings of little importance. Now we are not going to do this. By considering the uncertainty of the time and circumstances of our death, do not procrastinate until tomorrow or the next day, but with hasty exertion, practise the direct instructions of the profound path, with the thought to actualise in this one lifetime the level of the supreme primordial protector, with the vast attitude of bodhicitta motivation.

This has twofold purpose or aspects: compassion considering sentient beings and wisdom focusing on complete enlightenment. In addition is the vast method of Secret Mantra motivation – appearance and existence abide in the ground timelessly, and knowing this to be so, manifest in the ground of supreme purity and evenness. By realising this view, the pure outer world is a heavenly pure realm and the pure inhabitants are an assembly of vidyadharas. Visualising this, we need to listen to the profound instructions of the Dzogchen resultant vehicle.

On this occasion, I offer guidance on the *Pointing Out Instruction of the Senior Realised Ones*. What we are [about] to hear are the profound instructions pertaining to the main practices of Dzogpa Chenpo, the profound direct instructions of 'Cutting Through into Primordial Purity', which are convenient to apply, complete in the key instructions, and concise.

Generally, on each occasion when speaking of, listening to, or meditating on these teachings of Dzogpa Chenpo, in accordance with the general teachings of the Buddha, the essential aspects of the gradually ascending path are complete. In particular, the preliminaries and main practices need to be connected and proceeded through. This goes without saying, as you are all aware.

As for the preliminaries, there are many different kinds: The common preliminaries of both the Lesser and Greater Vehicles, the Mahayana bodhicitta preliminaries, the Secret Mantra extraordinary preliminaries, and so on. Of these, begin first with the common outer preliminaries, the four mind changers and the genuine mind of renunciation from samsara. Follow with bodhicitta striving to benefit others, and then pure vision that sees the lama as an actual buddha. If you are without these three essential aspects, whichever teachings you practise of the three lineages that correspond to the three vehicles, except for merely paying lip-service to them, actual true Dharma is not going to come about. Therefore, more important than practice is knowing how to practise.

Now, the stage of Dharma of present concern is the explanation of:

An Instruction to Point Out the Nature of Mind in the Tradition of the Senior Realised Ones, Entitled 'A Lamp to Dispel Darkness'.

In order to demonstrate the authenticity of a teaching, we discuss the greatness of the author. The author of this instruction is a great scholar of modern times, a mighty siddha, the unified wisdom of all the victorious ones, Jetsun Manjushri in the guise of a man, appearing in the form of a spiritual master, Mipham Rinpoche Jampal Gyepe Dorje Chokle Nampar Gyalba. He composed this collection of dharmakaya relics for the protection of the doctrine in later times.

In order to generate respect for the instructions, we discuss the great aspects of the teaching.

To which category does this teaching of direct instruction belong?

Of the Lesser and Greater Vehicles, it belongs to the Greater Vehicle. Of the two: Mahayana Sutra and Mantra, it is mantra. Of the old and new Mantra, named on account of whether they were translated earlier or later, this text is of the Earlier Translations. Of the Earlier Translations, there are the three sections of outer tantra and the three sections of inner tantra, of which this is of the three sections of inner tantra. Of the inner tantras, there are three: Development, Completion, and Great Perfection. Of the three yogas that were taught: Tantra, Statement, and Direct Instruction, it is Dzogchen Ati Yoga. In Dzogchen Ati Yoga there is the Outer Mind section, the Inner Space section, and the Secret Direct Instruction section. Of these three, this text belongs to the latter Secret Direct Instruction section. Of that, there are a further four divisions:

Outer, Inner, Secret, and Most Secret, and this is included within the Most Secret Direct Instruction section.

What is the overall core meaning of this text?

The ground is taken to be primordial purity, the path is based on trekcho, and the result is liberation through dissipation into subtle particles. The profound key points of 'cutting through into primordial purity' are followed primarily, indicated with a few words of direct instruction. This teaching is possessed of twofold greatness: the greatness of such an author and the greatness of the Dharma he taught.

Concerning how to teach and listen to it, for whose benefit is this text composed?

Regardless of not having studied, contemplated or practised widely, someone with sharp faculties and karmic connection can in one lifetime, in one body, attain the level of Protector Vajradhara. Moreover, the ultimate essential purpose is to establish all sentient beings as embodiments of the essence of the three kayas on the level of inseparable ground and result. In order to do so, we teach and listen properly in accordance with what is being discussed and, by putting the teachings into practice, we are to actualise the result of practice.

The connection of the 'expressed', the expressions, and their relationship, thus completes the 'four Dharmas of necessity and so forth': the expressed, the necessity, the ultimate necessity, and the connection.

Alternatively, the 'necessity' is to internalise the words of the expressions and the textual representations of the 'expressed'. If, in dependence on realisation of the topic, growth of resultant realisation in one's mindstream is called the 'ultimate necessity', then realisation of the topic depends on the expression; so both the 'expressed' and the expression are connected by the object of knowledge and the agent of knowing. Both the expression and the 'necessity' are connected by the means and the end. The 'expressed' and the 'ultimate necessity' are connected by a singular nature, so there is also this means to establish 'connection'.

To set forth this kind of profound instruction, there are three [sections]:

- The goodness of the beginning – the introductory section that explains engagement in the composition.
- The goodness of the middle – the main part that explains the nature of the body of the text.
- The goodness of the end – the conclusion that fully completes it.

THE GOODNESS OF THE BEGINNING – THE INTRODUCTORY SECTION THAT EXPLAINS ENGAGEMENT IN THE COMPOSITION

The goodness of the beginning – the introductory section that explains engagement in the composition, is set forth in terms of [the following] three:

- Explanation of the title according to its meaning.
- The expression of worship and homage.
- Description of the greatness of the direct instruction and arousal of inspiration.

EXPLANATION OF THE TITLE ACCORDING TO ITS MEANING

The explanation of the title according to its meaning has two [parts]: The need to explain the title and the actual title.

THE NEED TO EXPLAIN THE TITLE

First is the need to explain the title. From the *Lankavatara Sutra*:

> If names are not allocated,
> The entire world will become confused.
> Therefore the Protector, skilful in means,
> Gave names to the teachings.

What is the need to mention the name first?

Of the three faculties of those to be tamed: superior, middling, and lesser, those with superior faculties are like an expert doctor who can identify disease by means of the pulse in the wrist. Just by relying on the title, they fully understand the entire meaning of the subject matter, from beginning to end, so there is this need. Also, those with middling faculties, like a soldier hoisting the standard [of his camp], by relying on a title, they know to which category a text belongs. And for those with lesser faculties, as by labelling a medicine pouch, it makes searching for a text easier. So there are these and other necessities.

EXPLAINING THE TITLE

Second is the actual explanation of the title that has these purposes. *An Instruction to Point Out the Nature of Mind in the Tradition of the Senior Realised Ones, Entitled 'A Lamp to Dispel Darkness'* is being taught.

Regarding 'tradition of the senior realised ones', this is the occasion to teach the ultimate profound key point oral instructions of luminosity Dzogpa Chenpo Most Secret Direct Instruction Section. 'Realised ones' should be understood to be 'senior elders, lords of all beings, with proficiency of experience and realisation of the four visions of the path'.

In that case, who is this senior one, most excellent or supreme pinnacle of all those possessed of experience and realisation?

He or she is identified as the vidyadhara lama of the three lineages who follows the holy enlightened meaning, and his or her 'tradition', to which these particular terms can be explained [to refer].

If on this occasion we are discussing trekcho, are not the 'four visions of the path' discussed in regard to togal spontaneous presence?

We should not hold that trekcho and togal are opposing and separate. During trekcho primordial purity, the four visions are spoken of in reverse order, and during togal spontaneous presence they are in progressive order. Both come down to the same point. This is one way to explain 'senior realised ones'.

Alternatively, what is meant by 'senior realised ones' refers to old realised yogis who are on this path. With lofty inner experience and realisation, and at the same time outwardly mature in age, they maintain the unelaborate conduct of mendicants. For these, this is a direct instruction teaching, simple to understand and easy to follow.

This kind of pristine direct instruction guidance is concise and easy to understand, an oral instruction given directly all at once. This tradition is not tainted by the many words and modes of speech, pedantry of conceptualisation and analysis, or sullied by the impurities or defilements of ordinary beings' violated, degenerated, transgressed, or torn samaya commitments. Moreover, it is also appropriate to say this faultless stream of lineage transmission is the 'tradition of the senior realised ones'.

'Instruction to point out the nature of mind' refers to the nature of mind which is called 'mind itself'. Regarding this, the essence of mind itself is free from the four or eight elaborated extremes: existence and non-existence, being and non-being, permanence and discontinuation, and origin and cessation. It is primordially empty nature, not delimited whatsoever, without falling to any extremes at all, forever changeless like the sky. This nature has an aspect of luminosity forever unceasing, like reflections that appear in an ocean. Its compassionate capacity pervades the entirety of samsara and nirvana, as oil pervades a sesame seed – the inherent wisdom of the three kayas.

An ordinary being may possess all fetters; however, in the same way as something can actually be shown to a sighted person by pointing and saying: 'this is the form', this instruction directly introduces the meaning of the three: view, meditation, and conduct, and the three: ground, path, and result, of Dzogpa Chenpo.

The name *Lamp to Dispel Darkness* is given according to the function aspect of the [instruction]. Non-realisation, wrong realisation, partial realisation, not realising the true nature, and other ignorant darkness is expelled far away and eliminated. This kind of supreme guiding lamp allows the essential truth of the way of abiding to be clearly seen, exactly as it is, without losing it. This is the reason [this instruction] has been given this name.

Saying 'entitled' [shows] the instruction has this name. From the aspect of the expressed words, the sound appears and becomes heard, this takes on the symbolic forms of letters in a text. By way of examples and words, it demonstrates this is actually set down in print.

This completes the explanation of the title.

WORSHIP OR HOMAGE

The second part of engagement in the composition is the expression of worship or homage. The expression of worship also has two [parts] to discuss: the need for an expression of worship and actual discussion of the expression of worship.

THE NECESSITY FOR AN EXPRESSION OF WORSHIP

Firstly, the necessity for an expression of worship. Lord Nagajuna taught:

> The author of a treatise recites offerings
> To the teacher, this is not without effect.
> It is to arouse devotion
> To the teacher and the treatise.

As this teaches, the author of the treatise [shows] who the teacher is and what the teaching is, for those who follow to recognise. This arouses supreme faith and the need for them to engage in that path. Also, by paying homage to holy objects, merit increases. If merit increases:

All wishes of those with merit are fulfilled.

Likewise, if every wish is fulfilled, then the composition will reach consummation, so there are these and other great necessities.

THE ACTUAL EXPRESSION OF WORSHIP

Second is the actual expression of worship.

Homage to the lama and Manjushri Jnanasattva.

In this oral instruction treatise, the author's opening expression is of worship and homage. 'Lama' explained in a literal manner means 'higher one'. Because there is no other higher or more elevated object worthy of respect or veneration, 'lama' is used.

The term 'lama', the object of respect and veneration, also has many enumerations and divisions. Someone with good qualities that benefit others and who has also individually acquired a little connection with the Dharma, is called a 'general master'. One who gives the vows of refuge and so on, to those who enter the door of holy Dharma, is a 'lama who guides to the entrance of Dharma'. One who gives profound empowerments is an 'empowerment commitment lama'. The object of confession of impaired and broken [commitments] is a 'lama who restores breaches'. A teacher of the tantras of the Dharma is a 'lama who releases the mindstream'. The one who imparts profound direct instructions is a 'direct instruction scripture lama'. There are these and many others, but in particular, one who completes the three: giving empowerments, teaching tantras, and imparting direct instructions to introduce rigpa, is the 'root lama possessed of the three kindnesses' and is therefore more important than others.

Manjushri Jnanasattva mentioned here is the special supreme deity and is non-dual or inseparable from this kind of lama. Having rejected the factors to be abandoned – the two obscurations together with their habitual tendencies, and so free of the coarseness of the obscurations of afflictive emotions and those concerning the knowable, he is 'manju' or 'smooth'. Possessing both splendour of self – consummate realisation of all knowledge, capacity, and loving qualities, and splendour for others – compassionate capacity that purifies the two obscurations of beings with their habitual tendencies, he is 'shri' or 'splendourous' – 'manjushri'.

[Regarding 'jnana' or] 'wisdom' there are distinctions: the three wisdoms that grasp the ground, the five wisdoms that exhibit attributes, the two wisdoms that encompass objects, and so on. Of these, here [wisdom refers to] the non-duality of oceanic wisdom subsumed by the two-fold knowledge, with the non-distinct tri-secret continuum of adornment of [one] endowed with wisdom body, wisdom speech, and wisdom mind, possessing enlightened qualities and activity.

'Sattva' or 'heroic being' is the very embodiment of the unified wisdom of supreme knowledge of all the victorious ones. Considered from the point of view of the unwearying manner in which they act for the sake of all beings, [they are] not disheartened by a timespan of aeons, the extent of numerous beings, or difficult deeds. Thus [they are] supremely heroic, therefore a 'heroic being'. According to the sutras, [these are] bodhisattvas dwelling on ground of the final limit of the continuum of the ten bhumis in the manner of an heir of the victorious ones, the special supreme deity. In tantric explanations in the context of Mantra, [they are] not distinct from Dharmakaya Samantabhadra. In truth, [they are] non-dual with the great wisdom mind of all the victorious ones.

To 'pay homage' has three kinds:

- Superior homage of seeing the view.
- Middling homage of adeptness in meditation.
- Lesser homage of devotional conduct.

Of these, this is the superior homage of seeing the view, non-dual with the great wisdom mind of all the victorious ones – self-knowing without distinction, evenness free of elaboration, manifest just as it is, which pays homage from the viewpoint that knows this is the way things are, and performs the expression of worship. This is also in accordance with the pitaka homage of recognition.

On this occasion, explaining the teaching of direct instructions of the tradition which transfers blessings, in order to determine entirely the complete profound intended meaning that all knowable phenomena of samsara and nirvana are of one great equal taste, homage is paid to the lama, the root of blessings, and the master of supreme knowledge Manjushri.

THE GREATNESS OF THE DIRECT INSTRUCTION AND AROUSAL OF INSPIRATION

Part three is the method to arouse inspiration in followers by means of expressing the greatness of this direct instruction.

> **Without the need for extensive study, contemplation, or training,**
> **With the direct instruction method to preserve the essence of mind,**
> **Most householder yogis can, with little difficulty,**
> **Reach the level of a vidyadhara; it is a powerful profound path.**

'Without the need for extensive study, contemplation, or training' [refers to] travelling to numerous monastic centres of exposition, debate, and composition, and studying by first hearing extensive periods of many scriptural traditions of Sutra and Mantra, engaging in contemplation of the meaning of what is heard using the three analyses, and so developing the wisdom of contemplation. [But] this is not saying this kind of study and contemplation is not necessary.

'The direct instruction method to preserve the essence of mind' is regardless of, or need not depend on, such prolonged, exhausting study, contemplation, or training. The blessings of the lineage of the holy masters of the past, accomplished vidyadharas, may be drawn forth by the pure power of our own devotion, so with little difficulty, realisation of the great meaning is brought about with ease.

[These are] instructional teachings on the profound direct instructions of the tradition which transfers blessings. The oral instructions of the practical guidance approach point out the nature of mind – the mode of presence of the way of abiding of mind itself – exactly as it is, free from exaggeration and denigration, as a finger points out a mountain. They introduce us to the wisdom we primordially have and, upon this awareness, we maintain the state with no difference in or between practice sessions – unwavering, non-conceptual luminosity-emptiness as it naturally is.

> Most householder yogis can, with little difficulty...

This sort of practitioner, a householder yogi who lives in a village or at home, in most cases by staying at home and maintaining the essence of mind, does not need to depend on extended periods of great difficulty, study, contemplation, and so on. Relying on the endeavour of abiding like the naturally settled flow of a river, or a method of little difficulty, they will:

> Reach the level of a vidyadhara; it is a powerful profound path.

Generally speaking, in the Sanskrit term 'vidyadhara', 'vidya' means 'rigpa' and 'dhara' means 'to hold'. Rigpa is the epitome of wisdom awareness, the very nature of Mantra, and so those holding and keeping this in their mindstream are called 'holders of rigpa' or 'vidyadharas'.

There are many usages of this term. In the common system of the inner mantra tantras, and principally according to the Dharma terminology of Maha'i Ati or Ati'i Maha, there are four types of vidyadhara:

- Fully matured vidyadhara.
- Power over life vidyadhara.
- Great seal vidyadhara.
- Spontaneous presence vidyadhara.

By passing through these according levels and paths without difficulty they are able to progress of their own accord, faster than the coursing of the sun and moon, and actualise the ultimate result in this very life.

While we mention the four vidyadharas, there are slight differences of view regarding how the four vidyadharas traverse the grounds and paths. According to the position of the Great Omniscient One [Longchenpa], the culmination of the path of devoted conduct is for mind to mature in deity yoga; however, the fully ripened form of the body does not change from this current physical state. Immediately, when freed from the enclosure of the body, the body of the great seal is attained, and these are called 'fully mature vidyadharas'.

Above the path of seeing, upon the path of learning, the fully ripened body transforms into the vajra body and, without abandoning this body, [they] unite with the level of buddhahood. With undefiled aggregates and possessed of wisdom sight, [these] are vidyadharas with power over life upon the path of seeing. In particular, aryas on the path of learning take the form of whichever deity they visualise. Their activities are similar to those of a buddha, but obscurations are still not entirely at an end, so the ultimate result is not actually achieved. This is taught to be a vidyadhara of the great seal. Having concluded abandonment and realisation, the path of no more learning is actualised. This is called a vidyadhara of spontaneous presence, according to the position of the Great Omniscient One.

Additionally, what is the position held by the canonical lineage of Zur?

This posits the four vidyadharas to be subsumed under the arya's level of learning. Those who have seen the truth of the nature of phenomena but, because of a difference in the strength of mind, the degenerate physical body is not able to be purified by the fire of wisdom, are 'fully matured vidyadharas'. Those able to purify [the body] into a subtle body without origination or cessation are 'vidyadharas with power over life'. Both these are divisions of the path of seeing.

Those on the path of meditation with an illusory wisdom body are 'great seal vidyadharas'. Perfecting the path of learning and almost becoming a buddha, they take on the attributes of Vajradhara, the spontaneously present five kayas. This is the accepted position regarding a 'spontaneous presence vidyadhara'. The ultimate realisation of both of these [positions] can be established as the same, they are not distinct or contradictory.

In either case, this kind of extraordinary swift path for quick progress to the level of the four types of vidyadhara is a profound path, effortless, and transcends conceptual analysis. The eight lower yanas have no way to contend with this king of supreme vehicles, lone in its unique power, therefore 'it is a powerful profound path'. Thus, it is fitting for beings who follow this path and oral instructions, to engage in this means of practice with joy and happiness. Moreover, it is taught they can be certain that they possess great fortune.

This completes the introductory part that explains engagement in the composition.

The Goodness of the Middle – The Main Part that Explains the Essence of the Body of the Text

Secondly, to determine the body of the actual treatise, it encompasses three main points of direct instruction.

What are the three direct instructions?

1. The Direct Instruction that Cracks Open the Shell of Ignorance.
2. The Direct Instruction that Cuts the Web of Samsara.
3. The Direct Instruction for Abiding in Space-like Equanimity.

The Direct Instruction that Cracks Open the Shell of Ignorance

The first section is the direct instruction that cracks open the shell of ignorance. This is explained by way of two [parts]:

1. The preliminaries.
2. The main practice.

The first is an explanation according to the preliminary key points of the method of settling. The second is an explanation of the main practice, the essence of meditative concentration.

The Preliminary Key Points of the Method of Settling

First the preliminary method of settling:

> **When this mind of ours settles as it naturally is, without thinking anything, and in that state mindfulness is continuously maintained, at that time...**

Now, what is called this 'mind of ours' is discursive thoughts swirling like the wind. This [mind], under the influence of discursive thoughts – virtuous, non-virtuous, or indeterminate – is, up to now, like a wild horse lost free to the mountains. Do not fall under the influence of confusion; take back charge.

As Patrul Rinpoche said:

> First, loosen your mind and settle.

By settling naturally without thinking anything, without discursive thoughts proliferating, endeavour to maintain unwavering continuous mindfulness. At that time:

> **A neutral, indeterminate awareness occurs that is dark and vague.**

Beginners, soon after they turn inwards, thoughts of happiness and suffering, attachment and aversion and so on – whatever they are – are unapparent and therefore undifferentiated; an indeterminate awareness, not positive or negative in any respect.

When [we] speak of 'dark and vague', [this awareness] is dark because the empty nature of the nature of phenomena is not seen. Also, because the luminosity aspect of the appearances of various phenomena does not arise, so vagueness occurs.

> **Within that, when no vipashyana of knowing this or that arises whatsoever...**

At that time, the actual way of abiding is not seen, so being neither this nor that, there is stupefaction similar to darkness having set in. Within this, when [Mipham] speaks of 'knowing this or that', there is no clear appearance of which can be said 'I'm aware of this phenomenon'. No luminosity aspect of vipashyana arises whatsoever to say with certainty, 'I am aware of the nature of phenomenon'. Indeed, it says in Mipham's *Beacon of Certainty*:

> Hashang's tradition without mindfulness,
> Remaining unwavering with no analysis,
> Without the luminosity aspect of vipashyana,
> Is ordinary sitting, like a stone in the ocean depths.

When one stays in a state of vague dullness, however long one stays in that kind of state, there is no time of liberation.

> **Then from this aspect masters call it 'ignorance'.**

At the time, the actual way of abiding is not seen and [one] stays in a dark, vague state. From this perspective, not seeing the actual way of abiding, and based on the existence of a dark vagueness, it follows that the masters who teach the texts of Dzogchen direct instruction have termed this 'ignorance'.

In general, when teaching Dzogchen, it is established by eleven vajra points: the ground, the manner of delusion, the manner of pervasion, the place, the path, the object, the entrance, and so on. At the time these are spoken of, first, when manifestations of the ground arise from the ground, consciousness – the expressivity of compassionate capacity – arises that is capable of examining objects. With respect to not recognising its own nature, it is called 'ignorance'. The aspect of just-born consciousness ignorant of its own nature is called 'innate ignorance'. The perceiver and the perceived have become separated. The aspect of grasping an object is called the 'ignorance of all imputation'. Accordingly, as both ignorances – innate and all imputation – have come about, these two are different opposing modes of the single consciousness, which is the causal condition. Arising of a subject is the dominant condition; these arising at once is the simultaneous immediate condition.

In short, the presence of the three causes and four conditions is ignorance, so it is from this ignorance that illusory formations occur. From that, consciousness which analyses objects comes about. Having happened in this way, in turn, the appearances of the twelve [links of] interdependence [occur] uninterruptedly. From ignorance until aging and death, like a whirling torch of birth and death, as this samsara spins on...

What does the real cause or root come down to?

It comes down to ignorance. *Samantabhadra's Aspiration* is cited below:

> Vagueness without thinking anything,
> Is itself ignorance, the cause of delusion.

This is how it is.

> **From the perspective of not knowing how to express with certainty what it is or what it resembles, this state of mind is termed 'indeterminate'.**

Regarding this, Shabkar taught:

> The indeterminacy of not being anything in particular:
> The luminosity aspect unapparent, one remains in partial bias –
> A vague dull stupefaction.

Of this, do not be mistaken, there is no other point of error.

Unable to say determinately, 'It is this', whether positive or negative, this thing that cannot be resolved in words is taught to be 'indeterminate'.

Unable to say where you are or what you are thinking, it is designated 'ordinary neutrality'.

There is nothing to say which external apparent object – form, sound, smell, taste, etc. – is resided upon, or at this time for the subject itself to determine what is its state of mind. For this reason, it is designated 'ordinary neutrality'.

Actually, this is mere ordinary staying in alaya.

What is this in actual fact?

It is mind free of all other conceptual states of mind, in the state of alaya alone – alaya self-sustaining, without slipping away – so it is taught to be mere ordinary sitting.

Generally, when we say 'alaya' there is distinction between four similar aspects of what is known as alaya:

- Primordial true alaya.
- True alaya of application.
- Alaya of bodily propensities.
- Alaya of manifold propensities.

Of these, what is being taught here is alaya of manifold propensities. Alaya of manifold propensities is the basis of samsara.

What is it like?

Of the two, material or mental, it is not material, it is mental.

Being mental, which mind is it: primary mind or a state of mind?

It is not a state of mind, it is primary mind.

What is this like?

It must be observing the [universal] container and its contents on a vast scale, emerging continuously. When it is sullied by other thoughts, at that time alaya is unapparent. For example, as a transparent glass placed on a blue surface is blue, or red on a red surface, transparent glass's own colour becomes unapparent.

How is this?

Alaya is non-conceptual, so does not directly perceive objects. It is primary mind consciousness, so also, neither does it never perceive.

In that case, how does it perceive? What does it not perceive?

By not falling to the individual factors of the six engaged consciousnesses, as it is an observer of the [universal] container and its contents on a vast scale, then perceiving of objects is unapparent.

Staying solely in the state of alaya is, however, not easy. It is something we need to strive to accomplish. It is necessary to be free from the disturbance of other consciousnesses, and maintain it naturally. For this reason, it is not the case that effort is not needed. For us generally, going down mistaken paths in the state of alaya [is not an issue, as] we do not even come close to approaching correct or incorrect paths. If we want to stay in the state of alaya, we must have the one-pointed unwavering intent to do so.

But alaya is one aspect of ordinary beings, is it not? And earlier we said 'it is the basis of samsara', so why on the profound instruction path is it necessary to traverse it?

In order to show an example of emptiness, an illusion is created. Similarly, in the accomplishment of the profound path it is a requisite, so the instructions affirm this. Therefore:

By relying on this kind of settling method, non-conceptual wisdom should be aroused.

Likewise, by not allowing this mind of ours to proliferate onto whichever object, without thinking anything whatsoever, draw the bow of one-pointed intent. As the continuum of all conceptual states of mind is cut, rely on this kind of method to settle naturally without separating from the experience of natural timeless abiding. The outcome that comes from this means is suitable to be named 'unaccountable absolute': one's own nature, primordially empty and sky-like. [Thus] non-conceptual wisdom that sees uncontrived bareness transparently needs to be aroused. This approach is taught in *Dzogpa Chenpo Taking Ease in the Nature of Mind*:

> Wholly attached to multitudinous elaborations,
> The planets and stars of the luminous nature of mind –
> Wisdom clarity, [wisdom's] eye, and sublime perception – will not arise,
> So it is essential to be singularly unwavering in meditative equipoise.

Therefore, draw the bow of one-pointed intent. It is necessary to rely on this kind of method – as if the flow of thought patterns has been cut off – to settle naturally.

> **However, as the wisdom of knowing self-nature has not dawned, this kind of practice is not the actual meditation.**

This mere settling, not thinking anything whatsoever, does not give rise to self-nature – inseparable luminosity-emptiness, the natural state's actual abiding mode exactly as it is: rigpa wisdom. So that kind of formless samadhi is not the main meditation of Dzogchen trekcho primordial purity that uproots samsaric existence from its root. Because this is not the main meditation, when we wish to practise meditation without fault, we need to be able to emerge from within this neutral indeterminacy. All-knowing Longchenpa said:

> If always [in] single-pointed no-thought,
> Why are the formless concentration gods not liberated?

And again, the Great All-knowing One teaches:

> The state of mind in the formless, form, and desire [realm]:
> Single-pointed no-thought indeterminacy,
> Mere clarity and awareness without thought,
> Or turbulent multitudinous discursive thought.
> By whichever of these three concentrations, birth accords to the three realms.
> At no time is there liberation from samsara.

In short, there is no method like that to escape from samsara. Hence, 'this is not the actual meditation', is the actual instruction for the need to practise the unmistaken path that is the integration of shamatha and vipashyana. In addition, Longchenpa says:

> Vipashyana without shamatha is agitated elaboration,
> Shamatha without vipashyana is indeterminate;
> Integration is the antidote to obscurations, the supreme path.

We should practise according to this instruction. To practise this, for someone of highest acumen, realisation and liberation occur at the same time, and for natural luminosity to fully manifest as it naturally is, primordially present, it is unnecessary to cultivate it purposely, with effort. In the case of those with middling faculties, they need to meditate as described above, by integrating shamatha and vipashyana. That is known as 'seeking meditation within the view'. For someone of inferior capacity, having first developed shamatha, they then need to elicit the wisdom of vipashyana. That is 'seeking the view within meditation'.

At this time, to speak in terms of [those with] middling faculties, not too high or too low:

What are the stages of meditation?

First, analyse with scriptures and reasoning in analytical meditation to arrive at certainty about emptiness. Initially, we need to know upon what we are meditating. Without knowing this, how will meditation develop? Then, with this knowledge, having found some degree of certainty, at that time [maintain] meditative equipoise in a state of certainty about what you have found. If, having forgotten, you do not stay upon this, once again elicit analytical certainty, and initially alternate equally between analysis and meditation. Eventually, when you have gained some familiarity, without needing to analyse, engage exclusively in resting meditation.

If during this, your mind becomes drowsy or the like, train in the state that all labelled phenomena of samsara and nirvana, appearing as they do, are like a display of the eight analogies of illusoriness: an illusion, a dream, a city of gandharvas, and so on. Or [train] principally in the nature of all phenomena as sky-like clarity.

If practising one-pointed non-thought without straying as an accompanying method feels too agitated and discursive, then placing the mind naturally as it is, one-pointedly, is the main thing to do, while not parting from the approach which does not lose the strength of conviction that knows emptiness. While not falling into drowsiness or agitation, you should practise evenly, with integrated shamatha and vipashyana.

Shabkar taught:

> If practising shamatha you sink into indeterminacy,
> Raise your eyebrows and gaze, and sit up straight.
> The king of samadhi resides everywhere like the sky,
> This indeterminacy [will] disperse naturally like a cloud.

In order to progress or bring about development, meditate by integrating your conduct, by which the positive qualities of the bhumis and paths will spontaneously emerge.

As it says in the *Aspiration of Samantabhadra*:

Vagueness without thinking anything,
Is itself ignorance, the cause of delusion.

In summary, the aspect that is mind abiding is shamatha, and the aspect that is liberated upon arising is vipashyana. When there is no vipashyana of knowing one's own nature, there is merely unspecific no-thought, but that is not the genuine path. The *Aspiration of Samantabhadra*, which is the summarised essential meaning taken from the tantra *Unobstructed Realisation of Samantabhadra*, says:

> Vagueness without thinking anything,
> Is itself ignorance, the cause of delusion.

Remaining naturally without thinking anything such as 'existent', 'non-existent', 'is', 'is not', and so forth, without becoming confident as to the nature of the mind – this dark vagueness, as stated above, is itself known as 'ignorance'. Originally, when from the ground, the appearances of the ground burgeoned forth and myriad deluded experiences appeared, it was caused by this. Currently also, it is fostering delusion; therefore the cause of delusion is the ordinary awareness of deluded thoughts. When one enters into this ordinary foolish meditation, not only does it not lead to a remedy for afflicted emotions, but new, positive qualities of experiences and realisation do not grow in one's mindstream. Previously present former positive qualities decline, so the little faith, pure vision, conviction in cause and effect, and mind of compassion that were once present all ebb away. If, however many years you may meditate, compassion does not increase, then it is a sign that positive meditation is not being achieved, just as is taught in the *Aspiration of Samantabhadra*.

THE MAIN PRACTICE
THE ESSENCE OF MEDITATIVE CONCENTRATION

Second is the explanation of the main practice, the essence of meditative concentration.

> **Therefore, without thought or stirring, mind experiences this kind of vague awareness; so by looking naturally at the one who is aware of this, the one who is not thinking...**

One who is aware of abiding single-pointedly in a state of non-thought, or the one who is not thinking, without a single thought whatsoever coming to mind, settles their nature naturally by relaxing just so. As it is taught:

> Do not be outwardly distracted; look at your own nature.

Without duality of observer and observed, by looking naturally, the awareness of the one who is being mindful or the one who is thinking turns slightly inwards to its own nature and, upon this, needs to recognise it. There is no need to look at the nature of thoughts. You do not need to be as if counting the number of thoughts that arise. Keeping score of their origination and cessation is the characteristic of inferior meditation. When the one to whom a thought arises looks themselves at their own nature, Patrul Rinpoche taught:

> Glancing at the nature of mind itself, that which is naked and limpid, free from all stirring thoughts, is rigpa.

Whether resting or proliferating, thoughts do not exist either outside, inside, or somewhere in between. This is not as if they recently disappeared; they have never existed from the very beginning. Like the nature of empty space now seen directly, if something emerges that, even though a thousand experts appeared, they could not offer anything more on the topic, then the nature of emptiness has been recognised. Without any thought or fixation whatsoever, like the sighted looking at form, mind itself determines its own nature.

Whether this nature is existent or non-existent is unable to be established but, in broad daylight if a vase cannot be seen in front of you, then a vase is not seen, and there is no need to think whether or not one exists. It is determined that there is no vase. When the desire to search for something is utterly absent, it is taught the luminous nature is recognised. This luminous wisdom is called 'wisdom arising from dynamic energy'. Of the two – ground and manifestation of ground – this needs to be understood as manifestation of the ground.

> **Rigpa free of stirring thoughts arises – unobstructed transparency without outer or inner, like** the centre of **a clear sky.**

Relax the three doors. Settle the six-fold group [of consciousnesses] evenly. This state, free from the stirring of thoughts of the non-conceptual six-fold group and all mental activity of the conceptual mind perceiving phenomena, is rigpa, great primordial emptiness. This is without outer or inner – unobstructed transparency entirely free from attached grasping-fixation and reference of being something – an uninterrupted unconfined bare natural purity, like looking at the centre of a clear sky.

> At that time, like staring at the sky,
> Your discursive mind is empty,
> Which must be determined with certainty.

Accordingly, because it totally transcends existence and non-existence, being and non-being, permanent and temporary, positive and negative, and so on – all elaborations of limit and characteristics –

> **Although there is no duality of an experience or an experiencer, but by self-determining itself that this is its nature, if the feeling that 'it is none other than this' arises...**

In regard to luminous nature, it is known as the 'object of experience', and that which perceives objects is known as 'mind or awareness of the experiencer'. These are not separable into a different or separate duality, but rigpa's own nature is itself determined within rigpa.

What is this like?

As mentioned above, like a sighted person in daytime looking at a form in front of them, you have no doubt as to the actual manner of the presence of your own true nature. Just as Patrul Rinpoche said:

> Determine there is nothing other than this.

All-knowing Jigme Lingpa taught:

> Even you meet a hundred learned and disciplined ones, a thousand siddhas,
> Ten thousand translators and panditas, one hundred thousand direct instructions,
> And millions of commentaries, you should have no doubt.

Decide from within that other than this nature – the unity of luminosity and emptiness, the nature of all phenomena known as 'suchness' or 'dharmadhatu' – there is nothing else. Just as every grain of muscovado is pervaded by sweetness, subjective mind and objective appearances, and so on – the entirety of samsara and nirvana – is pervaded by this one rigpa. With the thought, 'Even were the Buddha to appear, he would not have a path superior to this to teach', if an effort-free nature of spacious vast expanse, which is decided upon from within, arises:

> **Then, as it cannot be expressed with concepts or words, it can appropriately be called 'beyond extremes', 'beyond expression', 'innate luminosity', or 'rigpa'.**

Looking at external phenomena, the entirety of whatever is present has no inherent nature, liberated as the eight analogies of illusoriness. Looking at internal nature, realise that everything is of equal taste, with nothing to be established or refuted, rejected or accepted, like the sky. Looking at secret rigpa, it transcends suppression, encouragement, or deliberate effort.

The directly perceived realisation of the ultimate meaning of expanse and rigpa inseparable is not only unable to be analysed with the absolutism of the ordinary thought mentality of people with samsaric outlook, but with words and symbols through the avenue of speech, we are unable to say by way of illustration, 'It is like this', 'It is not like that', and there is nothing to be said. Rigpa is utterly free of the eight extremes of elaboration and the two exaggerations.

Therefore, in the Middle Way scriptures, it is taught to be 'freedom from extremes', 'unfabricated true wisdom' pervading all of samsara and nirvana, and 'inexpressible Mahamudra'. In the general scriptures of the Secret Mantra, it is referred to as 'the nature of mind', 'innate wisdom', 'self-arising luminescent genuine nature', and 'wisdom mind at the moment of death'. In the Kalachakra tradition it is the 'all-pervading vajra of space', and so on, and in our scriptures of Dzogchen, among other names [it is called] 'rigpa of self-arising wisdom'. In short, it is suitable for all names for the ultimate way in which things exist to be labelled upon this single root.

How does this [arise]?

> **As the wisdom of recognising your nature dawns, the darkness of vague mental obscurity is cleared.**

Rigzin Jigme Lingpa taught:

> The Victorious One [taught] the three liberations in the middle turning of the wheel;
> The essence of this teaching is individual, self-knowing awareness.
> In the make-up of sentient beings, this buddha-nature,
> Naturally present, is known as Dzogpa Chenpo.

Likewise, the nature of mind is by nature primordial just as it is, without anything to be done – vast transcendence of conceptual mind, empty luminosity without transition or change. Relying on the key points of the method of settling and direct instructions, by the power of personal experience, not mere dry understanding of study and reflection, you realise your own nature. Thereby at one point, without entering meditative equipoise, still non-conceptual wisdom arising from the ground's dynamic energy, arises inherently; so what are known separately as object and perceiver are undifferentiated.

When practising free from misconceptions, the obscurity of vague darkness is not especially removed by the power of some kind of distinct remedy, [but] just as mist disappears in the sky, it naturally disperses:

> **Just as your home becomes visible at daybreak.**

In the *Responses of the Great Master*, [Guru Rinpoche] was asked:

> How are samsara and nirvana distinguished?

His reply was:

> They are distinguished by the two: rigpa and ignorance.

The truth of inconceivable Dharma-nature, free from the stains of doubt of non-realisation and erroneous realisation, is like a sighted [person] able to see their home when dawn breaks; there is no need to doubt the existence or presence of objects in the house – posts, vases, and so on. Similarly:

Certainty in the nature of your mind grows.

Clear of alaya, when rigpa becomes evident in meditative equipoise you see the nature of your mind directly; so that, as it is taught, 'certainty in post meditation grows that no one else can reverse.' This is the rigpa of trekcho primordial purity.

You may wonder, how is it primordial purity?

[Free of] all positive or negative conceptual thought of the three times, like a cloudless sky, rigpa is originally pure from the beginning; therefore it is primordially pure. All deluded thoughts of the three times are thoroughly cut through in the primordially pure expanse of rigpa, so it is called 'trekcho' [or 'cutting through'].

Meeting with this kind of profound direct instruction is the result of accumulating merit over many previous aeons. The Great All-knowing One wrote this conclusion:

> Having engaged with this supreme secret with certainty and received guidance and instruction, for those men, women, and children – whether or not they have found profound meaning – by the blessing of listening, it is certain they will become liberated swiftly, because they have met with the ultimate unexcelled result.

If you have discovered deep certainty as to the nature of mind, there is no need to acquire something greater beyond this. This is even better than being given the three thousand-fold world system full of gold dust, or owning all the riches in the world. As Mipham himself taught:

> Discovering uncontrived rigpa,
> Is superior to all completion stages.

Now the key point of this first direct instruction is summarised:

This is the 'direct instruction that cracks open the shell of ignorance'.

Regarding this direct instruction, at the time of the original ground of delusion, what arises from this nature is taken as an object. Compassionate capacity arises as mind. The three kinds of ignorance:

ignorance which is the same as the cause, and upon this the two ignorances – co-emergent and all conceptualising – [together] with the habitual tendencies that are produced by these, are like the outer shell of an egg that encloses or encases, just as a chick is encased in a shell. So, this is the 'direct instruction that opens or releases in a moment', the direct instruction that throws off the head cowl.

This completes the first direct instruction, the 'direct instruction that cracks open the shell of ignorance'.

THE DIRECT INSTRUCTION THAT CUTS THE WEB OF SAMSARA

Section two is the direct instruction that cuts the web of samsara:

> **When this is realised, you will understand such a nature abides timelessly, naturally, and spontaneously, so is uncompounded of causes and conditions, and unmoving or changing in the three times.**

As mentioned earlier, when all the phenomena of appearance and existence, both samsara and nirvana combined, are realised to be the shifting array of the one dharmakaya, confusion and liberation are by nature meaningless. In this way, they do not come about newly in dependence upon new causes and conditions, like a conch and [the colour] white, or fire and heat; all phenomena abide primordially, utterly naturally, uncompounded of causes and conditions.

Among the six special qualities of Samantabhadra, the result that becomes evident without arising from a cause beyond the realm of mind's effort, free from attachment to experience of referential focus, without transition or change throughout the three times, is evenness free of elaborations. Knowing this, you arrive at the level of buddhahood which does not arise from mind. Finding confidence that ordinary confusion does not exist, you are carefree, as from now on there is no need to wander in samsara. Without placing any confidence whatsoever in conventional words that do not awaken one to buddhahood, this [wisdom] mind arises from within.

You may wonder, why is this?

At that time you have actually arrived at the eight great words of wonder.

> **Other than this, not even an iota of something called 'mind' can be observed to exist.**

Searching for where mind arises, resides, or disappears, when you reach the definite conclusion that it is without basis or foundation, the nature of mind, rigpa wisdom, is finding the unfound great find – rigpa wisdom self-liberated and transcending [anything to be] abandoned and its remedy. Other than this, not even an iota of something called 'mind', with impure dualistic perceptions or contaminated appearances, can be observed to exist.

If you arrived at a precious isle of gold, even if you searched you could not find ordinary earth or stones that are not gold. Likewise, having grasped the nature of rigpa, even looking for ordinary thoughts, it is the case you will not find one.

Now, from here, the defiles of resemblance and error are clarified:

Although the previous vague mental obscurity was indescribable, it was undeterminable because there was no knowing how to express anything.

'Previous' refers to when the above preliminary method of settling was discussed. The nature of the way alaya actually exists – indeterminate and lacking materiality – was not actually seen. That indeterminacy and dark vagueness, without thinking something or remembering anything, is also indescribable. It is also impossible to say, 'It is like this or that', but it is blank and dull, dizzy with nothing in mind, something like having lost consciousness. Because you do not know how to say, 'Its nature is like this' so, except for leaving you blank, the knowledge 'It is this, not that' cannot be determined. Therefore, during meditative equipoise, the real genuine state is not seen. Likewise, during post meditation, doubt cannot be resolved.

The nature of rigpa is also indescribable, but the fact that it is indescribable is determined without any doubt.

It cannot be said of the nature of mind, the intrinsic nature of rigpa, that 'It exists'. Wherever you search: externally, internally, or in between, something existent cannot be found, therefore it cannot be established as existing. But if we want to say it does not exist, that also cannot be said. The quality of its luminous nature is inherent, so for this reason it is also not non-existent. In this way, it is beyond both extremes of existence and non-existence, being and non-being, so it cannot be described or expressed with words.

Previously, both indescribable dark vagueness and this were similarly inexpressible using mere words. However, the inexpressible truth of the ultimate uncontrived dharmakaya seen clearly is experienced directly during meditative equipoise, and certainty of this without any doubt is found during post meditation. So this is resolved from within.

Therefore the manner in which these two are indescribable is very different, like being blind or fully sighted. Thus the distinction between alaya and dharmakaya is also included in this key point.

In the past, at the time Guru Rinpoche was in Tibet, the Chinese Hashang debated at Samye. He was attached to mere words and cited eighty sutras, considering [only] partial significance of indescribability and so on. He had gone astray in lethargic shamatha upon nothingness and it is said his view was mistaken, as you know.

From this kind [of example] to the view of the actual way things exist, not only have we travelled a long way, as if from earth to sky, but the direction is also different, like east and west. In that case, speaking with reference to [the example of] being blind and fully sighted: If someone fully sighted, whose two eyes have no problems, in daylight does not see some gross form, then that form is certain not to exist. Similarly, the former indescribability is enveloped in delusion, so is undeterminable. The latter indescribability, the meaning of which is inexpressible beyond description and conception, is determined from within. Therefore, there is a great difference in the way these two are inexpressible. Thus 'the distinction between alaya and dharmakaya is also included in this key point'.

What is known as alaya is dark and vague. Dharmakaya is inseparable emptiness-luminosity, without any elaborations of recollection or thought, like the centre of a clear sky. All-knowing Jigme Lingpa said:

> In this way, the two – alaya and dharmakaya –
> Are of the same basic space, but dharmakaya is like an ocean.
> Alaya consciousness is its obscuring aspect
> Which, like a boatman, drifts on both samsara and nirvana.

Alaya is the basis of myriad habitual tendencies, the first of all of samsara's delusory appearances to develop, its nature being entirely non-conceptual, staying single-pointedly indeterminate. Dharmakaya is limpid luminosity free from elaboration, the basis of the oceanic resultant Dharma. The *Natural Arising of Rigpa* says:

> Alaya fixation of discursive thought
> Pollutes myriad delusory perception.
> Alaya is actual ignorance.

Also, in *Garland of Pearls*:

> Dharmakaya is inexhaustible,
> Empty and lucid, its lucidity is pervasive.
> Unpolluted by mind, purified of thinking,
> Free from elaboration itself,

Like the sky, pervasive and empty,
Naturally pure, [it is] free from all characterisation.

As illustrated by these and other [scriptures], a summary of the core of the essential meaning to differentiate between alaya and dharmakaya is included in the above example of the blind and fully sighted.

Hence, 'ordinary mind', 'no mental activity', 'ineffable' and so on, are both authentic and inauthentic. So, if you ascertain the key point that the same terms have exalted meaning, you will discover realisation of the profound Dharma.

In this way, if you carefully investigate and analyse scriptures, direct instructions, and your own experience, there are the same words with different meanings, or meanings that are generally similar but the true key points are different, and so on. There are many similarities, so for this reason there are numerous defiles of doubt and error.

For example, taking what is known as 'ordinary mind' to illustrate this, generally there are three similar distinctions: 'Deluded thinking ordinary mind', 'experience-realisation ordinary mind', and 'genuine ordinary mind'; three are spoken of. If they are similar, you need to know the context to understand the meaning, as with Sindhapa language.

As for 'deluded thinking ordinary mind', it is [used] in the context of pervasive impure delusion. 'Experience-realisation ordinary mind' is [used] in the context of a slightly pure [stage of the] path, as various experiences of bliss, clarity, and no-thought arise. What is called 'genuine ordinary mind' is taught to be at the extremely pure resultant [stage]. When that is so, if we take 'ordinary mind' for example, there are also times when it is understood to be the deluded thinking mind of ordinary common beings. As it is taught:

All beings, if too ordinarily relaxed,
Will wander forever in the three realms of samsara.

There are also times when ['ordinary mind'] is understood as rigpa self-arising wisdom, as it is also taught:

Unconfined ordinary mind,
Is not described in words, it is seen by itself.

Similarly with 'no mental activity', 'ineffable', and so on, these are also both authentic and inauthentic [states]; the terms are the same, but [here] the meaning is exalted. By determining the distinction of crucial points of exalted meaning, find with certainty realisation of profound Dharma, unmistaken and unconfused. In that way, if you put it diligently into practice, it is taught you will become enlightened in one lifetime, in one body.

When it comes to settling naturally in the state of mind essence, some people maintain mere clarity, mere awareness, entering into a state whereby conceptual mind thinks 'This is clarity'.

In the state of the essence of mind itself – rigpa dharmakaya – in the expanse of inseparable luminosity-emptiness without suppression, encouragement, or fixation, while remaining naturally some meditators say, 'If you grasp only at emptiness, you fall into the extreme of nihilism'. In that way, thinking that if they merely remain without any kind of fixation whatsoever they will develop the view of Hashang, they maintain a conceptual mere awareness of undifferentiated luminosity of the essence of mind itself as their chief meditation focus. Thereby conceptual mind thinks, 'This nature of mind is clarity', and they enter into a state with undiminishing conceptual action. It is taught if you remain like that, in 'experience-realisation ordinary mind', it is the cause for rebirth in the Form Realm.

Others hold their mind serenely empty, as if their awareness had gone blank.

Again, some meditators [think] if there is no realisation of emptiness, then there is no way to cut grasping at self, the root of existence. Thinking that without cutting this, there is no method to be liberated from samsara, they stay in a quiet state where object has never existed from the beginning and is utterly empty, with no essence of awareness whatsoever. As if gone blank, [they] hold the mind fixated on emptiness with undiminishing conceptual action. In the *Great Stages of the Path*, Je Rinpoche says there are those who practise this, [like] the Chinese Hashang and those with him who were rebuked, but it is mere emptiness without the aspect of luminosity – 'experience-realisation ordinary mind' – which leads to rebirth in the Formless Realm.

However, both these are mere fixation on aspects of mental consciousness's dualistic experience. Therefore at that time, when there is both luminosity and one perceiving luminosity, or emptiness and one perceiving emptiness, by looking upon the mind, this stream of tightly fixated perception...

A productive effort of mind grasps luminosity as supreme or obsesses on emptiness. The aspect of mental consciousness that holds these two, luminosity and emptiness respectively to exist is, in the realm of alaya consciousness, a slight attachment that has formed for subtle dynamic energy's experience of dualistic perception. Not only this, but it is not the inexpressible, beyond mind, non-grasping wisdom of the ultimate path of authentic Dzogchen. 'At that time' [refers to] the time when this kind of mistaken path is grasped at.

What is the authentic way to practise the unmistaken path?

'Luminosity and one perceiving luminosity' refers to an undifferentiated objective luminosity and a subjective agent of this thinking 'this is luminous', the one perceiving luminosity. Also similarly, 'emptiness and one perceiving emptiness' refers to the object emptiness and the one perceiving emptiness who thinks 'that is empty'.

'By looking upon their mind, this stream of tightly fixated perception', or that which is firmly alert, when naturally looking upon itself, differentiation of an object that embodies luminosity and emptiness, and a mind that perceives this, does not exist, whereby primordially empty, devoid of basis, non-fixated rigpa's own state appears nakedly. Externally no identifying qualities are grasped, internally the stirring and proliferation of thoughts does not continue. Not coming under the influence of drowsiness or agitation, or affixing the entanglements of hope, fear, joy, or sorrow, it uproots the tethering stake of grasping attachment to meditation experiences. Darkness of unconscious delusion is cleared into vast openness. Maintaining the state of this vast spaciousness, the intent of all Sutra and Mantra comes down to this ultimate key point.

The tethering stake of mind fixated upon dualistic grasped-grasping is uprooted.

Not grasping at characteristics of outer reified apparent objects of form and so forth, or inner grasping of deluded mind's continuous arrangements, whatever the appearances of the world and beings, the tethering stake of clinging consciousness's specific acceptance or rejection of good or bad is uprooted. Discarding fine distinctions of referential focus, calculation, and fixating concepts, and efforts of correction, suppression or encouragement, and rejection or acceptance, if you remain naturally without altering your three doors, the stains of delight for and fixation on the truth of meditative experiences of bliss, luminosity, and non-thought, will be purified naturally.

Then, if naked manifest luminosity-emptiness without centre or edge is naturally determined as it is and pure limpidity arises, then that is called the 'nature of rigpa'.

Look at rigpa as it emerges from the envelopment of thoughts of the three times. The rigpa aspect, bare and naked, not falling into individual aspects of appearance or emptiness is manifestly stark, free from discarding or adopting, suppression or encouragement, forever maintaining its natural state and without the influence of biased characteristics of emptiness or fixation. Empty essence luminous nature wisdom of inseparable luminosity-emptiness, free from partiality or bias, is without transition or change in the three times. Transcending upper, lower, cardinal, and intermediate directions, appearance and emptiness, limits and centre, it is the true state of things, a vast unfabricated naturalness.

Thinking, even [if] a hundred scholars or a thousand accomplished masters were to appear, they would not have anything else to say, determine from within. Rigpa – limpid clarity vast and spacious – naturally arises without grasping. Like [reflections of] stars and planets arising in the ocean, object appearances arise without impediment as naturally occurring wisdom manifests.

If you become familiar with practising like this day and night, through the four periods, then it is given the name 'seeing the nature of rigpa'. But what is called 'seeing the nature of rigpa' is merely an expression of meditative experience [as there is nothing actually to be seen].

Free from the covers of grasping experience, it is naked arising of rigpa wisdom.

Rigpa, free from the covers of experience of grasping and fixation towards acceptance and rejection, effort and achievement, is primordial freedom, vast perfection of dynamic energy. Whatever appears is the essence of bare wisdom arising as its nature.

Generally, we need to determine with the view, cultivate with meditation, enhance with conduct, and journey to the ultimate result. If this is the case, when the view is mistaken, meditation is mistaken. When meditation is mistaken, conduct is mistaken. When conduct is mistaken the following accompanied result will also become mistaken. We need to see and have legs.

What does that mean?

The view is like eyes that see, and meditation is like legs that need to walk upon the place we look. If we step somewhere we have not seen, there is a danger we may fall over. There are some who say the views of Sutra and Mantra are the same; they have an alternative interpretation. In our tradition we need to say the views are not the same. Of the view, there are three:

- The view that sees objects.
- The view that sees nature.
- The view that sees self-knowing.

The view that sees nature is the same, as dharmadhatu is the same. However, the view that sees objects is not the same. For example, like many clear or unclear sighted eyes looking at a distant form, there is a difference in the clarity of what they see. Therefore they are not the same.

To summarise and conclude the second direct instruction:

This is called the 'direct instruction that cuts the web of samsaric existence'.

This nature of appearance and existence abiding in the ground timelessly like this is practised in a manner of liberation upon the ground. This method, whereby the cause of the web of samsaric existence – ignorance and alaya, and the result – the delusive appearances of samsara, are all liberated naturally without rejection, is the direct instruction.

If you fix your mind on mere emptiness, nothing whatsoever, you will not rise above the Formless Realm. If you fixate mind on the partial luminosity aspect, you will not rise beyond the Form Realm, therefore will not have cut the web of samsaric existence. Whichever it is, in the realm of alaya consciousness, a fine energy of grasping fixation resides that has tainted it. Like a silkworm that has cocooned itself up in its thread, we are tied up by dualistic grasped-grasping and cannot escape.

The tethering stake of mind fixated upon dualistic grasped-grasping, like the stake a horse is tethered to, is uprooted, whereby the state of rigpa, ineffable luminosity-emptiness, becomes evident. This is taught to be the direct instruction that cuts the web of samsaric existence.

This concludes section two of the root primary teaching of the direct instruction text, the 'direct instruction that cuts the web of samsaric existence'.

THE DIRECT INSTRUCTION FOR ABIDING IN SPACE-LIKE EQUANIMITY

Now, section three is the teaching on the direct instruction for abiding in space-like equanimity.

In this way, recognise rigpa, free from the husks of various mental analysis and temporary experiences, like hulled rice.

As mentioned above, familiar with proper and appropriate practice of liberation upon the ground of samsara and nirvana, intellect focused upon the characteristics of mental analysis, as well as the various husks or shells of temporary experiences of bliss, luminosity, no-thought, and so on, are like outer covers and unsuitable to have. These are taught to be: 1) the temporary experience of bliss with clinging, 2) the temporary experience of luminosity with grasping, 3) the temporary experience of no-thought unwavering, and similarly the three experiences of sinking, agitation, dullness, and so on. Rigpa needs to appear bare and naked.

If it cannot appear, what kind of faults ensue?

For example, if you stray into bliss, [the result is] the Desire Realm. If you stray into luminosity, [the result is] the Form Realm. Stray into no-thought [and the result is] the Formless Realm. If you stray into causal meditative stabilisation of concentration, then concentration meditation produces the result of reincarnation. So this kind of meditation has three defiles: straying, loss, and error. In the circumstances of this kind of yogic path, if travelling a long distance we will encounter all kinds of paths - smooth and steep - similar to various clinging to temporary meditational experiences. As these cease, absorbed into the fundamental expanse of vast, primordially pure exhaustion of phenomena, free from all impure deluded perceptions, inner lucid youthful vase body's knowing aspect, external luminosity rigpa mind, is like bare grain, hulled or without husk, [recognised]...

...through the true nature of naturally settled self-luminosity.

From the limitless unobstructed wisdom of the dharmakaya free from the husks of mental analysis and temporary experiences, the non-dual self-manifest array of the sambhogakaya and the externally manifest wisdom of the nirmanakaya evident through self-luminosity, appearing to whoever is to be tamed in the realm of beings, fully manifest. Recognise this full expression of the very nature of the result.

Merely recognising the nature of rigpa is not enough, one needs to stabilise steady familiarity with that state. So it is important to maintain without distraction a constant mindfulness of resting in mind as it naturally is.

Having recognised the nature of rigpa, free of removal or addition, diminishment or development, it is not enough to have merely realised it. From a sutra:

> Seeing or hearing water
> Without drinking, does not quench thirst.
> Dharma without meditation is like that.

In this case, if you wish to quench the suffering of thirst, other than by drinking water there is nothing else that can be of benefit. Only if water enters your body can it quench your thirst. As All-knowing Jigme Lingpa said:

> You may have recognised the nature of rigpa, but if you do not meditate,
> The enemy, discursive thoughts, will carry you off like a small child in battle.

When you meet with [adverse] conditions, you will not be able to withstand them. The method to pacify deluded perceptions of karma and afflictive emotions into basic space requires striving with hundred-fold effort in meditation. The innate wisdom of the ground, changeless from the beginning – this sun-like aspect – needs to be actualised free from a cloud-like covering of the stains of adventitious temporary factors to be abandoned, its nature possessing the two purities, stable and self-steadfast. At all times and on all occasions, [during] the four types of conduct and so on, we need to keep watch, mindful of whether or not mind has fallen under the influence of delusion.

Settle mind directly as it naturally is, unaltered. If [something] appears, [settle] upon appearances. If [there is] movement, [settle] upon movement. If [there is] abiding, [settle] upon abiding, so that [mind] is unmixed with wavering or delusion – an unbroken continuum of mindfulness without duality of preserved and preserver. If you are able to preserve bare rigpa essence, then all apparent objects are the display of the eight analogies of illusoriness, becoming self-liberated like snowflakes touching hot stone.

As grasping and fixation become purified like the trace of a bird in the sky, in a state of un-grasping natural settledness, it is important to be able to train the potential of various activities and perceptions. All kinds of meditative experiences will arise. [It is said] there is nothing that will not grow in the summer meadows, nor arise in the experiences of a yogi. However, one does not linger on a single experience. Meditative experiences are like mist, they disappear away. Meditative experiences and realisation are different.

When practicing like this, sometimes there may be a dull, no-thought state of unknowing.

As mentioned above, reach the limits of study and reflection and resolve doubts regarding the direct instructions. Stay in secluded places with no people. Lose the desire to speak. Maintain aimless conduct. While you maintain the state of the seven lords of conduct which develop control over mind and perception, sometimes there may be a dull, no-thought state that is nothing in particular. What is taught to be 'dull' is a stupid vagueness that can occur without the presence of either the clarity or luminosity aspects of rigpa, as if in a deep sleep.

At that time, as for a way to dispel this, what is needed to remove this obstacle?

[Visualise] your mind itself in the form of a white syllable AH that emerges upwards from the aperture of Brahma. Focus on it floating in the sky. Also, fixing your gaze upwards into the sky, with your speech you need to utter 'AH'. Finally, you need to focus as the AH syllable goes higher and higher, until it is no longer visible.

What is this beneficial for?

This is taught to be useful to clear the aspect of stupidity and dullness for the nature of rigpa to arise nakedly. This and various other [means to] dispel obstructions are taught.

Sometimes there may be a no-thought state of unobstructed transparency where the clarity of vipashyana appears.

On some occasions, vipashyana's clarity aspect that knows its own nature appears, whereby from within a state of awareness without any thought whatsoever, grasping and fixation are liberated naturally into empty wakefulness – unobstructed transparency, limpid clarity, wide openness free of limits and extremes, bare rigpa nature – the manifestation of unproduced true wisdom. Also, [sometimes] the perception [arises] that mind has dissolved into space, or the perception [occurs] that the physical base is not there, having disappeared. The perception that you can remain in the state of samadhi for many years [may arise], or the perception that there is no time for thoughts to arise, having merged into a state of samadhi, and so on.

If these arise, if you do not abandon the idea that holds them to be exceptional and practise according to the lama's direct instructions, even if at first the path is genuine, ultimately faults will turn you awry; you will stray into the higher realms and so forth. The three faults of straying, loss, and error need to be eliminated.

Sometimes there may be an experience of bliss with attachment.

Also, on occasion, if an experience of meditative bliss with attachment arises such that you do not wish to separate from [it], at that time you need to shout 'P'ET!' suddenly. By sounding loudly the syllable P'ET – the combination of method and wisdom – wisdom that is non-dual bliss and emptiness, unobstructed transparent rigpa, will vividly arise, so you need to maintain that state.

Sometimes an experience of bliss without attachment.

Again, from time to time, one's entire perception feels joyful and blissful, appearing as happy circumstances; a feeling of bliss develops that overwhelms body and mind, and so forth. But whatever arises, you need to maintain the state with the actual view. If you come under the influence of normal fixation on pleasure, it is taught you will stray into the Desire Realm.

Sometimes there may be various experiences of luminosity with fixation.

Also, now and then and on some occasions, various appearances arise. If that which arises is like a meditative experience of luminosity with fixation, if you practise with the conduct of parting samsara and nirvana, and behave with the conduct of not accepting or rejecting, obstructions will become cleared like that.

Sometimes unclouded luminous clarity without fixation.

On other occasions, experience is clear and luminous, unclouded and free from fixation. A perception that you know the mind of others arises.

You see objects, including your own body, home, mountains, rocks, and so forth without obstruction. You have visions of deities and are aware of your own and others' past lives, as well as the location of future rebirths, and so on. Sometimes your whole perception arises as myriad letters and symbols, and you feel you could compose the entire scriptures of Sutra and Mantra unimpeded. You clearly perceive the teachings of the Buddha, what to accept and reject in the three times, without impediment. For this and whatever else may arise, you need to lay aside fixation on pleasure and maintain the stronghold of rigpa. At that time, if you come under the influence of fixation on true existence, then it is taught you will stray to the Form Realm.

Sometimes there may be rough, unpleasant experiences.

Now and then, different from before, terrifying experiences with unpleasant or angry and hateful forms [may arise]. Your temperament changes, unlike how it used to be and, because of the smallest unconducive circumstance, you get angry. Or, however wonderful your resources of food, clothing, wealth, adornments, and so on are, you dislike them and feel unhappy. You cannot stay in one place; the feeling wells up that you want to leave. You think that everyone else is speaking ill of you, even though they are not. It seems to you they are talking about your faults and hold a hostile attitude towards you. Whatever practice you do, it seems that discursive thoughts are only being added to. You may even grow angry at the Dharma as well, at which time there are even a few who go mad because of it.

At that time, in meditative equipoise, with proper tightness and looseness, maintain the nature of rigpa. By knowing that whatever perceptions arise in post meditation are all meditation experiences, visualise all that appears and exists as the manifestation of the lama. Thus it is taught practising pure vision is very important. If you were to stray like that, it is taught there is the danger of being reborn as a terrifying malevolent spirit.

Sometimes smooth, pleasant experiences.

In contrast to the above, sometimes there are smooth, pleasant experiences without any sadness or anger. Wherever you stay is comfortable. Whoever you are with, you get along. You feel everyone likes you, and the perception arises that everyone is full of only praise for you. It seems meditating just a little brings progress. The perception arises that all kinds of illness, negative influences, and obstructions have been eliminated.

If things like this occur, you need to be able to maintain a state of samadhi, not fixating on them. If at that time you are not able to maintain a state of non-fixation and stray, it is taught you will take rebirth in the Realm of the Desire Gods.

> **Sometimes you follow after strongly turbulent, intense thoughts that scatter meditation.**

Again on some occasions, while maintaining the nature of rigpa, many discursive thoughts proliferate one upon another. You follow after all kinds of turbulent thoughts. Pursuing these and not staying upon rigpa, meditation is scattered or lost. When this kind of thing happens, go to an empty place or valley and say whatever you think – all kinds of speech. Mentally provoke many thoughts to arise on purpose, so eventually you do not wish to generate thoughts, and they no longer co-operate in occurring. When this happens, maintain your true nature and it is taught you will become able to abide naturally.

> **Sometimes there is murkiness, through dullness being indistinguishable from clarity, and so on.**

Also from time to time, the two aspects of dullness and clarity cannot be divided, so there is non-distinct murkiness. Unable to discriminate between rigpa and alaya, pure and impure, one becomes unclear. If this kind of murkiness occurs, again to dispel obstacles, go to somewhere like the top of a high hill and sound a forceful 'HA!' syllable, together with expelling the stale winds. Then, if you meditate focusing directly upon appearances, it is taught the luminous force of rigpa will emerge, and the path of the unity of shamatha and vipashyana will grow in your mindstream.

> **These states that arise are various habituated thoughts and waves of karmic wind from beginningless time without certainty or measure, like seeing various pleasant or precipitous scenery on a long journey.**

Accustomed to circling in samsara from beginningless time up to now, discursive thoughts and karmic winds – accustomed habitual patterns of negative mind – run like [a tear] down the fold in a piece of paper, the various waves of which appear as various specific experiences in the composition of individual people. These occur, [but] you are unable to gauge them and say, with sole determination, 'this is...' or unequivocally 'that is...'

For example, a person travelling to a distant place on a long road needs to pass upwards through high peaks. They need to descend down through long sloping gorges, cleave through the centre of wide plains, and cut across long hillsides. Similarly, we do not arrive in a distant place without seeing all kinds of pleasant and precipitous scenery.

> **So whatever arises maintain your path, without paying them particular attention.**

Whatever kinds of appearances arise and manifest, without like or dislike, hope or fear, you need to determine they are of the nature of unreal dreams and gently relax down. Whichever good or bad meditative experiences arise, do not fixate on them, chase after them, or cultivate particular remedies for them. You should stay relaxed. It is taught:

> The impetus of karma goes far,
> Various joys and sorrows are still to come.
> Do not become proud of fortune.
> Do not be depressed by decline.

What we call 'thoughts' cannot be stopped by forcibly blocking them. What capacity do we have to block a huge encroaching river of water? It would only make things worse. In that case, whatever joy or sadness arises, we need to be gentle and unhurried. Have no particular grasping for any thoughts that may arise, and practise by maintaining rigpa, empty luminosity, inexpressible and effortless – the path of great imperturbable presence. At that time it is important to pray to your lama and have strong faith and devotion. It is taught:

> Experiencing devotion and faith,
> Rigpa is naturally unobstructed and luminous.

Merge your mind inseparably with the enlightened mind of the lama. Whatever experiences arise, do not have any acceptance, rejection, or deliberate fixation for them, but maintain the natural state of rigpa. If your effort to maintain your path does not weaken, experience and realisation will gradually develop, and the enlightened qualities of experience and realisation will also gradually increase.

> **In particular, while not familiar with the practice, when you feel agitation of multitudinous thoughts blazing up like fire.**

For example while a beginner, in particular having not spent long becoming familiar with the path of integrated shamatha vipashyana, at this stage of unfamiliarity, the sign that you have begun meditation is that the conditioned consciousness settles relaxedly so that its true nature of wisdom arises inherently lucid. This is addressed below shortly.

The differences between mind and wisdom are distinguished on eight [factors] including ground, path, entrance, and so on. In short, myriad uninterrupted subtle subliminal mental stirring and scattered wild gross thoughts occur blazing like fire. For example, creatures deep in a powerful flowing river cannot be seen, but in a slow flowing one, whatever there is – fish, stones, etc. – can be seen clearly. Similarly, previously when lost to continuous unbridled thoughts, you did not recognise that thoughts were moving. At this time the notion that discursive thoughts have become more numerous and more wild [develops because], when you come to take charge of thoughts, it appears clearly that 'discursive thoughts' are scattered and wild, and you notice it. When you feel agitation:

> **Do not be discouraged by this. With a balance of tight and looseness, practise without losing the continuity [of rigpa]. Thereby, the latter meditational experiences of 'attainment' and so on, will gradually occur.**

At this time, just starting to settle [in meditation], whatever thoughts stir, they appear clearly, and it follows logically that one thinks thoughts have become more gross.

In conjunction with the meditation experiences of agitation, attainment, familiarity, stability, and perfection, when the time comes for the experience of agitation to arise, like a waterfall on a steep cliff, do not be caught by this experience. Remain relaxed and develop patience. Ma Labdron taught:

> Tightly concentrated, loosely relaxed.
> In this is a key point of the view.

As this shows, by means of balanced tightness and looseness, do not be anxious about slipping into mental distraction, [but] take your time to become familiar. So, like catching a bird by devious means, when you do not lose the continuity of familiarity, from the time when rigpa begins to appear clearly, you will come to seize the stronghold of practice. When familiarity becomes steadier, this is the meditative experience that you have become more stable than before, called 'attainment'. From there it is taught familiarity, stability, and perfection – the latter signs of the path, will gradually occur.

The meditative experience of attainment is like a river in a narrow valley. Compared to the earlier period's experience of agitation of a waterfall on a steep cliff, a torrent in a narrow ravine is smoother; it has become looser and more smooth. From there, the meditative experience of familiarity is like the slow-flowing water of a wide river, and the meditative experience of stability is unwavering luminous clarity like the centre of an ocean and so on – the latter meditative experiences coming gradually.

How do they come about?

By relying on mindful awareness, the 'meditative experience of familiarity' is when rigpa essence, maintained again and again, at one point becomes easy to maintain. Then upon that, if you continue to apply effort, at some stage thoughts are arising, but you do not waver upon rigpa. There are thoughts proliferating, but they have no strength or potency. Like a bee in autumn time, or the cool spring breeze, their energy is not that great; thoughts have lost their potency. This is called the 'meditative experience of stability'.

Following that, what is the meditative experience of perfection like?

Whatever large, small, or subtle conditions are met, none can shake you, just as the wind is unable to move a great mountain. To manifest mountain-like unwavering is the meditative experience of perfection. These are taught primarily regarding shamatha, chiefly in conjunction with the terminology of Mahamudra.

To illustrate the signs of the path of vipashyana, at first when you recognise the nature of rigpa, discursive thoughts self-liberate themselves like a snake's knot. In the middle, when dynamic energy is perfected, whatever you perceive good or bad, whatever thought patterns arise, they neither benefit nor harm, like a burglar entering an empty house. Finally, when stability is attained, even if you search you cannot find any impure phenomena. Like when arriving in an isle of gold, you may search, but you cannot find ordinary earth or stones.

If we speak about this in conjunction with four-fold imperturbable presence, then settling this mind of ours naturally, uncontrived, uncorrupted, and unfabricated, when we look naturally at the basic nature of mind it is primordially empty without foundation – unobstructed transparency without outer, inner, limits, or centre. Not just mere emptiness [but] unobstructed natural radiance, free from all discursive thoughts – ineffable, inconceivable, and inexpressible – the truth of which is decided from within. There is no good or bad in the enlightened mind of the victorious ones of the three times, or the impure mind of sentient beings; they are subsumed within the single expanse of rigpa emptiness wisdom. This recognition is the view of mountain-like imperturbable presence.

Knowing the nature of this view, when you remain uncontrivedly in that state as it is, the tethering stake of dualistic grasped-grasping is uprooted. Thus, deliberate fixation on the existence and non-existence, being and non-being and so forth, of an object of meditation is entirely absent. True nature – luminosity-emptiness without extreme or centre – appears nakedly without the covers of grasping or fixating meditative experience, and without the sullies of suppression or encouragement, conceptualisation or analysis; thus the nature of mind – non-mediation, non-distraction – is maintained. The unity of primordially present, naturally occurring meditative concentration, together with maintaining the nature of mind – vipashyana of the natural lucidity of self-nature – is the meditation of ocean-like imperturbable presence.

While maintaining the continuity of this meditation, whichever awareness of the six modes of consciousness arises, there is no change, rejection, or acceptance upon rigpa which does not lose stability. Also there is no benefit or harm from any positive or negative manifestation of dynamic energy, like ice melting into water, or waves becoming the ocean. This is the conduct of direct instruction imperturbable presence.

Having become familiar by practising like this, as all the signs of the path of shamatha and vipashyana discussed above become evident, when wisdom has taken the place of the entirety of afflictive emotions, terms like 'afflictive emotions transformed into wisdom' are applied. In actuality, as woollen cloth is transformed with dye, all delusive appearances of grasping at characteristics are pacified into space.

At that time, generally, you gain confidence in the difference between rigpa and non-rigpa, alaya and dharmakaya, consciousness and wisdom.

While applying the key points of the practice of integrating shamatha and vipashyana, if you are thinking 'Generally, what are the important [points]?' we come to the key points regarding making a clear distinction and passing beyond:

The nature of mind without duality of grasping and fixation, unproduced [yet] arising nakedly is rigpa.

What is the nature of rigpa?

It arises as luminosity. Fixation on the specific characteristics of dualistic grasped-grasping is ignorance. Thoughts proliferating on objects – that is ignorance. These two are mutually exclusive – if it is one it cannot be the other, like the palm and the back of a hand. This is the clear distinction between rigpa and ignorance.

Concerning alaya and dharmakaya, this was also taught above. Alaya is the ground of multitudinous habitual tendencies, the original birth[place] of all samsaric delusory appearances. Its nature is totally non-conceptual and it remains one-pointedly indeterminate. As it is taught in *Distinguishing the Three Points*:

> Alaya is like muddy water.
> Due to dormant confused ignorance
> The clarity of wisdom rigpa is hidden.

Alaya is consciousness remaining non-conceptually, and the nature of dharmakaya abides free of elaboration. The two are different. Limpid clarity free of elaboration, basis of oceanic resultant Dharma, is the dharmakaya. It is taught:

> The dharmakaya is like un-muddied water,
> The epitome of rejection of adventitious stains,
> Essence of all enlightened qualities of complete freedom.
> It is wisdom that is henceforth incapable of becoming deluded.

Likewise, as for the difference between consciousness and wisdom: Consciousness is multitudinous discursive thoughts unfolding on objects; the unfixated, naturally free, knowing aspect unobstructed is wisdom. In this way, 'dharmakaya', 'rigpa', and 'wisdom' are combined with 'essence free of elaboration', 'nature of luminosity', and 'unobstructed compassionate activity' to describe them:

- Abiding essence free of elaboration is dharmakaya.
- Nature arising as luminosity is rigpa.
- Compassionate activity arising unobstructedly is wisdom.

'Alaya', 'ignorance', and 'consciousness' also combine with 'consciousness while staying non-conceptually', 'non-thought proliferating on objects', and 'thought proliferating on objects' to describe them:

- Consciousness staying non-conceptually is alaya.
- Non-thought proliferating on objects is ignorance.
- Thought proliferating on objects is consciousness.

In the context of scriptural commentaries, much is said about the differences and distinctions between these, but when taught according to the tradition of unelaborate renunciate kusali, we gain confidence:

> **With recognition based on experience of the direct instructions of the lama.**

Do not rely on many elaborations of complexly explained collections of words. That which simplifies the difficult and teaches it with ease are direct instructions, so at this time especially pray to the lama – it is important to rouse fierce faith and devotion. It is taught:

> In a time when there were no lamas,
> There was not even the name 'buddha'.

Therefore, if you pray to your holy root lama who has the three kindnesses, the intended meaning of the instructions, blessings of mind, will be transferred. Not only is there nothing better to develop realisation in your mindstream, but there is no better purification of misdeeds and obscurations, and [no better means] to find the authentic path. In that case, practise upon the quintessence of direct instructions and advice. The lama's direct instructions are not just something spoken, but experience they actually have personally. Relying upon this direct introduction, all areas of straying and erring are naturally left behind. With confidence in the profound view, there is no acceptance or rejection for whatever appears or whatever arises. Maintaining your natural condition is the key point.

If we think about the above distinctions, having delineated between alaya and dharmakaya, it is taught this meditation is the direct instruction that is unchangeable, like a king enthroned. Having delineated between rigpa and ignorance, this meditation is the direct instruction that is like imprisoning a minister. Differentiating between consciousness and wisdom, this meditation is the direct instruction that is like vanquishing one's subjects.

If we speak concerning mind and rigpa, rigpa pervades mind, however mind does not pervade rigpa. Therefore, rigpa does not come under the influence of mind; mind is subservient to rigpa. To give an example, if water is not agitated, waves do not appear. Similarly, if rigpa does not waver it is impossible for thoughts to stir mentally. Not understanding this key point, if there is a practitioner of Dzogchen who desires buddhahood in their ordinary mind, they are the most foolish kind.

When maintaining this, as water clears if not agitated, by settling consciousness naturally upon itself...

When maintaining a state of rigpa emptiness free of extremes, like the example given above: if water is left without agitation, not thrown, shaken, or churned, then muddiness naturally clears. As the multitudinous reflections of apparent objects arise, by not suppressing or indulging the consciousnesses of the five senses, relaxing upon itself and leaving mental stirring to liberate naturally, then:

Its nature of wisdom is naturally apparent; this should be taken as the main direct instruction.

Consciousness is conditioned phenomenon; rigpa is the nature of that phenomenon. What is called 'consciousness' is the mind. The difference between mind and rigpa is taught in the *Tantra of Naturally-arising [Awareness]* like this:

> The example of mind and rigpa is like the manner of water and a bubble.

If rigpa is like clear water, and abides in the centre of the heart, its expression – the characteristic of mind – is like a water bubble that has entered into the channels. Then, as the impetus of the wind moves it, [appearances] arise in myriad array. However, the substance of water and a bubble is not opposing. If, wanting to separate these two, you [may] think they are not things that can be separated; [however] mind is only existent after [determining] whether or not there is rigpa. Rigpa does not exist following [determination of] whether or not there is mind.

If we speak in terms of pervader and pervaded, as discussed above, mind is pervaded by rigpa, but rigpa is not pervaded by mind. Based on this reason, rigpa does not come under the influence of mind, it is mind that comes under the influence of rigpa. If you settle unaltered consciousness naturally, it is impossible its wisdom nature will not appear distinctly. Therefore, when consciousness is settled naturally and thoughts naturally vanish, the place where they disappear is the true nature – emptiness-luminosity, the unobscured rigpa aspect. For that reason, the nature of this mind is genuine ultimate luminous display of the kayas and wisdom, dwelling like the sphere of the naturally occurring sun. Free from the obscuring covers of cloud-like karma and afflictive emotions, this two-fold purity of luminous actualised attainment is taught to be the naturally completely pure result.

This direct instruction, effortless natural abiding maintaining the nature of rigpa, needs to be foremost in the beginning, middle, and end. This is not the same as the teachings of other vehicles, such as meditation on coarse and subtle aspects, which are initially needed, but at last unnecessary. This is not that kind [of instruction].

Do not analyse with acceptance or rejection, thinking 'Am I meditating here on consciousness or wisdom?' or increase thought activity with theoretical scriptural knowledge.

When you are resting in equipoise one-pointedly, do not increase the activity of thoughts thinking, 'Which is it I am meditating on, consciousness with dualistic perception or wisdom that transcends dualistic perception?' [Do not] have mental analysis of abandonment or adoption, rejection or acceptance, either on the side of thoroughly afflicted emotions to be abandoned, or qualities of complete perfection to be adopted. [Nor think] 'The luminous nature of mind [is like this]' or 'Emptiness is like this' with logical reasoning or drawing on scriptural understanding. It is taught when you actually realise the key point of practice there is no need to rely just on scriptural understanding.

The Great Master said:

> One well-versed in words is not wise.
> One well-versed in unchanging truth is wise.

These slightly obscure both shamatha and vipashyana.

These kinds of doubting thoughts slightly obscure both shamatha of staying just so, and vipashyana that sees the natural luminosity of your nature. This is like deciding to leave some water to become clear [but] fetching a stick or the like to churn it up, making it unclear again. If you want water to be clear, it needs to be left still. If the actions and formulations of thought activity are many, this is the cause of once more becoming deluded. This clearly demonstrates the eliminative determination of these factors to be removed. The inclusive determination of this teaching implies that upon abiding, one's nature is seen, and upon rigpa, remain directly in the wisdom of the unity of shamatha and vipashyana.

How is that taught?

If you reach stable familiarity with the spontaneous manner in which familiarity with naturally settled, constant

> **mindfulness of steady shamatha and vipashyana of awareness of the natural lucidity of self-nature, are connected...**

If we speak of the inclusive determination of our true nature, at the time naturally settled constant mindfulness becomes steady, thoughts and objective conditions, whatever they are, do not agitate the perfect familiarity of Mt. Sumeru-like shamatha. Knowing our true nature: naturally luminous, free from dualistic grasped-grasping, without even the slightest darkness of doubt of unrealisation, wrong realisation, or biased realisation, this rising sun-like vipashyana – at the time it has reached stable familiarity, naturally in a manner integrated with shamatha, does not wander into a dark, vague state of lone shamatha.

When not separate from the nature which is luminous emptiness of empty luminosity, one is free from habitual tendencies of the Formless Realm. Not falling into a biased luminosity aspect that does not see one's nature, luminosity and emptiness are united, so one is free from habitual tendencies of the Form Realm. Not lost to unbridled, autonomous grasping, one is free from habitual tendencies of the Desire Realm, at which time this is the attainment of relief at the level of total liberation from the three realms.

At this time, diligently practising in this way throughout day and night, it is inappropriate for the three faults of stagnancy, straying, and immersion to occur.

What is 'stagnancy' like?

It is meditating for a long time, but without any progress occurring. At times of stagnancy, the strength of both shamatha and vipashyana is low, in which case do not remain for one moment in stagnancy but diffuse it, like wind blowing over large sheets of ice. If you practise by naturally liberating, the wisdom of vipashyana will suddenly arise in your mindstream. If both shamatha and vipashyana slip away to stagnancy, progress is meagre.

At that time, what kind of direct instruction or oral advice is there?

When there are no clouds in the sky, with your back to the sun, stare without moving at the sky. Resting upon undiscursive mind, a lucid state – completely non-conceptual emptiness-luminosity free of elaborations – will arise from within.

What is taught to be 'straying' is erring on the path, wandering down different kinds of sidetracks. At first, by meditating, when a little positive quality develops, if you become puffed up with arrogance and pride, you need to think about higher enlightened qualities. If you are attached to this life, meditate forcefully on impermanence. If you are attached to elevated or base meditative experiences, whichever you are attached to, disrupt them and meditate. If you have no loving compassion, meditate on beings of the six realms as your parents. If rigpa is lost to conditions, you need to integrate it with those conditions and meditate. These are important points for beginners.

In the case of immersion, there is immersion in thoughts liberating upon arising, and immersion in attachment to a blissful lucid state. If you get immersed in thoughts liberating upon arising, it is that mind is not abiding inwardly, so meditate on the meaning of shamatha. If you get immersed in attachment to a blissful lucid state, development of realisation does not occur. At that time, elaborate all kinds of thoughts. Then you need to train in liberation upon arising without grasping.

When inseparable shamatha and vipashyana and the unity of primordial purity and spontaneous presence are taught, we can also say that the vanishing away of thoughts is inseparable shamatha vipashyana, and the appearance of rigpa distinctly is the unity of primordial purity and spontaneous presence.

In summary, whatever you meditate on, if such meditative experiences occur which disregard other [aspects] and become partial, you need to apply earnestly the methods to reverse them and dispel hindrances:

> **Then realisation of shamatha primordially abiding as it naturally is, and vipashyana natural luminosity, the two primordially inseparable, will come to arise – naturally occurring wisdom, Dzogpa Chenpo.**

Primordially abiding naturally indicates shamatha, and natural luminosity indicates vipashyana. If vipashyana rigpa which has the powerful aspect of limpid luminosity appears nakedly, then shamatha is implicitly present.

How does such inseparable shamatha vipashyana arise?

Familiar with faultless practice, as obscurations of defiled mental consciousness are naturally liberated as baseless, the unity of shamatha vipashyana – self-settled timelessly present dharmakaya, is actualised. Together with mastery over indivisible empty essence, luminous nature, and all-pervasive compassionate capacity, the natural luminosity of the sambhogakaya is actualised; thus the major and minor marks, the five wisdoms, and so on are mastered.

The shamatha aspect is dharmakaya, the vipashyana aspect is sambhogakaya. From the dynamic energy of the naturally occurring wisdom that arises from these two primordially inseparable, the nirmanakaya manifests. By the power of the three kayas intrinsically complete, the oceanic realm of beings is dredged from its depths and, at the same time the kayas, wisdom, and enlightened activity, lacking nothing are intrinsically complete – the vast expanse of basic space. The enlightened mind of the buddhas of the three times resides inseparable – the result precious sphere of spontaneous presence.

In the context of Dzogpa Chenpo, three precious spheres are taught:

- Ground precious sphere of spontaneous presence.
- Path precious sphere of spontaneous presence.
- Result precious sphere of spontaneous presence.

Of these, the result precious sphere of spontaneous presence resides unwaveringly in the expanse of the inner lucid youthful vase body. From this once more, when there are beings to be tamed, the sambhogakaya arises from the dharmakaya. From the sambhogakaya, the nirmanakaya appears and continues to manifest for as long as space endures.

Summarising the meaning of the direct instruction:

This is the 'direct instruction for abiding in space-like equanimity'.

This empty-luminosity rigpa is like the sky, vast and extensive, free of all grasping and fixation – vajra of the sky pervading space. In the space of the inner lucid vase body, as the three inseparable kayas dwell in equanimity, the boundless display of enlightened activities dredge the realm of beings from its depths. This is taught to be a direct instruction with the means to attain this capacity. If we give a name to someone who realises this, they are called a 'renouncer of phenomena'.

What does this mean?

There is nothing whatsoever that they particularly wish to do. This completes the teaching on the third root section, the direct instruction for abiding in space-like equanimity. Having spoken at length on those whose mind state is one of objective appearances, from here onwards the teaching concentrates on those whose mind state is of self-manifest rigpa.

Accordingly, as glorious Sahara said:

Completely abandoning thinker and object of thought,
Abide like a thought-free child.

This is the method of resting.

'Thinker' here is the consciousness of grasping and fixation of conceptual thoughts, one following after another, as multitudinous thoughts arise. 'Object of thought' is the various appearances of objects arising.

How should we stay like a thought-free child, totally abandoning any mental processes?

Without thinking any thoughts or analysis whatsoever, abide naturally in the manner of a newly born child. It is taught we need to have the key points of the method to settle. At first, before having realised the nature of rigpa, this method of settling is very important.

Also:

If you concentrate on the lama's teachings and strive intensively...

Then, if you have come to possess the direct instructions that introduce rigpa...

The main view is that all transcendent wisdom qualities come about in dependence on the lama spiritual master. And in particular, in this tradition of instruction which transfers blessings, with unfeigned faith and intense unwavering diligence, it is important to strive singularly according to the lama's direct instructions.

Whichever the direct instructions, they include three key points:

- Maturing empowerment.
- Liberating instruction.
- Extraordinary profound direct instruction.

If you have these:

There is no doubt innateness will come about.

Primordially, your mind arises with the innate nature of mind, rigpa; naturally emerging wisdom.

From primordialness, just as this mind of ours becomes existent, together with it is the innate nature of mind, like muscovado and sweetness, which has not for one moment ever separated from mind. [It is] rigpa not arising from mind, result not arising from cause, naturally occurring wisdom not arising from scriptures. [This is known variously as] genuine mind, foundational continuum, buddha nature, naturally occurring wisdom, nature of mind, genuine true luminosity, and wisdom abiding in fundamental dharmakaya. In the new tantras it is called the indestructible genuine bindu, and so on. Whatever it is called, in short, it is the same.

What is this kind of wisdom like?

As often mentioned, it is emptiness essence, luminous nature, and all-pervasive compassionate capacity, inseparable. It is taught that as recognition of this occurs, it is called 'recognising the view'.

> **This is not separate from the nature of all things, and is also original, ultimate luminosity.**

Primordially, your mind is inseparable from naturally occurring wisdom. The way of abiding, emptiness-luminosity undivided, is inseparable from the nature of all phenomena – wisdom pervading all of samsara and nirvana. As it is wisdom that pervades all phenomena, it is taught to be the ultimate nature of all phenomena. In the tantras of the Mantrayana, 'genuine true luminosity' appears again and again, and again it is taught 'it is just this', thus it is determined.

> **Therefore, this method to rest naturally and maintain rigpa knowing one's nature, or the nature or essence of mind, is the direct instruction that consolidates a hundred vital points into one.**

The view is determined solely due to this rigpa, emptiness-luminosity inseparable, so when practising by meditating, do not engage in any conceptual attitude, but remain naturally relaxed. Without following any arising aspect of thoughts, remain in shamatha. Your true nature, essence free from extremes, is the rigpa naked aspect endowed with powerful luminous limpidity free from grasping and fixation. This rigpa of awareness is called vipashyana.

Alternatively, to express this in another way, at first remaining naturally relaxed is maintaining the essence of mind. And later, seeing the way of abiding is called the method to maintain true nature. This key point unifies the ocean-like profound key points of the practices of Sutra and Mantra. Also, this direct instruction unifies the entire tantras and scriptures of the Heart Essence, many hundreds of thousands of profound key points. What is more, it unifies all the key points of the ultimate intended meaning of the six million four hundred thousand

Dzogpa Chenpo tantras. Therefore, we need to practise this continuously day and night. This forms the additional instruction:

Moreover, this is also what to maintain continuously.

When training without fixation on the various meditative experiences of appearances, and striving at the method without any differentiation of meditation and post-meditation, as well as during the four types of conduct in and between practice sessions and so forth, the continuous practice to sustain is both staying naturally relaxed and knowing your nature. So, not only is this the view and meditation, but it is also the basis of conduct as well, which needs to be solely relied on.

The measure of proficiency is holding luminosity at night.

It is taught the sign [of progress] is indicated in one's conduct, the extent [of progress] is held in dreams. So, the measure of proficiency is known by the manner in which luminosity arises at night.

During the day, is [meditation] lethargic grasping at emptiness? Alternatively, staying in a state of mind with subliminal mental stirring is thought to be meditation, and appearances at night become dark and vague. Permeated by confusion, there is nothing but the five poisons becoming more pervasive, at which time it is difficult to become liberated in the first bardo.

In the *Secret Sound Tantra Scripture* it teaches:

> Best is arising, middling is awareness;
> At least change is certain.

For practitioners of highest acumen, the sign that they will become enlightened in this lifetime is that their dreams arise as the continuity of luminosity. If they are middling, not only do they recognise their dreams as dreams, but taking hold of their dreams they can produce manifestations.

> At least change is certain.

If someone is the kind with inferior faculties, still the continuum of unwholesome tendencies in dreams is cut and they are certain to become positive. Therefore, concerning this training in luminosity at night, at first when there is a little familiarity, dreams become virtuous. From there, dreams are recognised and, when settling in the state of practice, dreams come to be embraced as luminosity. Also some [practitioners], when it is time to sleep, settle into a state of meditation and, having fallen asleep, in that period while they sleep, although there is no saying they hold this luminous nature, when they wake up they have not lost the continuity of practice from going to sleep earlier. If they have remained in it, it is called deep luminosity.

Accordingly, at one stage, having gone to sleep some still see and hear the forms, sounds, and so forth, of their surroundings. As practice becomes particularly luminous, subtle luminosity is embraced. Speaking of deep and subtle does not mean luminosity is deep or subtle. It refers to the way luminosity is embraced during shallow or deep sleep. Then, recognising the three [appearances of] appearance, increase, and attainment, the five senses dissolve into mind. Mind dissolves into alaya consciousness, alaya consciousness dissolves into alaya, and alaya dissolves into the luminous expanse of dharmadhatu. By recognising this, if day and night do not part from this, one practises the continuity of luminosity continuously day and night. Because sleep and death, except for their mere subtle and gross [aspects] are the same, these direct instructions are extremely important.

Realise the signs of being on the correct path are spontaneous increase in faith, compassion, wisdom, and so on.

What is the measure of [progress]?

The signs of the genuine unmistaken path are seeing the lama who teaches the direct instruction as an actual buddha with faith based on awe. See the greatness of his teaching of the holy Dharma as profoundly excellent and unlike others, so convinced faith grows. Together with this is the wish to practise the quintessential point at all times unflaggingly with un-reverting, irreversible steady faith. These develop naturally without effort.

At that time, there is no way that compassion towards all sentient beings, perceived like that of a mother for her only child, is not born. One is able to take upon oneself all the suffering of others, great and small. One is capable of giving away to others one's body and all wealth and roots of virtue. Other beings may speak badly of you, or beat and strike you, at worst even prepare to kill you, [but] you do not have anger. [Such qualities] will come.

In addition, one does not study extensively all Sutra, Mantra, or the sciences, but can realise them without effort with wisdom mastery of the eight treasuries of eloquence, as well as see the knowable phenomena of the three times without confusion. Diligence, mindfulness, concentration, total refinement, and so on – all of the eighty inexhaustible qualities increase spontaneously, whereby you are able to realise, 'I have reached this stage of progress on the path'.

Understand through your experience the ease and minimal hardship of this practice.

For this [practice], physical prostrations, circumambulations, purifying of obscurations, vocal prayers and recitations, mental proliferation and re-converging, and conceptual analysis are unnecessary. That it is convenient with minimal difficulty or hardship can be understood through your own experience. The elaborations of the ten Dharma activities are not additionally required. Effort to fix the mind, as in meditation on development and completion, as well as such activities as empowerments, mandalas, fire pujas, or offerings which are physically and vocally tiring – none of these need to be cultivated.

As my lama Jigme Yonten Gonpo said:

> Although I have no tale of concentrating my entire life on accomplishment,
> Hopes and fears directly collapse in the kingdom where nothing needs doing.
> I attained the unsought ground by the kindness of my lama.
> Thinking this, limitless joyful happiness arises!

Shabkar taught:

> Resting freely in non-action is sufficient.
> Why do you say you cannot do it?
> It is precisely this present awareness.
> Why do you say you do not know it?

Just like that, just with natural resting and comfortable sleep, at some point the levels and paths are traversed. Therefore the ease and minimal hardship [of this path] is something that is understood by experience at that time.

Be certain of its profundity and swiftness by comparing the measure of realisation of those on other practice paths of extreme effort.

From the point of view of profundity, [this path] is the highest pinnacle of the nine gradual vehicles. Of the two, cause and result, it is an effortless resultant vehicle. There is no more profound instruction than this.

In terms of swiftness, from the perspective of the Sutra path, even if one is of the very highest acumen, having gathered accumulations and purified obscurations for one great incalculable aeon, finally one realises non-conceptuality of the path of seeing and meditates. However, without spending two incalculable aeons, [such practitioners] cannot attain buddhahood. In the three outer tantras for instance, without spending sixteen lifetimes, their result is not attained. If, by means of all of the highest tantra sections, one is capable of relying on extremely intense diligence, it is taught buddhahood can be attained in one lifetime. But from within those, in terms of the new tantras, having strived over an extended period on the methods involving effort, such as the five stages and the six yogas, at that point [the practitioner still] needs to actualise the ground luminosity. As for the Nyingma tantras – Maha and Anu – relying on effort of generation and completion, wisdom needs to ripen manifestly.

Comparing all of those [methods] to this [path], there is a great difference. By means of the inwardly assembled conditions of the blessings of the lama and the faith of the student, even for someone with all ordinary ties, having been introduced to the spontaneously occurring wisdom of rigpa, if they practise the path of effortless natural settling, they can attain buddhahood in three years. Making comparisons with this instruction is like comparing the speed of walking with the speed of transit of the sun and moon. That is the difference.

> **Attainment of the result by meditating on your mind's luminosity is when the obscurations of thoughts and their habituations upon your mind naturally clear, then as the two-fold knowledge develops effortlessly, you capture the primordial permanent kingdom and spontaneously accomplish the three kayas.**

First your lama introduces the view. Decide upon that, and in that state remain continuously in meditation, maintaining the state. At that time, if you can enhance with the conduct that whatever arises is liberated naturally, the spontaneously accomplished result of the three kayas will become actualised. As Mipham himself says:

> View is non-grasping, natural luminosity.
> Meditation is without basis or foundation.
> Conduct is without extremes, carefree.
> Result is spontaneous accomplishment of the three kayas.

Attainment of the result of meditation – the truth of the nature of your mind, luminous buddha-nature – is not attainment of something else, an ordinary autonomous result without basis. From the point of view of the qualities of abandonment, one's nature, mistaken as the object is the impure appearances of earth and stone etc., which it gives rise to. Compassionate capacity is mistaken as mind, and the basis which arises from this is not in harmony with your abiding mode. From the *[Hevajra] Tantra in Two Sections*:

> All beings are enlightened,
> Yet this is concealed by adventitious stains.
> Purify the stains and enlightenment is manifest.

As this says, from the aspect of primordially pure essence and completely pure nature, all sentient beings are enlightened, but this is obscured by the stains of adventitious defiled mental consciousness, upon which are discursive thoughts and the obscurations of their habitual tendencies. [These] are not specifically abandoned, [but] when they have naturally been cleared, at that time abandonment is perfected.

At that time, how do the two knowledges effortlessly develop?

Seeing the nature of phenomena as it is – the wisdom of knowing things as they are, and seeing phenomenal objects distinctly – the wisdom of knowing things in their extent, are the two knowledges. Both develop in an effortless and naturally occurring manner. The primordial permanent domain of the inner lucid vase body – the ultimate result – is actualised, and the stronghold of never again needing to wander in samsara is seized. This is the result – the spontaneously accomplished three kayas. The spontaneously accomplished ultimate result of inseparable dharmakaya free from elaboration, sambhogakaya possessing the five certainties, and nirmanakaya manifesting in whatever way to tame beings, is achieved.

This fully completes the goodness of the beginning – the introductory teaching of the subsidiary topics of exposition, and the goodness of the middle – the meaning of the work, which covers the main body of the text.

THE GOODNESS OF THE END – THE CONCLUSION

Now part three, the goodness of the end – the conclusion, has two things to be done to bring it to perfect conclusion:

- Establishing the measure of samaya, the exhortation to keep secret the profound instruction.
- Relating the author's colophon.

EXHORTATION TO KEEP SECRET THE PROFOUND INSTRUCTION

First is establishing the measure of samaya, the exhortation to keep secret the profound instruction.

Profound!

This shows the seal on the teaching. This direct instruction, exalted beyond other approaches of Dharma, is profound in meaning and its power of blessing is undiminished. It shows that to see, hear, remember, or touch it will bring about enlightenment.

Guhya.

If you think, why is a seal of oath shown?

This teaching is extremely profound and difficult to fathom, and is not to be seen by unworthy vessels. If it is shown to just anyone you happen to meet, due to misinterpretation, they will go to the lower realms. By teaching it to samaya violators and so on, if one's samaya is violated, then the warmth of blessings will disappear and the fierce wrath of the oath-bound guardians of the teaching will be incurred. This and many other undesirable things will occur, so secrecy is advised.

Samaya.

This is the seal of sacred commitment. This teaching is not to be seen by unworthy vessels. If it is spread to anyone violating the bounds of secrecy, it is a violation of samaya. For that reason, wrathful yakshas will drink their heart's blood like yogurt and, having suffered in this life from all kinds of undesirable things, in the next they must to go to vajra hell. So, by saying 'samaya' the limits of sacred commitment are put in place. By these three – profound, guhya, and samaya – the secret direct instructions need to be kept secret, and are bound by three layers of seal.

RELATING THE AUTHOR'S COLOPHON

Second is the colophon with the date and authorship.

> **On the twelfth day of the second month in the Fire Horse year, this profound instruction was written for householder yogis and others who do not greatly exert themselves in study or reflection, but wish to practise the essence of mind. [It is] the experience of all the senior realised ones, a bare instruction in accordingly easy to understand Dharma terminology, by Mipham Jampal Dorje. Virtuous! Auspicious!**

[This text was written] on the twelfth day of the waxing moon for the yogi or yogini who lives in a village or at home who, without wandering to monastic centres of study and reflection, with no obvious diligence that thinks 'I studied this', still desires to pursue practice of the essence of mind – the nature of mind as it is, rigpa free from elaboration – without meeting or parting from the essence of dharmakaya; a practice which is not separate from the approaches of view, meditation, conduct, and result. In short, this path is for all those who have dedicated interest and seek earnestly. It is convenient and without difficulty, a close path with the vast objective of buddhahood within our hands. It is the experience of the senior realised ones, a bare instruction taught directly and uncovered; a profound instruction foremostly easy to understand – the enlightened intent of all the buddhas of the three times, taken up as practice.

This profound instruction by Mipham Jampal Gyepe Dorje, together with the colophon, completes the explanation of this profound instruction in full.

DEDICATION AND ASPIRATION PRAYERS

Represented by the root of merit from this teaching and study, gathering together all defiled and undefiled merit accumulated in the three times by myself and others – all sentient beings – as well as the victorious ones and bodhisattvas of the ten directions, may the precious teaching of All-knowing Victorious Shakya Senge, which consists of scripture and realisation, possessed of both the teaching and accomplishment by which it is upheld, maintained, and propagated, spread and flourish in all directions, times, and situations.

May the lives of the magnificent holders of the teachings, glorious protectors of the teaching and beings, wherever they reside, be long. May they achieve their aspirations without hindrance. May all communities of gathered Sangha be harmonious, their discipline pure, and the qualities of the three trainings increase evermore. May disease, famine, war, dangers of the four elements, and so on – all troubled misfortune – be pacified in all lands.

Headed by beings with whom we have a connection, in order that all sentient beings of the six realms as limitless as space attain the level of ultimate unexcelled impeccable perfect enlightenment, however the victorious ones and their heirs of the past dedicated, in the same way, we dedicate with profound aspiration:

By this merit, may beings attain the all-seeing nature,
Defeat the enemies of wrong-doing,
And from the turbulent waves of birth, old age, sickness, and death,
In the ocean of existence, be liberated!

However the Bodhisattva Manjushri attained omniscience,
Likewise as did Samantabhadra,
In order to follow in the example of all of them,
I dedicate all this merit extremely well.

Represented by this, all the basis of merit accumulated in the three times,
With the wisdom of undefiled mindful awareness,
Is sealed with the threefold vast total purity
In the expanse of Dzogpa Chenpo way of abiding AH!

༄༅། །རྫོགས་ལྡན་རྒན་པོ་རྣམས་ཀྱི་ལུགས་སེམས་ངོ་མཛུབ་ཚུགས་ཀྱི་
གདམས་པ་མྱུར་སེལ་སྒྲོན་མེ་བཞུགས་སོ། །

༄༅། །བླ་མ་དང་འཇམ་དཔལ་ཡེ་ཤེས་སེམས་དཔའ་ལ་ཕྱག་འཚལ་ལོ། །

ཐོས་བསམ་སྦྱོང་བ་རྒྱ་ཆེན་མི་དགོས་པར། །
མན་ངག་ལུགས་ཀྱིས་སེམས་ངོ་སྐྱོང་བ་ཡི། །
གྲོང་སྡུགས་ཕལ་མོ་ཆེ་ཞིག་ཚོགས་ཆུང་དུས། །
རིག་འཛིན་ས་ལ་གཤེགས་དེ་ལམ་ཟབ་མཐུ། །

དེ་ཡང་རང་གི་སེམས་འདི་རང་བབས་སུ་ཅི་ཡང་མི་བསམ་པར་བཞག་ནས་དེ་ཡི་ངང་དུ་དྲན་པའི་རྒྱུན་སྐྱོང་བ་དེ་ཡི་ཚེ། བཏང་སྙོམས་ལུང་མ་བསྟན་གྱི་ཤེས་པ་མྱུར་ནི་ཐོམ་མེ་བ་ཞིག་འབྱུང་། དེ་ལ་འདི་ཤེས་དེ་ཤེས་ཀྱི་ལྷག་མཐོང་གང་ཡང་མ་སྐྱེས་པའི་ཚེ་ན། དེའི་ཆ་ནས་བླ་མ་དག་མ་རིག་པར་མིང་འདོགས་པར་འདུག དེ་ལ་འདི་འདྲ་འདི་ཡིན་གྱི་ངེས་བཟུང་སླ་མ་ཤེས་པའི་ཆ་ནས་ལུང་མ་བསྟན་ཞེས་མིང་བཏགས། ཅི་ལ་གནས་དང་ཅི་བསམ་པ་སླར་མེད་པས་ཐ་མལ་བཏང་སྙོམས་ཞེས་བཏགས་ཏེ། ཡིན་ནི་ཀུན་གཞིའི་ངང་དུ་ཐ་མལ་རང་གར་བསྡད་པ་ཡིན། གཞག་ཐབས་དེ་འདྲ་བ་ལ་བརྟེན་ནས་མི་རྟོག་ཡེ་ཤེས་བསྐྱེད་དགོས་ཀྱང་། རང་ངོ་རིག་པའི་ཡེ་ཤེས་མ་ཤར་བ་དེ་འདྲ་སྒོམ་གྱི་དངོས་གཞི་མ་ཡིན་ཏེ། ཀུན་སློན་ལས། ཅི་ཡང་དྲན་མེད་ཐོམ་མེ་བ༔ དེ་ཀ་མ་རིག་འཁྲུལ་བའི་རྒྱུ༔ ཞེས་གསུངས་ཡོད་པ་བཞིན་ནོ། །དེ་ལྟར་ཅི་ཡང་མ་དྲན་མ་འགྱུ་བའི་ཤེས་པ་ཐོམ་མེ་བ་དེ་འདྲ་སེམས་ཀྱིས་སྐྱོང་བས་ན། དེ་འདྲའི་དོན་ཤེས་མཁན་དང་མི་བསམ་པར་འདུག་མཁན་པོ་རང་ལ་བབས་ཀྱིས་བལྟས་པས། འགྱུ་དྲན་བྲལ་བའི་རིག་པ་ཕྱི་ནང་མེད་

པར་ཟང་ཐལ་ལེ་བ་ནམ་མཁའ་དྭངས་པ་ལྟ་བུ། སྐྱང་བྱ་སྐྱོང་བྱེད་གཉིས་མེད་ཀྱང་རང་གི་རང་བཞིན་རང་གིས་ཁོ་ཐག་ཆོད་ནས་འདི་ལས་གཞན་ཅི་ཡང་མི་འདུག་སྙམ་པ་བྱུང་ན། དེ་ལ་བསམ་བརྗོད་ཀྱིས་འདི་འདྲ་ཞེས་སྨྲར་མེད་པས་མཐའ་བྲལ་དང་བརྗོད་བྲལ་དང་གཙུག་མའི་འོད་གསལ་དང་། རིག་པ་ཞེས་བཏགས་ཚིག་སྟེ། རང་ངོ་འཕྲོད་པའི་ཡེ་ཤེས་ཤར་བས་མུན་ཐོམ་མེ་བའི་མུན་པ་དྭངས་ཏེ། ནམ་ལངས་པས་ཁྱིམ་ནང་མཐོང་བ་ལྟར་རང་གི་སེམས་ཀྱི་ཆོས་ཉིད་ལ་ངེས་ཤེས་སྐྱེས་པས་སོ། །འདི་ལ་མ་རིག་སྒྲོང་བའི་སྒྲུབས་འབྱེད་པའི་མན་ངག་ཅེས་བྱའོ། །དེ་ལྟར་རྟོགས་ཚེ་ཆོས་ཉིད་དེ་ལྟ་བུ་ནི་རང་བཞིན་བབས་ཀྱིས་ཡེ་ནས་གནས་པས་རྒྱུ་རྐྱེན་གྱིས་འདུས་མ་བྱས་པ་དང་། དུས་གསུམ་འཕོ་འགྱུར་མེད་པ་ཡིན་པར་ཤེས་ཤིང་། དེ་ལས་གཞན་དུ་གྱུར་བའི་སེམས་ཞེས་བྱ་བ་རྡུལ་ཙམ་ཡང་ཡོད་པར་མི་དམིགས་སོ། །སྔ་མ་མུན་ཐོམ་མེ་བ་དེ་ལ་བརྗོད་དུ་མེད་ཀྱང་། ཅི་ཡང་བརྗོད་མ་ཤེས་པས་ཁོ་ཐག་མ་ཆོད་པ་ཡིན་ལ། རིག་ངོ་ལ་བརྗོད་དུ་མེད་ཀྱང་བརྗོད་མེད་ཀྱི་དོན་ལ་ཐེ་ཚོམ་མེད་པའི་ཁོ་ཐག་ཆོད་པས། མིག་མེད་དང་མིག་ལྡན་ལྟར་འདི་གཉིས་ཀྱི་བརྗོད་དུ་མེད་ཚུལ་ཁྱད་ཆེ་བས། ཀུན་གཞི་དང་ཆོས་སྐུའི་དབྱེ་བ་ཡང་འདིར་གནད་འདུས་སོ། །དེས་ན་ཐ་མལ་གྱི་ཤེས་པ་ཞེས་པ་དང་། ཡིད་ལ་མི་བྱེད་པ་དང་། བརྗོད་བྲལ་སོགས་ལ་ཡང་དག་ཡིན་མིན་གཉིས་ཡོད་པས་སྒྲ་མཐུན་དོན་འཕགས་ཀྱི་གནད་ངེས་བར་བྱས་ན་ཟབ་མོའི་ཆོས་ཀྱི་དགོངས་ཉམས་རྙེད་པར་འགྱུར་རོ། །སེམས་ངོའི་ངང་དུ་རང་བཞག་ཆེ་ཁ་ཅིག་གིས་གསལ་ཙམ་རིག་ཙམ་སྐྱོང་རྒྱུར་བྱས་ཏེ་ཡིད་ཤེས་ཀྱིས་གསལ་ལོ་སྙམ་པའི་ངང་དུ་འཛོག ཁ་ཅིག་གིས་སྟོང་ཆམ་མེ་བ་ཤེས་པ་སྟོང་སེང་བ་ལྟ་བུ་ལ་སེམས་འཛིན་ཀྱང་། འདི་གཉིས་ཀ་ཡིད་ཤེས་ཀྱི་ཆ་གཟུང་འཛིན་གྱི་ཉམས་ལ་ཞེན་པ་ཙམ་ཡིན་པས། དེའི་ཚེ་གསལ་བ་དང་གསལ་བར་འཛིན་མཁན། སྟོང་པ་དང་སྟོང་པར་འཛིན་མཁན་གྱི་ཤེས་པ་དྲན་འཛིན་གྱི་རྒྱུད་བྲེང་ངེ་བ་དེའི་བབས་ལ་བལྟས་པས། གཟུང་འཛིན་དུ་ཞེན་པའི་རྣམ་ཤེས་ཀྱི་རྗེན་ཕུར་ཕྱུངས་ཏེ་རྗེན་ནེ་ཡེ་རེ་བ་གསལ་སྟོང་མཐའ་དབུས་དང་བྲལ་བའི་རང་བབས་ཁོ་ཐག་ཆོད་དེ་དྭངས་སེང་ངེ་བ་བྱུང་ན་དེ་ལ་རིག་ངོ་ཞེས་མིང་འདོགས་ཏེ། འཛིན་

པ་ཅན་གྱི་ཉམས་ཀྱི་ཤུགས་པ་དང་བྲལ་བའི་རིག་པ་ཡེ་ཤེས་རྗེན་པར་ཤར་བ་ཡིན་ནོ། །འདི་ལ་སྲིད་པའི་དྲྭ་བ་གཅོད་པའི་མན་ངག་ཅེས་བྱའོ། །དེ་བཞིན་དུ་ཡིད་དཔྱོད་ཉམས་ཀྱི་སྤུན་པ་སྣ་ཚོགས་དང་བྲལ་བའི་རིག་པ་འབྲས་སྙེའུ་ལྟ་བུ་ཆོས་ཉིད་ཀྱི་རང་བབས་རང་གསལ་གྱི་སྒོ་ནས་ངོས་ཟིན་པར་བྱའོ། །རིག་པའི་བབ་ངོ་ཤེས་པ་ཙམ་གྱིས་མི་ཆོག་པར་དེ་གའི་ངང་དུ་གོམས་པའི་གནས་ཆ་བརྟན་དགོས་པས། ཤེས་པ་རང་བབས་བཞག་པའི་དྲན་རྒྱུན་མ་ཡེངས་པར་སྐྱོང་བ་གལ་ཆེ། དེ་ལྟར་སྐྱོང་དུས་རེས་ཅི་ཡིན་མེད་པའི་མི་རྟོག་རྨུན་པོ། རེས་ལྟག་མཐོང་གི་དྭངས་ཆ་ཐོན་པའི་མི་རྟོག་ཟང་ཐལ། རེས་བདེ་ཉམས་ཞེན་པ་ཅན། རེས་བདེ་ཉམས་ཞེན་མེད། རེས་སྣ་ཚོགས་གསལ་ཉམས་འཛིན་པ་ཅན། རེས་དྭངས་གསལ་རྟོག་མེད་འཛིན་བྲལ། རེས་རྟུབ་ཉམས་མི་སྡུག་པ། རེས་འཇམ་ཉམས་ཡིད་འོང་། རེས་རྣམ་རྟོག་ཆེས་འཚུབ་ཆེ་བའི་ཕྱིར་འབྲངས་ནས་སྒོམ་སྟོར་བ། རེས་འཐིབ་དྭངས་མི་ཕྱེད་པས་རྨུག་པ་ཅན་སོགས། ཐོག་མེད་ནས་གོམས་པའི་རྣམ་རྟོག་དང་ལས་རླུང་གི་ཁ་སླབས་སྣ་ཚོགས་ངེས་པ་དང་ཚད་བཟུང་མེད་པར་འབྱུང་བ་ནི། ལམ་རིང་པོར་ཞུགས་པས་བདེ་གཟར་སྣ་ཚོགས་ཀྱི་གནས་མཐོང་བ་དང་འདྲ་བས་གང་ཤར་ཆེད་འཛིན་མེད་པར་རང་ལམ་བསྐྱང་། ལྷག་པར་མ་གོམས་པའི་དུས་ན་རྣམ་རྟོག་སྣ་ཚོགས་མི་ལྟར་འབབ་བ་གཡོ་བའི་ཉམས་ཀྱི་དུས་སུ་དེས་མ་སུན་པར་བྱས་ཏེ། སྒྲིམ་ལྷོད་རན་པོས་རྒྱུན་མ་བཏང་བར་བསྐྱང་བས་ཐོབ་པ་སོགས་ཉམས་ཕྱི་མ་དག་རིམ་བཞིན་འབྱུང་ངོ་། །འདི་དུས་སྤྱིར་རིག་པ་དང་མ་རིག་པ། ཀུན་གཞི་དང་ཆོས་སྐུ། རྣམ་ཤེས་དང་། ཡེ་ཤེས་ཀྱི་ཁྱད་པར་བླ་མའི་མན་ངག་གི་ཉམས་མྱོང་གི་སྟེང་ནས་ངོ་འཕྲོད་པ་གདེང་དུ་བྱས་ནས། སྐྱོང་དུས་ཆུ་མ་བསྙལ་ན་དྭངས་བ་ལྟར། རྣམ་ཤེས་རང་སར་བཞག་པས་དེའི་ཆོས་ཉིད་ཡེ་ཤེས་རང་བྱུང་དུ་གསལ་བའི་མན་ངག་གཙོ་བོར་བྱ་དགོས་ཀྱི། བདག་གི་སྒོམ་རྒྱུ་འདི་རྣམ་ཤེས་སམ་ཡེ་ཤེས་གང་ཡིན་ཞེས་སྤྱང་བླང་གི་དཔྱད་ར་དང་དཔེ་ཆའི་གོ་རྟོག་གི་འདུ་འཕྲོ་སྤེལ་བར་མི་བྱ་སྟེ། དེས་ཞི་ལྷག་གཉིས་ཀ་ཙུང་ཟད་སྒྲིབ་པར་འགྱུར་རོ། །རང་བབས་འཇོག་པའི་དྲན་པའི་རྒྱུན་བརྟན་པའི་ཞི་གནས་ཀྱི་གོམས་ཆ་དང་། །རང་ངོ་རང་གསལ་དུ་ཤེས་པའི་

ལྷག་མཐོང་རང་ཤུགས་ཀྱིས་འབྲེལ་བའི་ཚུལ་དུ་གོམས་པ་བརྟན་པོར་སོང་བ་ན། །རང་བབས་ཡེ་གནས་དང་། རང་བཞིན་འོད་གསལ་གྱི་ཞི་ལྷག་ཡེ་ནས་དབྱེར་མེད་པ་རང་བྱུང་གི་ཡེ་ཤེས་རྫོགས་པ་ཆེན་པོའི་དགོངས་པ་འཆར་བར་འགྱུར་རོ། །འདི་ནི་མཁའ་ལྟར་མཉམ་པ་ཉིད་ལ་གནས་པའི་མན་ངག་གོ །དེ་ལྟར་ཡང་དཔལ་ས་ར་ཧས། །བསམ་དང་བསམ་བྱ་རབ་ཏུ་སྤང་ནས་སུ། །བསམ་མེད་བུ་ཆུང་ཚུལ་དུ་གནས་བྱ་ཞིང་། །ཞེས་བཞག་ཐབས་དང་། བླ་མའི་ལུང་ལ་བསྒྲིམ་སྙི་རབ་འབད་ན། །ཞེས་རིག་པ་ངོ་སྤྲོད་པའི་མན་ངག་དང་ལྡན་པར་བྱས་ན། ལྷན་ཅིག་སྐྱེས་པ་འབྱུང་བར་ཐེ་ཚོམ་མེད་དོ། །ཞེས་གསུངས་ནས་རང་གི་སེམས་དང་ལྷན་ཅིག་སྐྱེས་པ་སེམས་ཀྱི་ཆོས་ཉིད་རིག་པ་རང་བྱུང་གི་ཡེ་ཤེས་འབྱུང་སྟེ། དེ་ནི་ཆོས་ཀུན་གྱི་ཆོས་ཉིད་དང་ཐ་དད་མེད་པ་གཉུག་མ་དོན་གྱི་འོད་གསལ་ཡང་ཡིན་ནོ། །དེས་ན་རང་བབས་བཞག་པ་དང་། རང་ངོ་ཤེས་པའི་རིག་པའམ་སེམས་ཀྱི་ངོ་བོའམ་ཆོས་ཉིད་སྐྱོང་ཚུལ་འདི་གནད་བརྒྱ་གཅིག་འདུས་ཀྱི་མན་ངག་ཡིན། རྒྱུན་དུ་སྐྱོང་རྒྱུའང་དེ་ཡིན། གོམས་པའི་ཚད་ནི་མཚན་མོ་འོད་གསལ་གྱིས་འཛིན། ཡང་དག་པའི་ལམ་ཡིན་པའི་རྟགས་ནི་དད་པ་དང་སྙིང་རྗེ་ཤེས་རབ་སོགས་རང་ཤུགས་ཀྱིས་འཕེལ་བས་རྟོགས། བདེ་ཞིང་ཆོགས་ཆུང་བ་ནི་རང་གི་ཉམས་སུ་མྱོང་བས་ཤེས། ཟབ་ཅིང་མྱུར་བ་ནི་ཤིན་ཏུ་འབད་རྩོལ་ཆེན་པོས་བསྒྲུབ་པའི་ལམ་གཞན་ལ་ཞུགས་པ་རྣམས་དང་རྟོགས་ཚད་བསྡུན་པས་ངེས་པ་ཡིན་ནོ། །རང་སེམས་འོད་གསལ་བསྒོམ་པས་འབྲས་བུ་ཐོབ་རྒྱུའང་དེའི་སྟེང་གི་རྣམ་རྟོག་དང་དེའི་བག་ཆགས་ཀྱི་སྒྲིབ་པ་རང་སངས་ཏེ། མཁྱེན་གཉིས་རྩོལ་མེད་དུ་རྒྱས་ནས་གདོད་མའི་གཏན་སྲིད་ཟིན་ཏེ་སྐུ་གསུམ་ལྷུན་གྱིས་གྲུབ་པ་ཡིན་ནོ། །ཟབ་པོ། གུ་ཧྱ༔ ས་མ་ཡ༔

རབ་ཆོས་མེ་ཧྲ་ཟླ་༢ཚེས་༡༢ལ་ཐོས་བསམ་ལ་ཆེར་མི་བརྩོན་ཡང་སེམས་ངོའི་ཉམས་ལེན་འདོད་པའི་གྲོང་སྔགས་པ་སོགས་ཀྱི་ཆེད་དུ། རྟོགས་ལྡན་རྒན་པོ་ཕལ་གྱི་ཉམས་མྱོང་དམར་ཁྲིད་ཀྱི་ཆོས་སྐད་གོ་བདེ་དང་བསྟུན་པའི་གདམས་པ་ཟབ་མོ་མི་ཕམ་འཇམ་དཔལ་རྡོ་རྗེས་བཀོད་པ་དགེའོ། །མངྒ་ལཾ། །

༄༅། །རྫོགས་པ་ཆེན་པོ་སེམས་ངོ་མཛུབ་ཚུགས་ཀྱི་གདམས་པའི་གནད་
འགྲོལ་བས་རྗེ་བླ་མ་པདྨ་སྐལ་བཟང་གི་ཞལ་རྒྱུན་བཞུགས་སོ།   །

གསོལ་འདེབས།

ཐུགས་རྗེ་ཆེན་པོས་རྩོད་ལྡན་སྙིགས་མའི་ཞིང་།   །
བཟུང་ནས་སྨོན་ལམ་ཆེན་པོ་ལྷ་བརྒྱ་བཏབ།   །
པད་དཀར་ལྟར་བསྔགས་མཚན་ཐོས་ཕྱིར་མི་ལྡོག   །
སྟོན་པ་ཐུགས་རྗེ་ཅན་ལ་ཕྱག་འཚལ་ལོ།   །

དྲི་མེད་མཚོ་གླིང་པདྨའི་སྡོང་པོའི་སྟེར།   །
རྒྱལ་བའི་རྣམ་སྤྲུལ་རང་བྱུང་ལྷུན་གྱིས་གྲུབ།   །
མཚན་རྫོགས་དཔེ་བྱད་ཡོན་ཏན་ཚོགས་འབར་བ།   །
པདྨ་འབྱུང་གནས་བདག་བློའི་པད་མཚོར་སྐྱོངས།   །

བརྒྱུད་གསུམ་བྱིན་ཐོབ་དགོངས་པའི་རྩལ་ཆེན་རྫོགས།   །
སྣང་བཞི་མཐར་ཕྱིན་ཆོས་སྐུའི་རྒྱལ་སྲིད་བརྙེས།   །
གདོད་མའི་མགོན་པོ་མི་ཡི་རྒྱུར་ཞུགས་པ།   །
འཇིགས་མེད་ཡོན་ཏན་མགོན་པོར་གསོལ་བ་འདེབས།   །
དགོངས་རྒྱུད་རྟོགས་པ་འཕོ་བར་བྱིན་གྱིས་རློབས།   །

འོག་མིན་ཆོས་ཀྱི་དབྱིངས་ཀྱི་ཕོ་བྲང་ནས།   །

དུས་གསུམ་སངས་རྒྱས་ཀུན་གྱི་ངོ་བོ་ཉིད། །
རང་སེམས་ཆོས་སྐུར་མངོན་སུམ་སྟོན་མཛད་པའི། །
རྩ་བའི་བླ་མ་མཆོག་ལ་གསོལ་བ་འདེབས། །
བདག་གཞན་འགྲོ་བའི་བློ་སྣ་ཆོས་ལ་སྒྱུར། །

གང་དག་ཕྱོགས་བཅུའི་སྟོང་གི་འཇིག་རྟེན་ན། །
བདེ་གཤེགས་སློབ་མར་གྱུར་པ་གང་སུ་དག །
དེང་འདིར་དམ་པའི་ཆོས་ཀྱི་ཆར་འབེབ་ཀྱི། །
གསན་པར་འདོད་པ་ཐམས་ཅད་འདིར་གཤེགས་ཤིག །

ལྷ་ཡི་སྐད་དང་ཀླུ་དང་གནོད་སྦྱིན་སྐད། །
གྲུལ་བུམ་དག་དང་མི་ཡི་སྐད་རྣམས་དང་། །
འགྲོ་བ་ཀུན་གྱི་སྒྲ་རྣམས་ཇི་ཙམ་པར། །
ཐམས་ཅད་སྐད་དུ་ཆོས་འདི་འགྱུར་བར་ཤོག །

ནམ་མཁའ་དང་མཉམ་པའི་མར་གྱུར་འགྲོ་བ་རིགས་དྲུག་གི་སེམས་ཅན་བདེ་འདོད་སྡུག་བསྔལ་གྱི་རྒྱུར་སྤྱོད་ཀྱིན་ཡོད་པ་ཐམས་ཅད་སྙིང་རེ་རྗེ། སྙིང་རྗེ་བ་ཙམ་ཞིག་གིས་མི་ཡོང་བར་འདི་ཐམས་ཅད་འཁོར་བའི་སྡུག་བསྔལ་གྱི་ནང་ནས་གཏན་དུ་ཐར་ཐབས་ཤིག་བྱེད་དགོས་པ་ཡིན། དེ་ཡང་བསམ་བཟང་ཙམ་ཞིག་གིས་ཕན་ཐོགས་མེད་པས། ད་རེས་དལ་འབྱོར་གྱི་མི་ལུས་རིན་པོ་ཆེ་ཐོབ་པས་མ་ཚད་ཐེག་མཆོག་རྫོགས་པ་ཆེན་པོ་ཡང་གསང་མན་ངག་སྙིའི་ཟབ་ཆོས་ཁྱད་དུ་འཕགས་པ་འདི་ལྟ་བུ་ལ་འཕྲད་ཡོད་དུས། ད་སྔོན་ལྟར་དུ་གནད་ཆེན་བསྐྱུར་ནས་གནད་ཆུང་བསླབས་པའི་འཇིག་རྟེན་གྱི་བྱ་བཞག་གིས་ཚེ་འཕྲོ་བརླག་ལ་མི་བཏོང་བར། ནམ་འཆི་ཆ་མེད་འཆི་རྐྱེན་ངེས་མེད་ལ་བསམས་ནས། སང་དང་

གནངས་ལ་མི་བཞུག་པར་ཉི་མ་སྨྲ་ཕྱིའི་བརྗོད་ལེན་གྱི་ཐོག་ནས། ལམ་ཟབ་མོའི་མན་ངག་ཉམས་སུ་བླངས་ཏེ་ཆེ་འདིའི་ཐོག་ནས་དཔལ་གདོད་མའི་མགོན་པོའི་གོ་འཕང་མངོན་དུ་བྱ་སྙམ་པའི་བསམ་པ་རྒྱ་ཆེ་བ་བྱང་ཆུབ་སེམས་ཀྱི་ཀུན་སློང་། དེ་ཡང་སྙིང་རྗེས་སེམས་ཅན་ལ་དམིགས་པ་དང་ཤེས་རབ་ཀྱིས་རྫོགས་བྱང་ལ་དམིགས་པའི་དོན་གཉིས་སམ་ཟུང་གཉིས་དང་ལྡན་པ་དང་། ཐབས་རྒྱ་ཆེ་བ་གསང་བ་སྔགས་ཀྱི་ཀུན་སློང་། སྣང་སྲིད་གཞིར་བཞུགས་ཡེ་ནས་ཡིན་པ་ལ་དེ་ལྟར་ཡིན་པར་ཤེས་པའི་གཞིར་བཞེངས་ཀྱི་དག་མཉམ་ཆེན་པོའི་ལྟ་བ་ངོ་འཕྲོད་ནས། སྣོད་དག་པ་ལྷ་ཡི་ཞིང་ཁམས། བཅུད་དག་པ་རིག་འཛིན་གྱི་ཚོམ་བུ་རུ་གསལ་བཏབ་སྟེ། རྫོགས་ཆེན་འབྲས་བུའི་ཐེག་པའི་གདམས་ངག་ཟབ་མོ་གསན་དགོས་ནི་རེད། གང་ཞིག་གསན་པར་བྱ་བ། རྫོགས་པ་ཆེན་པོའི་དངོས་གཞིའི་ཟབ་ཁྲིད་དང་འབྲེལ་བའི་ཀ་དག་ཁྲེགས་ཆོད་ཀྱི་མན་ངག་ཟབ་མོ་ཁྲིར་བདེ་ཞིང་། གནད་ཀྱི་གདམས་པ་ཁ་ཚང་ལ་དོན་འདྲིལ་བ། རྟོགས་ལྡན་རྒན་པོའི་མཛུབ་ཚུགས་ཞེས་བྱ་བ་འདི་ཉིད་ཁྲིད་ཀྱི་ལུགས་སུ་འབུལ་བའི་སྐབས་རེད། སྤྱིར་ན་རྫོགས་པ་ཆེན་པོའི་ཆོས་འདི་འཆད་ཉན་སྒོམ་གསུམ་གང་གི་སྐབས་སུ་ཡིན་ནའང་། སངས་རྒྱས་ཀྱི་བསྟན་པ་སྤྱིའི་བབས་དང་བསྟུན་ནས་ཐེག་པ་རིམ་འཛེགས་ཀྱི་ལམ་གནད་ཆ་ཚང་ལྡན་པ། ཁྱད་པར་དུ་སྔོན་འགྲོ་དང་དངོས་གཞི་སྦྲེལ་ནས་འགྲོ་དགོས་ནི་ཞུ་མ་དགོས་མཁྱེན་བཞིན་པ་ལྟར་རེད། སྔོན་འགྲོ་དེ་ལ་ཡང་འདྲ་མི་འདྲ་མང་པོ་ཡོད་དེ། ཐེག་པ་ཆེ་ཆུང་ཐུན་མོང་གི་སྔོན་འགྲོ། ཐེག་ཆེན་བྱང་སེམས་ཀྱི་སྔོན་འགྲོ། གསང་སྔགས་ཁྱད་པར་ཅན་གྱི་སྔོན་འགྲོ་ལ་སོགས་པ་ཡོད་པའི་ནང་ནས། དང་པོ་ཐུན་མོང་ཕྱིའི་སྔོན་འགྲོ་བློ་ལྡོག་རྣམ་བཞི་ནས་མགོ་བཙུགས་ཏེ་འཁོར་བ་ལས་ངེས་པར་འབྱུང་བའི་བློ་བཅོས་མ་མ་ཡིན་པ་ཞིག་དང་། གཞན་ཕན་དོན་གཉེར་གྱི་བྱང་སེམས། བླ་མར་སངས་རྒྱས་དངོས་མཐོང་གི་དག་སྣང་སྟེ་གནད་གསུམ་པོ་དེ་དང་བྲལ་སོང་ནི་ཡིན་ན། རིགས་ཅན་གསུམ་དང་བསྟུན་པའི་ཐེག་པ་གསུམ་གྱི་ཆོས་གང་ཞིག་བསྒྲུབས་ཀྱང་། ཁ་ཆོས་ཙམ་ལས་དོན་ཆོས་ངོ་མ་ཞིག་ཡོང་གི་ཡོད་ནི་མ་རེད། དེས་ན། ཆོས་སྒྲུབ་པ་ལས་ཀྱང་སྒྲུབ་ཚུལ་ཤེས་རྒྱུ་གཙོ་ཆེ་ནི་རེད། ད་ལྟ་

སྐབས་སུ་བབས་པའི་ཆོས་ཀྱི་རིམ་པ་**རྫོགས་ལྡན་ཀུན་པོ་རྣམས་ཀྱི་ལུགས་སེམས་ངོ་མཛུབ་ཚུགས་ཀྱི་གདམས་པ་སྨུན་སེལ་སྒྲོན་མེ་**ཞེས་བྱ་བ་འདི་བཤད་པ་ལ། ཆོས་ཁུངས་བཙུན་པར་སྟོན་པའི་ཕྱིར་དུ་མཛད་པ་པོའི་ཆེ་བ་བཤད་ན། གདམས་ངག་འདི་ཉིད་ཀྱི་མཛད་པ་པོ་ནི། ཉེ་རབས་ཀྱི་དུས་སུ་བྱོན་པའི་མཁས་པ་ཆེན་པོ། གྲུབ་པའི་དབང་ཕྱུག རྒྱལ་བ་ཐམས་ཅད་ཀྱི་མཁྱེན་རབ་གཅིག་ཏུ་བསྡུས་པ་རྗེ་བཙུན་འཇམ་པའི་དབྱངས་མིའི་ཟློལ་དགེ་བའི་བཤེས་གཉེན་གྱི་ཚུལ་དུ་བྱོན་པ་མི་ཕམ་རིན་པོ་ཆེ་འཇམ་དཔལ་དགྱེས་པའི་རྡོ་རྗེ་ཕྱོགས་ལས་རྣམ་པར་རྒྱལ་བའི་སྡེ་དེ་ཉིད་ཀྱིས་མཛད་དེ་ཆོས་སྐུའི་རིང་བསྲེལ་གྱི་ཕུང་པོ་ཕྱི་རབས་བསྟན་པའི་བཙས་སུ་བཞག་ནི་རེད། གདམས་ངག་ལ་གུས་པ་བསྐྱེད་པའི་ཕྱིར་ཆོས་ཀྱི་ཆེ་བའི་ཕྱོགས་ནས་བཤད་ན། མན་ངག་གི་གདམས་པ་འདི་ཉིད་ཕྱོགས་གང་ལ་གཏོགས་ན། ཐེག་པ་ཆེ་ཆུང་གཉིས་ལས་ཐེག་ཆེན་ལ་གཏོགས། ཐེག་ཆེན་མདོ་སྔགས་གཉིས་ལས་སྔགས། སྔགས་དེ་ལ་འགྱུར་སྔ་ཕྱིའི་དབང་གིས་མཚན་བཏགས་པའི་གསར་རྙིང་གཉིས་ཡོད་ནིའི་ནང་གི་སྔ་འགྱུར། སྔ་འགྱུར་དེ་ལ་ཡང་ཕྱི་རྒྱུད་སྡེ་གསུམ་དང་ནང་རྒྱུད་སྡེ་གསུམ་ཡོད་ནིའི་ནང་གི་ནང་རྒྱུད་སྡེ་གསུམ། ནང་རྒྱུད་དེ་ལ་ཡང་བསྐྱེད་རྫོགས་རྫོགས་ཆེན་གསུམ། རྒྱུད་ལུང་མན་ངག་གསུམ་སྟོན་པའི་ཡོ་ག་རྣམ་གསུམ་ཡོད་ནིའི་ནང་གི་རྫོགས་ཆེན་ཨ་ཏི་ཡོ་ག རྫོགས་ཆེན་ཨ་ཏི་ཡོ་ག་དེ་ལ་ཡང་ཕྱི་སེམས་སྡེ། ནང་ཀློང་སྡེ། གསང་བ་མན་ངག་གི་སྡེ་གསུམ་ཡོད་ནིའི་ནང་གི་ཕྱི་མ་གསང་བ་མན་ངག་གི་སྡེར་གཏོགས། དེ་ལ་ཡང་ཕྱི་ནང་གསང་བ་ཡང་གསང་གི་སྐོར་བཞི་ཡོད་ནིའི་ནང་གི་ཡང་གསང་མན་ངག་གི་སྡེའི་ཁོངས་སུ་གཏོགས་ནི་རེད། དེ་ལ་འདིའི་དབུ་ནས་ཞབས་སུ་བསྡུས་པའི་དོན་གང་ཡིན་ན། གཞི་ཀ་དག་གིས་བཟུང་སྟེ། ལམ་ཁྲེགས་ཆོད་ལ་བརྟེན་པ། འབྲས་བུ་རྡུལ་ཕྲན་དུ་དེངས་ནས་གྲོལ་བ་ཀ་དག་ཁྲེགས་ཆོད་ཀྱི་ཟབ་གནད་གཙོར་བཟུང་བ་མན་ངག་གི་ཚིག་ཉུང་ཉུང་གིས་བསྟན་ནི་ཞིག་རེད། དེ་ལྟ་བུའི་མཛད་པ་པོ་གང་ཟག་གི་ཆེ་བ་དང་དེས་གསུངས་པའི་ཆོས་ཀྱི་ཆེ་བ་གཉིས་ཀ་དང་ལྡན་པའི་ཆོས་དེ་ལ་འཆད་ཉན་ཇི་ལྟར་བྱ་ཚུལ་གྱི་ཐད་ནས། འདི་དགོས་ཆེད་སུ་ཞིག་གི་དོན་དུ་མཛད་ནི་རེད་ཅེ

ན། ཐོས་བསམ་སྦྱོང་བ་རྒྱ་ཆེར་བྱས་མིན་ལ་མ་ལྟོས་པར་གང་ཟག་དབང་རྣོན་ལས་ཅན་ཚེ་གཅིག་ལུས་གཅིག་ལ་མགོན་པོ་རྡོ་རྗེ་འཆང་གི་གོ་འཕང་ཐོབ་ཐུབ་པ་དང་། ཉིང་དགོས་མཐར་ཐུག་སེམས་ཅན་ཐམས་ཅད་སྐུ་གསུམ་འདུས་པའི་བདག་ཉིད་གཞི་འབྲས་དབྱེར་མེད་པའི་ས་ལ་འགོད་པའི་ཆེད་དུ་བརྗོད་བྱ་དེ་དང་མཐུན་པའི་འཆད་ཉན་ཚུལ་བཞིན་བྱས་ཏེ་གདམས་པ་ཉམས་སུ་བླངས་ནས་སྒྲུབ་འབྲས་མངོན་དུ་འགྱུར་བར་བྱེད་རྒྱུ་དེ་རེད། བརྗོད་བྱ་རྗོད་བྱེད་དང་འབྲེལ་བ་འབྲེལ་བ་སྟེ་བརྗོད་བྱ་དགོས་པ་ཉིང་དགོས་འབྲེལ་བ་བཅས་དགོས་སོགས་ཆོས་བཞི་དེ་ལྟར་ཚང་ནི་རེད། གཞན་ཡང་རྗོད་བྱེད་ཚིག་དང་ཡི་གེས་མཚོན་པའི་བརྗོད་བྱ་ཁོང་དུ་ཆུད་པ་དེ་དགོས་པ་རེད། བརྗོད་དོན་རྟོགས་པ་དེ་ལ་བརྟེན་ནས་འབྲས་བུའི་རྟོགས་པ་རྒྱུད་ལ་སྐྱེ་རྒྱུ་དེར་ཉིང་དགོས་ཟེར་ནི་ཡིན་ན། བརྗོད་དོན་རྟོགས་པ་རྗོད་བྱེད་ལ་རག་ལས་པས། བརྗོད་བྱ་རྗོད་བྱེད་གཉིས་ཀ་ཤེས་བྱ་ཤེས་བྱེད་ཀྱིས་འབྲེལ། རྗོད་བྱེད་དགོས་པ་གཉིས་ཀ་ཐབས་དང་ཐབས་བྱུང་གིས་འབྲེལ། བརྗོད་བྱ་ཉིང་དགོས་གཉིས་ཀ་ངོ་བོ་བདག་གཅིག་གིས་འབྲེལ་བས་འབྲེལ་བ་གྲུབ་ཚུལ་དེ་ལྟར་ཡང་ཡོད་པ་རེད། དེ་ལྟ་བུའི་གདམས་ངག་ཟབ་མོ་དེ་འཆད་པ་ལ། ཐོག་མར་དགེ་བ་ཀླད་ཀྱི་དོན་རྩོམ་པ་ལ་འཇུག་པའི་ཡན་ལག་བཤད་པ། བར་དུ་དགེ་བ་གཞུང་གི་དོན་བརྩམ་བྱ་ལུས་ཀྱི་རང་བཞིན་བཤད་པ། ཐ་མར་དགེ་བ་མཇུག་གི་དོན་མཇུག་ཡོངས་སུ་རྫོགས་པའི་བྱ་བ་དང་གསུམ་ཡོད་ནིའི་ནང་གི།

ཐོག་མར་དགེ་བ་ཀླད་ཀྱི་དོན་བསྟན་བཅོས་རྩོམ་པ་ལ་འཇུག་པའི་ཡན་ལག་བཤད་པ།

དང་པོ་རྩོམ་པ་ལ་འཇུག་པའི་ཡན་ལག་བཤད་པ་དེ་ལ་ཡང་། དོན་དང་མཐུན་པའི་མཚན་བསྟན་པ་དང་། མཆོད་པར་བརྗོད་ཅིང་ཕྱག་འཚལ་བ། མན་ངག་གི་ཆེ་བ་བརྗོད་ཅིང་སྤྲོ་བ་བསྐྱེད་པ་དང་གསུམ་གྱི་སྒོ་ནས་བཤད་པ་ལ།

དོན་དང་མཐུན་པའི་མཚན་བསྟན་པ།

དང་པོ་དོན་དང་མཐུན་པའི་མཚན་བསྟན་པ་དེ་ལ་ཡང་མཚན་བསྟན་པའི་དགོས་པ་དང་མཚན་དངོས་གཉིས་ལས།

མཚན་བསྟན་པའི་དགོས་པ།

དང་པོ་མཚན་བསྟན་པའི་དགོས་པ་ནི། མདོ་སྡེ་ལང་ཀར་གཤེགས་པ་ལས། མིང་དུ་གདགས་པར་མ་མཛད་ན། །འཇིག་རྟེན་ཐམས་ཅད་རྨོངས་པར་འགྱུར། །དེ་བས་མགོན་པོ་ཐབས་མཁས་པས། །ཆོས་རྣམས་མིང་དུ་གདགས་པར་མཛད། །ཅེས་གསུངས་ཡོད་ནི་རེད། དེ་ལྟར་མཚན་ཐོག་མར་སྨོས་པ་ལ་དགོས་པ་ཅི་ཞིག་ཡོད་ནི་རེད་ཟེར་ན། གདུལ་བྱ་དབང་པོ་རབ་འབྲིང་ཐ་གསུམ་ཡོད་པ་ལས། དབང་པོ་རབ་ཀྱིས་སྨན་པ་མཁས་པས་ལག་པའི་རྩ་ལ་བརྟེན་ནས་ནད་ངོས་འཛིན་ཐུབ་པ་བཞིན་མཚན་ཙམ་ལ་བརྟེན་ནས་བརྗོད་དོན་གཞུང་དབུ་ཞབས་ཀྱི་དོན་ཐམས་ཅད་ཁོང་དུ་ཆུད་པའི་དགོས་པ་ཡོད་པ་དང་། དབང་པོ་འབྲིང་གིས་དམག་མིར་མདའ་བྱང་བཏགས་པ་བཞིན་ཁ་བྱང་ལ་བརྟེན་ནས་ཕྱོགས་གང་དུ་གཏོགས་པ་ཤེས་པ་དང་། དབང་པོ་ཐ་མས་སྨན་རྒྱལ་ལ་ཁ་བྱང་བཏགས་པ་བཞིན་དུ་གླེགས་བམ་འཚོལ་བདེ་བ་སོགས་ཀྱི་དགོས་པ་ཡོད་ནི་རེད།

དགོས་པ་དེ་ལྡན་གྱི་མཚན་བཤད་པ།

གཉིས་པ་དགོས་པ་དེ་ལྡན་གྱི་མཚན་བཤད་པ་དངོས་ནི། **རྟོགས་ལྡན་རྒན་པོ་རྣམས་ཀྱི་ལུགས་སེམས་ངོ་མཇུབ་ཚུགས་ཀྱི་གདམས་པ་སྨུན་སེལ་སྒྲོན་མེ་བཞུགས་སོ།** །ཞེས་གསུངས་པས་བསྟན་ཏེ། རྟོགས་ལྡན་རྒན་པོ་རྣམས་ཀྱི་ལུགས་ཞེས་གསུངས་པ་ནི།

འོད་གསལ་རྫོགས་པ་ཆེན་པོ་ཡང་གསང་མན་ངག་སྙིའི་ཟབ་གནད་མཐར་ཐུག་གདམས་ངག་ཏུ་སྟོན་པའི་སྐབས་ཡིན་པས་རྟོགས་ལྡན་ཞེས་གསུངས་པ་ནི། ལམ་སྣང་བ་བཞིའི་ཉམས་རྟོགས་ཀྱི་རྡོད་ཚད་དང་ལྡན་པའི། གནས་བརྟན་རྒན་པོ་སྐྱེ་དགུའི་བདག །ཅེས་པ་དེ་ལ་གོ་དགོས་ནི་རེད། འོ་ན་ཉམས་དང་རྟོགས་པ་ལྡན་པ་རྣམས་ཀྱི་རབ་བམ་རྩེ་མོ་མཆོག་ཏུ་གྱུར་བའི་རྒན་པོ་དེ་སུ་ཡིན་ཞེ་ན། དེ་ནི་བརྒྱུད་གསུམ་རིག་འཛིན་བླ་མ་ལ་ངོས་བཟུང་སྟེ་དམ་པའི་དགོངས་དོན་གྱི་རྗེས་སུ་ཞུགས་པ་ལ་དེའི་ལུགས་ཞེས་པའི་བརྡ་ཁྲིད་སྦྱར་བར་འགྲེལ་ན་ཆོག་ནི་རེད། འདི་ཁྲིགས་ཆོད་བཤད་པའི་སྐབས་ཡིན་ན་ལམ་སྣང་བ་བཞི་ཞེས་པ་ནི་ལྷུན་གྲུབ་ཐོད་རྒལ་གྱི་སྐད་ཆ་ཞིག་མ་ཡིན་ནམ་ཞེ་ན། ཁྲིགས་ཆོད་དང་ཐོད་རྒལ་གཉིས་ཕྱོགས་མི་གཅིག་ནིའི་སོ་སོ་བ་ཞིག་ལ་འཛིན་དགོས་ནི་མ་རེད། ཀ་དག་ཁྲིགས་ཆོད་ཀྱི་སྐབས་སུ་སྣང་བཞི་ལུགས་ལྡོག་དང་། ལྷུན་གྲུབ་ཐོད་རྒལ་གྱི་སྐབས་སུ་ལུགས་འབྱུང་གི་བཤད་པ་ཡོད་པས། དེ་གཉིས་དོན་གཅིག་གི་ཐོག་ཏུ་འབབ་ཀྱིན་ཡོད་ནི་རེད། དེ་རྟོགས་ལྡན་རྒན་པོ་ཞེས་པ་དེའི་འགྲེལ་ལུགས་གཅིག་རེད། ཡང་མིན་ན་རྟོགས་ལྡན་རྒན་པོ་ཞེས་པ་འདི་ལམ་འདིར་ཞུགས་པའི་རྟོགས་ལྡན་རྣལ་འབྱོར་བ་རྒན་པོ། ནང་གི་ཉམས་རྟོགས་མཐོ་བ་དང་མཉམ་དུ་ཕྱིའི་ན་ཚོད་ཀྱང་སྨིན་པའི་སྤྲོས་མེད་ཀུ་སླ་ལུའི་སྤྱོད་པ་བསྐྱངས་པ་དག་ལ་འདི་གོ་སླ་མོ་ཉན་བདེ་མོ་བྱས་ནས་གསུངས་པའི་མན་ངག་ཡིན་ན། དེ་ལྟ་བུའི་མན་ངག་གི་གདམས་ཁྲིད་དྲི་མ་མེད་པ་གོ་སླ་མོའི་ཚིག་ཉུང་ཉུང་ཞིག་གིས། ཅར་ཕོག་ཅིག་ཆར་དུ་གདམས་ངག་འདེབས་པ་རྣམས་ཀྱི་རིང་ལུགས་དེ་ལ་རྟོག་གེའི་རྟོག་དཔྱོད་མང་པོའི་ཟེར་སྤྲོས་ཀྱི་ཚིག་གི་བསླད་མ་ཞུགས་ཤིང་དམ་ཚིག་འགལ་ཉམས་འདས་རལ་དུ་གྱུར་པ་སོགས་ཀྱི་གང་ཟག་གི་སེལ་དང་དྲི་མས་མ་གོས་ཤིང་། བརྒྱུད་པའི་བབས་སོ་མ་ཉམས་པ་དེ་ལ་རྟོགས་ལྡན་རྒན་པོ་རྣམས་ཀྱི་ལུགས་གསུངས་ནི་རེད་ཅེས་སླས་ཀྱང་ཆོག་ནི་རེད། སེམས་ངོ་མཇུབ་ཚུགས་ཀྱི་གདམས་པ་ཞེས་པ་སེམས་ཀྱི་ཆོས་ཉིད་ལ་སེམས་ཉིད་ཟེར་བ་ཡིན་ཙ་ན། སེམས་ཉིད་ཀྱི་ངོ་བོ་དེ་ཡོད་མེད་ཡིན་མིན་རྟག་ཆད་སྐྱེ་འགག་གི་སྤྲོས་པའི་མཐའ་བཞིའམ་བརྒྱད་དང་བྲལ་བ། ཡེ་ནས་སྟོང་བའི་རང་བཞིན་རྒྱ་གར་ཡང་མ་

ཅད། ཕྱོགས་གང་དུ་ཡང་མ་ལྷུང་། ནམ་ཡང་འགྱུར་བ་མེད་པ་ནམ་མཁའ་ལྟ་བུ། དེའི་རང་བཞིན་ལ་གསལ་བའི་ཆ་རྟག་ཏུ་འགག་པ་མེད་པ་རྒྱ་མཚོ་ལ་གཟུགས་བརྙན་ཤར་བ་ལྟ་བུ། ཐུགས་རྗེ་འཁོར་འདས་ཀུན་ལ་ཁྱབ་པ་ཏིལ་ལ་མར་གྱིས་ཁྱབ་པ་བཞིན་བཞུགས་པའི་སྐུ་གསུམ་རང་ཆས་ཀྱི་ཡེ་ཤེས། སོ་སྐྱེ་ཐ་མལ་བ་འཆིང་བ་ཀུན་ལྡན་ཞིག་ཡིན་ན་ཡང་མཛུབ་རྟགས་ཀྱིས་མིག་ལྡན་ལ་གཟུགས་འདི་རེད་ཅེས་མངོན་སུམ་དུ་སྟོན་པ་བཞིན་དུ་རྫོགས་པ་ཆེན་པོའི་ལྟ་སྒོམ་སྤྱོད་གསུམ་གཞི་ལམ་འབྲས་གསུམ་གྱི་དོན་ཅར་ཕོག་ཏུ་ངོ་སྤྲོད་བྱེད་ཀྱི་གདམས་པ། ཐུན་སེལ་སྒྲོན་མེ་ཞེས་པ་བྱེད་ལས་ཀྱི་ཆ་ནས་མཚན་བཏགས་ནི་རེད། མ་རྟོགས། ལོག་རྟོགས། ཕྱོགས་རྟོགས། ཡང་དག་ཉིད་དུ་མ་རྟོགས་པ་ལ་སོགས་པའི་མི་ཤེས་པའི་མུན་པ་རྒྱང་རིང་དུ་བསྐྲད་ཅིང་སེལ་ནས། གནས་ལུགས་ཇི་བཞིན་པའི་དོན་གནད་མ་བོར་བར་གསལ་བར་མཐོང་ཐུབ་པའི་ལམ་སྟོན་གྱི་སྒྲོན་མེ་མཆོག་ཏུ་གྱུར་བ་འདི་འདྲ་བ་རྒྱུ་མཚན་དུ་བྱས་ནས་བཏགས་པའི་མཚན་ཞིག་རེད། བཞུགས་སོ་ཞེས་པ་མཚན་དེ་ལྡན་གྱི་གདམས་པ། རྗོད་བྱེད་ཚིག་གི་སྒོ་ནས་སྒྲར་སྣང་ཞིང་གྲགས་པ་དེ་གླེགས་བམ་ཡི་གེའི་གཟུགས་ཅན་གྱི་བརྡར་གྱུར་བ་དཔེ་དང་ཡི་གེའི་ཚུལ་གྱིས་འདི་ན་དངོས་སུ་བཀོད་ཡོད་པར་བསྟན་ནི་རེད། དེ་ཡན་གྱིས་མཚན་བསྟན་པ་སོང་སྟེ།

མཆོད་བརྗོད་དམ་ཕྱག་འཚལ་བ།

རྩོམ་པ་ལ་འཇུག་པའི་ཡན་ལག་གཉིས་པ་མཆོད་བརྗོད་དམ་ཕྱག་འཚལ་བ་རེད། མཆོད་བརྗོད་དེ་ལ་ཡང་མཆོད་བརྗོད་བྱས་པའི་དགོས་པ་དང་། མཆོད་བརྗོད་དངོས་བཤད་པ་གཉིས་འདྲ་ཞིག་གི་སྟེང་ནས་བཤད་ན།

མཆོད་བརྗོད་བྱས་པའི་དགོས་པ།

དང་པོ་མཆོད་བརྗོད་བྱས་པའི་དགོས་པ་ནི། མགོན་པོ་ཀླུ་སྒྲུབ་ཀྱིས། བསྟན་བཅོས་བྱེད་པོས་སྟོན་པ་ལ། །མཆོད་པར་བརྗོད་པ་འབྲས་མེད་མིན། །སྟོན་པ་དང་ནི་བསྟན་བཅོས་ལ། །དད་འདུན་བསྐྱེད་པར་བྱ་ཕྱིར་རོ། །ཞེས་གསུངས་པ་ལྟར་དུ་བསྟན་བཅོས་མཛད་པ་པོས་སྟོན་པ་དང་། བསྟན་པ་གང་ཡིན་རྗེས་འཇུག་རྣམས་ཀྱིས་ངོ་ཤེས་ཏེ། དེ་ལ་གུས་པ་མཆོག་ཏུ་བསྐྱེད་དེ་ལམ་དེ་ལ་འཇུག་པའི་དགོས་པ་དང་། ཡུལ་དམ་པ་རྣམས་ལ་ཕྱག་འཚལ་བས་བསོད་ནམས་འཕེལ། བསོད་ནམས་འཕེལ་ན། བསོད་ནམས་ལྡན་པའི་མི་ཡི་བསམ་པ་ཐམས་ཅད་འགྲུབ། །ཅེས་པ་ལྟར་བསམ་པའི་དོན་ཐམས་ཅད་གྲུབ་ནས་རྩོམ་པ་མཐར་ཕྱིན་པ་ལ་སོགས་པའི་དགོས་པ་ཆེན་པོ་ཡོད་ནི་རེད།

མཆོད་བརྗོད་དངོས།

གཉིས་པ་མཆོད་བརྗོད་དངོས་ནི། **བླ་མ་དང་འཇམ་དཔལ་ཡེ་ཤེས་སེམས་དཔའ་ལ་ཕྱག་འཚལ་ལོ།** །གསུངས་པས་གདམས་ངག་གི་བསྟན་བཅོས་འདི་ཉིད་རྩོམ་པའི་ཐོག་མར་མཆོད་པར་བརྗོད་ཅིང་ཕྱག་འཚལ་ནི་རེད། བླ་མ་ཞེས་པ་འདི་ཐད་ཀའི་སྒྲའི་འཇུག་ཚུལ་ལྟར་ན་གོང་མ་ཞེས་པའི་དོན་རེད། དེའི་ཡན་དང་གོང་ན་གུས་ཞིང་བཀུར་བར་འོས་པའི་ཡུལ་གཞན་ཞིག་མེད་པས་ན་བླ་མ་གསུངས་ནི་རེད། གུས་ཤིང་བཀུར་བའི་ཡུལ་དུ་གྱུར་པའི་བླ་མ་ཞེས་པ་དེ་ལ་ཡང་རྣམ་གྲངས་དང་དབྱེ་བ་མང་པོ་ཞིག་ཡོད་ནི་རེད། གཞན་ལ་ཕན་པའི་ཡོན་ཏན་དང་ལྡན་པ། སོ་སོ་རང་ཉིད་ཀྱིས་ཀྱང་ཆོས་འབྲེལ་ཙུང་ཟད་རེ་ཐོབ་མྱོང་ནི་ཞིག་ཡིན་ན་དེ་ལ་སྤྱིའི་སློབ་དཔོན་གསུངས་པ་དང་། སྐྱབས་འགྲོའི་སྡོམ་པ་ལ་སོགས་པ་གནང་ནས་དམ་པའི་ཆོས་སྒོར་འཛུད་མཁན་ལ་ཆོས་སྒོར་འདྲེན་པའི་བླ་མ་དང་། དབང་ཟབ་མོ་བསྐུར་པ་པོ་ལ་དམ་ཚིག་དབང་གི་བླ་མ། ཉམས་ཆག་བཤགས་པའི་ཡུལ་

དུ་གྱུར་བ་ཉམས་ཆག་བསྐང་བའི་བླ་མ། རྒྱུད་སྡེའི་ཆོས་བཤད་པ་པོར་ཞེས་རྒྱུད་འགྲོལ་བའི་བླ་མ། མན་ངག་ཟབ་མོ་གནང་བ་པོ་མན་ངག་ལུང་གི་བླ་མ་ལ་སོགས་པ་མང་པོ་ཡོད་ཀྱི། ཁྱད་པར་དུ་དབང་བསྐུར། རྒྱུད་གསུངས། རིག་པ་ངོ་སྤྲོད་ཀྱི་མན་ངག་གནང་རྒྱུ་དེ་གསུམ་ཚང་བ་དེ་བཀའ་དྲིན་སུམ་ལྡན་གྱི་རྩ་བའི་བླ་མ་ཡིན་པས་ན་གཞན་ལས་བཀའ་གཉན་ནི་རེད། དེ་ལྟ་བུའི་བླ་མ་དང་འཇམ་དཔལ་ཡེ་ཤེས་སེམས་དཔའ་གསུངས་ན། བླ་མ་དང་གཉིས་སུ་མེད་པའམ་དབྱེར་མེད་པའི་ལྷག་པའི་ལྷ་མཆོག སྤང་བྱ་སྒྲིབ་གཉིས་བག་ཆགས་དང་བཅས་པ་སྤངས་པས་ཉོན་མོངས་པ་དང་ཤེས་བྱའི་སྒྲིབ་པའི་རྩུབ་རིག་དང་བྲལ་པས་ན་འཇམ་དང་། མཁྱེན་དང་ནུས་པ་བརྩེ་བའི་ཡོན་ཏན་ཐམས་ཅད་མཐར་ཕྱིན་པའི་རྟོགས་པ་བདག་གི་དཔལ་དང་འགྲོ་བའི་སྒྲིབ་གཉིས་བག་ཆགས་དང་བཅས་པ་སྦྱོང་བའི་ཐུགས་རྗེ་གཞན་གྱི་དཔལ་གཉིས་ཀ་དང་ལྡན་པའི་འཇམ་དཔལ། ཡེ་ཤེས་ལ་གཞི་འཛིན་པའི་ཡེ་ཤེས་གསུམ་མམ་མཚན་ཉིད་འཛིན་པའི་ཡེ་ཤེས་ལྔ། ཡུལ་ལ་ཁྱབ་པའི་ཡེ་ཤེས་གཉིས་སོགས་ཀྱི་དབྱེ་བ་ཡོད་པ་ལས་འདིར་མཁྱེན་གཉིས་ཀྱིས་བསྡུས་པའི་ཡོན་ཏན་རྒྱ་མཚོ་དང་གཉིས་སུ་མ་ཡིན་ཐ་མི་དད་པའི་གསང་གསུམ་རྒྱན་གྱི་འཁོར་ལོ། ཡེ་ཤེས་ཀྱི་སྐུ་ཅན། ཡེ་ཤེས་ཀྱི་གསུང་ཅན། ཡེ་ཤེས་ཀྱི་ཐུགས་དང་ལྡན་པའི་ཡོན་ཏན་འཕྲིན་ལས་ཅན་ཏེ། སེམས་དཔའ་གསུངས་ན། རྒྱལ་བ་ཀུན་གྱི་མཁྱེན་རབ་ཀྱི་ཡེ་ཤེས་གཅིག་ཏུ་བསྡུས་པའི་རང་གཟུགས། འགྲོ་བའི་དོན་མཛད་པའི་ཐད་ནས་སྐྱོ་དུབ་མེད་པའི་ཚུལ་ལ་བསམ་གློ་བཏང་ན། བསྐལ་བའི་ཡུན། འགྲོ་མང་གི་མཐའ། བྱ་དཀའི་སྤྱོད་པ་ལ་སེམས་མི་ཞུམ་པར་མཆོག་ཏུ་དཔའ་བས་སེམས་དཔའ། མདོ་ལྟར་ན་ས་བཅུའི་རྒྱུན་མཐའ་ལ་བཞུགས་པའི་སར་གནས་ཀྱི་བྱང་སེམས་རྒྱལ་བའི་སྲས་ཀྱི་ཚུལ་བཟུང་བའི་ལྷག་པའི་ལྷ་མཆོག རྒྱུད་འཆད་པའི་སྔགས་ཀྱི་སྐབས་ལྟར་ན། ཆོས་སྐུ་ཀུན་ཏུ་བཟང་པོ་དང་ཐ་མི་དད་པ། དོན་དུ་རྒྱལ་བ་ཐམས་ཅད་ཀྱི་ཐུགས་ཡེ་ཤེས་ཆེན་པོ་དང་གཉིས་སུ་མེད་པ། དེ་ལ་གསུངས་པའི་ལ་སྒྲའི་ངེས་བརྗོད་ཀྱི་ཚིག་དང་བཅས་ཏེ། ཕྱག་འཚལ་ལོ་ཞེས་གསུངས་ནས། ཕྱག་ལ་རབ་ལྟ་བ་མཇལ་བའི་ཕྱག འབྱིང་སྒོམ་པ་གོམས་པའི་

ཕྱག ཐ་མ་སྤྱོད་པ་མོས་གུས་ཀྱི་ཕྱག་དང་གསུམ་ཡོད་པ་ལས། འདིར་རྒྱལ་བ་ཐམས་ཅད་ཀྱི་ཐུགས་ཡེ་ཤེས་ཆེན་པོ་དང་གཉིས་སུ་མ་ཡིན་ཐ་མི་དད་པའི་རང་རིག་སྤྲོས་བྲལ་མཉམ་པ་ཉིད་ཇི་ལྟ་བ་བཞིན་མངོན་དུ་གྱུར་པ་དེ་རབ་ལྟ་བ་མཇལ་བའི་ཕྱག་ཡིན་ན་དེ་ལྟར་ཡིན་པ་ལ་ཡིན་པར་ཤེས་པའི་སྒོ་ནས་ཕྱག་འཚལ་ཏེ་མཆོད་བརྗོད་མཛད་ནི་རེད། འདི་སྡེ་སྣོད་ངོས་འཛིན་གྱི་ཕྱག་དང་ཡང་མཐུན་པར། འདིར་བྱིན་རླབས་འཕོ་བའི་ལུགས་ཀྱི་མན་ངག་གི་གདམས་པ་བཤད་པའི་སྐབས་ལ། འཁོར་འདས་ཤེས་བྱའི་ཆོས་ཐམས་ཅད་རོ་མཉམ་ཆེན་པོར་ཡོངས་སུ་རྫོགས་པའི་དགོངས་དོན་གཏིང་ཟབ་གཏན་ལ་འབེབ་པའི་ཕྱིར་བྱིན་རླབས་ཀྱི་རྩ་བ་བླ་མ་དང་མཁྱེན་རབ་ཀྱི་བདག་པོ་འཇམ་པའི་དབྱངས་ལ་ཕྱག་འཚལ་ནི་རེད།

མན་ངག་གི་ཆེ་བ་བརྗོད་ཅིང་སྤྲོ་བ་བསྐྱེད་པ།

གསུམ་པ་མན་ངག་འདི་ཉིད་ཀྱི་ཆེ་བ་བརྗོད་པའི་སྒོ་ནས་རྗེས་འཇུག་སྤྲོ་བ་བསྐྱེད་པའི་ཚུལ་ནི། **ཐོས་བསམ་སྦྱོང་བ་རྒྱ་ཆེན་མི་དགོས་པར། །མན་ངག་ལུགས་ཀྱིས་སེམས་ངོ་སྐྱོང་བ་ཡི། །གྲོང་སྔགས་ཕལ་མོ་ཆེ་ཞིག་ཚོགས་ཆུང་དུས། །རིག་འཛིན་ས་ལ་གཤེགས་དེ་ལམ་ཟབ་མཐུ།** །ཞེས་གསུངས་ན། ཐོས་བསམ་སྦྱོང་བ་རྒྱ་ཆེར་མི་དགོས་པར་ཞེས་གསུངས་པ་ནི། འཆད་རྩོད་རྩོམ་པའི་གྲྭ་ས་མང་པོ་འགྲིམས་ནས་མདོ་སྔགས་གཞུང་ལུགས་མང་པོ་ཡུན་རིང་པོར་དང་པོ་ཐོས་པ་བྱས་ནས་ཉན། ཐོས་པའི་དོན་དེ་དཔྱད་པ་གསུམ་གྱིས་བསམ་པར་བྱས་ཏེ་བསམ་པའི་ཤེས་རབ་བསྐྱེད་པ་དེ་ལྟ་བུའི་ཐོས་བསམ་མི་དགོས་གསུངས་ནི་མ་རེད། དེ་ལྟ་བུའི་ཐོས་བསམ་སྦྱོང་བ་རྒྱ་ཆེན་པོའི་དུས་དང་ངལ་བ་ལ་མ་ལྟོས་པའམ་ལྟོས་མི་དགོས་པར་མན་ངག་ལུགས་ཀྱིས་སེམས་ངོ་སྐྱོང་བ་ཡི། །གསུངས་ན། དམ་པ་གོང་མ་གྲུབ་བརྙེས་རིག་འཛིན་རྣམས་ཀྱི་བརྒྱུད་པའི་བྱིན་རླབས་དེ་རང་ཉིད་ཀྱི་མོས་གུས་དག་པའི་མཐུས་འདྲེན་ནུས་པའི་ཚོགས་ཉུང་དུས་དོན་ཆེན་པོ་བདེ་བླག་གིས་རྟོགས་པར་བྱེད་པ། བྱིན་རླབས་འཕོ་བའི་ལུགས་ཀྱི་མན་ངག་ཟབ་མོའི་གདམས་ཁྲིད། གདམས་ངག་ལག་ཁྲིད་ཀྱི་ལུགས་ཀྱིས་སེམས་ཀྱི་གཤིས་སེམས་ཉིད

གནས་ལུགས་ཀྱི་བཞུགས་ཚུལ་ཇི་བཞིན་པ་སྒྲོ་སྐུར་དང་བྲལ་བར་མཇུབ་མོས་རི་སྟོན་པ་ལྟ་བུའི་མཇུབ་ཁྲིད་ཀྱིས། རང་ལ་ཡེ་ནས་ཡོད་པའི་ཡེ་ཤེས་རང་ངོ་འཕྲོད་ཅིང་ཤེས་པའི་ཐོག་དེ་ནས། ཐུན་དང་ཐུན་མཚམས་ཀྱི་དབྱེ་བ་མེད་པར་ཡེངས་མེད་འཛིན་མེད་རང་བབས་གསལ་སྟོང་གི་ངང་སྐྱོང་བ་ཡི་གྲོང་སྔགས་ཕལ་མོ་ཆེ་ཞིག་ཚོགས་ཆུང་དུས་གསུངས་ན། དེ་ལྟ་བུའི་ཉམས་སུ་ལེན་མཁན་གྱི་གང་ཟག་གྲོང་དམ་ཁྱིམ་དུ་གནས་པའི་ཁྱིམ་སྔགས་པ་ཕལ་མོ་ཆེ་ཞིག་ཀྱང་རང་ཁྱིམ་དུ་བསྡད་དེ་སེམས་ངོ་བསྐྱངས་ནས། ཐོས་བསམ་སོགས་ཀྱི་དཀའ་ཚོགས་ཆེན་པོ་ཡུན་རིང་དུ་བསྟེན་མ་དགོས་པར་རང་བཞག་ཆུ་བོའི་རྒྱུན་ལ་གནས་པའི་རྩོལ་བའམ་ཚོགས་ཆུང་དུའི་ཐབས་ལ་བརྟེན་ཏེ། རིག་འཛིན་ས་ལ་གཤེགས་དེ་ལམ་ཟབ་མཐུ། །གསུངས་ན། སྤྱིར་ན་རིག་འཛིན་ཟེར་རྒྱུའི་ཚིག་འདི་སཾསྐྲྀཏའི་སྐད་ཀྱི་བིདྱཱ་དྷཱ་ར་ཞེས་པའི་སྒྲ་ལས་དྲངས་ན་བིདྱཱ་རིག་པ་དང་དྷཱ་ར་འཆང་བ་ཡིན་ནི་རེད། རིག་པ་ཤེས་རབ་ཡེ་ཤེས་ཀྱི་བདག་ཉིད་ཅན་སྔགས་ཀྱི་དེ་ཁོ་ན་ཉིད་དེ་རང་རྒྱུད་ལ་འཛིན་ཅིང་འཆང་བར་བྱེད་པས་ན་རིག་འཛིན་གསུངས་ནི་རེད། རིག་འཛིན་གྱི་སྒྲ་འཇུག་ས་མང་ན་ཡང་སྔགས་ནང་རྒྱུད་ཐུན་མོང་གི་ལུགས་དང་གཙོ་བོ་མ་ཧཱའི་ཨ་ཏིའམ་ཨ་ཏིའི་མ་ཧཱའི་ཆོས་སྐད་ལྟར་ན། རྣམ་སྨིན། ཚེ་དབང་། ཕྱག་ཆེན། ལྷུན་གྲུབ་སྟེ་རིག་འཛིན་རྣམ་པ་བཞིའི་ས་ལམ་ལ་དཀའ་ཚོགས་མེད་པར་ཕྱིན་ནས། ཉི་ཟླའི་བགྲོད་པ་ལས་ཀྱང་མྱུར་བའི་ཤུགས་ཀྱིས་གཤེགས་པར་མཛད་ནུས་པ། ཚེ་འདི་ཉིད་ལ་མཐར་ཐུག་གི་འབྲས་བུ་མངོན་དུ་བྱེད་པ་དེ་ལྟ་བུ་ཡིན་ནི་རེད། རིག་འཛིན་བཞི་འདི་བཤད་པའི་སྐབས་སུ་རིག་འཛིན་བཞིས་ས་ལམ་བགྲོད་ཚུལ་ལ་བཞེད་པ་མི་འདྲ་བ་ཙུང་ཟད་རེ་ཡོད་ནི་རེད། ཀུན་མཁྱེན་ཆེན་པོའི་བཞེད་པ་འདྲ་ཞིག་ཡིན་ན། མོས་སྤྱོད་ཀྱི་ལམ་མཐར་ཐུག་པ་ན་ཡིད་ལྷ་ཡི་རྣལ་འབྱོར་དུ་སྨིན་ཀྱང་། ལུས་རྣམ་སྨིན་གྱི་གཟུགས་ད་ལྟའི་ལུས་འདི་ལས་གནས་མ་འགྱུར་ནོ། ལུས་རྒྱ་དང་བྲལ་ནི་ར་ཕྱག་རྒྱ་ཆེན་པོའི་སྐུ་ཐོབ་པ་འདི་ཚོ་ལ་རྣམ་སྨིན་རིག་འཛིན་གསུང་གིན་ཡོད་ནི་རེད། མཐོང་ལམ་ཡན་ཆད་ཀྱི་སློབ་པའི་ལམ་ན། རྣམ་སྨིན་གྱི་ལུས་རྡོ་རྗེའི་ལུས་སུ་གནས་གྱུར་ནས་ལུས་དེ་མ་སྤངས་བར་སངས་རྒྱས་ཀྱི་ས་ལ་སྦྱོར། ཕུང་པོ་ཟག་པ་མེད་ཅིང་ཡེ་ཤེས་

ཀྱི་གཟིགས་པ་དང་ལྡན་པ་མཐོང་ལམ་ཚེ་དབང་རིག་འཛིན་ཡིན། འཕགས་པ་སློབ་པའི་ལམ་ཁྱད་པར་ཅན་གང་ཞིག་རང་ལུས་གང་སྒོམ་པའི་ལྷར་གྱུར་ཏེ། སངས་རྒྱས་དང་མཛད་པ་ཆ་འདྲ་ནའང་སྒྲིབ་པ་མཐའ་དག་ད་དུང་མ་ཟད་པས་མཐར་འབྲས་དངོས་མ་ཐོབ་ནོ་དེ་ལ་ཕྱག་ཆེན་རིག་འཛིན་གསུང་གིན་ཡོད་ནི་རེད། སྤྱངས་རྟོགས་མཐར་ཕྱིན་ནས་མི་སློབ་པའི་ལམ་མངོན་དུ་མཛད་ནོ་དེ་ལ་ལྷུན་གྲུབ་རིག་འཛིན་ཞེས་ཀུན་མཁྱེན་ཆེན་པོས་བཞེད་ཀྱིན་ཡོད་ནི་རེད། ཡང་བཀའ་སྲི་ཟུར་བས་ཇི་ལྟར་བཞེད་ནི་རེད་ཟེར་ན། རིག་འཛིན་བཞི་ག་འཕགས་པ་སློབ་པའི་སས་བསྡུས་པར་བཞེད་ནི་རེད། ཆོས་ཉིད་ཀྱི་བདེན་པ་མཐོང་ཡང་བློའི་སྟོབས་ཆེ་ཆུང་གིས་སྙིགས་མའི་ལུས་ཡེ་ཤེས་ཀྱི་མེ་ཡིས་སྦྱངས་མ་ནུས་ནོ་དེ་རྣམ་སྨིན་རིག་འཛིན་དང་། སྦྱངས་ནུས་ནས་སྐྱེ་འཇིག་མེད་པར་དྭངས་མའི་ལུས་སུ་གྱུར་ནོ་དེ་ཚེ་དབང་རིག་འཛིན་ཏེ། དེ་གཉིས་ཀ་མཐོང་ལམ་ལ་གཉིས་སུ་ཕྱེས་ནི་ཞིག་རེད། སྒོམ་ལམ་པ་ཡེ་ཤེས་སྒྱུ་མའི་སྐུ་ཅན་ཕྱག་ཆེན་རིག་འཛིན། སློབ་ལམ་མཐར་ཕྱིན་ནས་སངས་རྒྱས་སུ་གྱུར་མ་རག་པ་སྐུ་ལྔ་ལྷུན་གྲུབ་རྡོ་རྗེ་འཆང་གི་ཆ་ལུགས་འཛིན་པ་དེ་ལྷུན་གྲུབ་རིག་འཛིན་ལ་བཞེད་པ་དེ་ལྟར་རེད། དེ་གཉིས་ཀྱི་དོན་གྱི་དགོངས་པ་གཅིག་ལ་སྒྲུབ་ཐུབ་པ་ལས། ཐ་དད་འགལ་འདུ་ཅན་ཡིན་ནི་མ་རེད། གང་ལྟར་རིག་འཛིན་རྣམ་པ་བཞིའི་ས་ལ་བགྲོད་པ་མྱུར་བ་དེ་ལྟ་བུའི་མྱུར་ལམ་ཁྱད་པར་ཅན་ནི་རྩོལ་མེད་ཡིད་དཔྱོད་ལས་འདས་པའི་ལམ་ཟབ་མོ་འོག་མའི་ཐེག་པ་བརྒྱད་ཀྱིས་འགྲན་ཐབས་མེད་པའི་ཐེག་མཆོག་རྒྱལ་པོ་འདི་གཅིག་པུའི་མཐུ་ཁོ་ན་ཡིན་པས་ན། **ལམ་ཟབ་མཐུ།** །གསུངས་ནི་རེད། དེས་ན་ལམ་འདི་དང་གདམས་ངག་འདི་ལ་བརྟེན་པའི་གང་ཟག་དག་གིས་དགའ་ཞིང་སྤྲོ་བས་ཆོས་ཚུལ་འདི་ལ་འཇུག་འོས་པར་མ་ཟད། རང་ཉིད་སྐལ་བ་དང་ལྡན་པ་ཞིག་ཡིན་རྒྱུའི་ཡིད་ཆེས་བྱེད་ཆོག་ནི་རེད་གསུངས་ནི་རེད། འདིའི་ཡན་ཆད་བསྟན་བཅོས་རྩོམ་པ་ལ་འཇུག་པའི་ཡན་ལག་སོང་ནས།

བར་དུ་དགེ་བ་གཞུང་གི་དོན་བརྒྱམ་བྱ་ལུས་ཀྱི་རང་བཞིན་བཤད་པ།

གཉིས་པ་བསྟན་བཅོས་དངོས་ཀྱི་ལུས་གཏན་ལ་དབབ་པ་ལ། མན་ངག་རྣམ་པ་གསུམ་གྱི་ཆིངས་ཀྱིས་བཅིངས་ནས་གསུངས་ནི་རེད། མན་ངག་རྣམ་པ་གསུམ་པོ་གང་ཡིན་ནི་རེད་ཅེ་ན། དང་པོ་མ་རིག་སྒོ་ངའི་སྦུབས་འབྱེད་ཀྱི་མན་ངག གཉིས་པ་སྲིད་པའི་ཐྭ་བ་གཅོད་པའི་མན་ངག གསུམ་པ་མཁའ་ལྟར་མཉམ་པ་ཉིད་ལ་གནས་པའི་མན་ངག་དང་གསུམ་རེད།

མ་རིག་སྒོ་ངའི་སྦུབས་འབྱེད་ཀྱི་མན་ངག

དེ་ལྟ་བུའི་མན་ངག་རྣམ་པ་གསུམ་གྱིས་བསྟན་པའི་དང་པོ་མ་རིག་སྒོ་ངའི་སྦུབས་འབྱེད་ཀྱི་གདམས་པ་དེ་ལ་ཡང་། སྔོན་འགྲོ་དང་དངོས་གཞིའི་ཚུལ་རྣམ་པ་གཉིས་ཀྱིས་བཤད་ན། དང་པོ་སྔོན་འགྲོ་གཞག་ཐབས་ཀྱི་གནད་དང་བསྟུན་ཏེ་བཤད་པ་དང་། དངོས་གཞི་བསམ་གཏན་གྱི་ངོ་བོ་བཤད་པ་གཉིས་སུ་གསུངས་པ་ལས།

སྔོན་འགྲོ་བཞག་ཐབས་ཀྱི་གནད་དང་བསྟུན་ཏེ་བཤད་པ།

དང་པོ་སྔོན་འགྲོ་གཞག་ཐབས་ནི། **དེ་ཡང་རང་གི་སེམས་འདི་རང་བབས་སུ་ཅི་ཡང་མི་བསམ་པར་བཞག་ནས་དེ་ཡི་ངང་དུ་དྲན་པའི་རྒྱུན་བསྐྱང་བ་དེ་ཡི་ཚེ།** ཞེས་གསུངས་ཏེ། དེ་ཡང་རང་གི་སེམས་ཟེར་རྒྱུའི་རྣམ་རྟོག་རླུང་ལྟར་དུ་འཚུབ་ཀྱིན་འདུག་ན་འདི་དགེ་མི་དགེ་ལུང་མ་བསྟན་གྱི་རྣམ་རྟོག་གི་དབང་དུ་དེ་སྔོན་ལྟར་རྟ་རྒོད་རི་ཡན་ལ་ཤོར་ནི་འདྲ་ཞིག་བྱས་ཏེ་འཁྲུལ་བའི་དབང་དུ་མི་གཏོང་བར། ཚུར་ལ་བདག་ཅིག་བརྒྱབ་སྟེ། དཔལ་སྤྲུལ་ཚང་གིས། དང་པོ་རང་སེམས་ལྷོད་དེ་བཞག །ཅེས་གསུངས་པ་ལྟར་རང་བབས་སུ་ཅི་ཡང་

མི་བསམ་པར་བཞག་ནས་རྣམ་རྟོག་མི་འགྲོ་བའི་ཡེངས་མེད་ཀྱི་དྲན་པའི་རྒྱུན་སྐྱོང་བ་ལ་འབད་པ་དེ་ཡི་ཆེ། **བཏང་སྙོམས་ལྷུང་མ་བསྟན་གྱི་ཤེས་པ་མུན་ཐོམ་མེ་བ་ཞིག་འབྱུང་།** གསུངས་ན། ལས་དང་པོ་བས་ཁ་ནང་ལ་འཁོར་མ་ཐག་ཏུ་བདེ་སྡུག་ཆགས་སྡང་ལ་སོགས་པའི་རྟོག་པ་གང་ཡང་མངོན་དུ་གྱུར་མེད་པའི་བཏང་སྙོམས། དགེ་སྡིག་གང་དུ་ཡང་ངོས་མ་འབྱེད་པའི་ལྷུང་མ་བསྟན་གྱི་ཤེས་པ། མུན་ཐོམ་མེ་བ་གསུངས་དུས་ཆོས་ཉིད་སྟོང་པའི་རང་བཞིན་མ་མཐོང་བས་མུན་ནེ་བ་དང་། ཆོས་ཅན་སྣ་ཚོགས་པའི་སྣང་བ་ལ་གསལ་ཆ་མ་སྐྱེས་པས་ཐོམ་མེ་བ་ཞིག་འབྱུང་གསུངས་ནི་རེད། **དེ་ལ་འདི་ཤེས་དེ་ཤེས་ཀྱི་ལྷག་མཐོང་གང་ཡང་མ་སྐྱེས་པའི་ཚེ་ན།** གསུངས་ན། དེའི་སྐབས་སུ་གནས་ལུགས་ཀྱི་དོན་མ་མཐོང་བས་ཅི་ཡིན་འདི་ཡིན་མེད་པར་ཐོམས་སེ་ཡོད་ནིའི་མུན་པ་འཁྲིགས་སོང་ནི་འདྲ་བོ་དེ་ལ། འདི་ཤེས་དེ་ཤེས་ཞེས་གསུངས་དུས་ཆོས་ཅན་འདི་ཤེས་ཐལ་ཞེས་པའི་གསལ་སྣང་མེད་ནི། ཆོས་ཉིད་དེ་ཤེས་ཐལ་ཞེས་པའི་ངེས་ཤེས་ཀྱིས་ལྷག་མཐོང་གི་གསལ་བའི་ཆ་གང་ཡང་མ་སྐྱེས་པ། མི་ཕམ་ཚང་གིས་ངེས་ཤེས་སྒྲོན་མེའི་ནང་ན། ཤེས་པ་དྲན་མེད་ཧ་ཤང་ལུགས། །མ་དཔྱད་ཅོན་ནེར་བཞག་པ་ཡིས། །ལྷག་མཐོང་གསལ་བའི་ཆ་མེད་པར། །མཚོ་གཏིང་རྡོ་བཞིན་ཐ་མལ་གནས། །ཞེས་གསུང་ཡོད་མོ། དེ་འདྲ་བོ་དེའི་ངང་དུ་ཅི་ཙམ་བསྡད་ཀྱང་གྲོལ་བའི་དུས་མེད་པ་ཧ་ནེ་རྟོན་ནེ་ཐ་མེ་ཐོམ་མེ་ཞིག་གི་ངང་དུ་བསྡད་པའི་ཚེ་ན་གསུངས་ནི་རེད། **དེའི་ཆ་ནས་བླ་མ་དག་མ་རིག་པར་མིང་འདོགས་པར་འདུག** གསུངས་ན། གནས་ལུགས་ཀྱི་དོན་མ་མཐོང་ཞིང་། མུན་ཐོམ་མེ་བ་ཞིག་གི་ངང་དུ་བསྡད་པའི་ཚེ་ན། དེའི་ཆ་ནས་གནས་ལུགས་ཀྱི་དོན་མ་མཐོང་ཞིང་མུན་ཐོམ་མེ་བ་ཞིག་ཡོད་རྒྱུ་བོ་དེའི་ཆ་ནས་རྫོགས་ཆེན་གྱི་མན་ངག་གི་གཞུང་བཤད་མཛད་ནིའི་བླ་མ་ཆ་བོས་དེ་ལ་མ་རིག་པ་ཞེས་པའི་མིང་དེ་བཏགས་ཐལ་གསུངས་ནི་རེད། སྤྱིར་ན་རྫོགས་པ་ཆེན་པོ་བཤད་པའི་སྐབས་ན། གཞི་དང་འཁྲུལ་ཚུལ་གྲོལ་ཚུལ་དང་། །གནས་དང་ལམ་དང་ཡུལ་དང་སྒོ། །ཞེས་པ་སོགས་རྡོ་རྗེའི་གནས་བཅུ་གཅིག་གིས་གཏན་ལ་ཕབ་ནས་བཤད་ཡོད་དུས། དང་པོ་གཞི་ལས་གཞི་སྣང་ཤར་བའི་གནས་

སྐབས་ན། ཐུགས་རྗེའི་རྩལ་ཤེས་པ་ཡུལ་དཔྱོད་ནུས་སུ་ཤར་བ་དེ་རང་ངོ་མ་ཤེས་པ་ལ་ལྟོས་ནས། མ་རིག་པ་ཞེས་གསུངས་ནི་རེད། རང་ངོ་མ་རིག་པའི་ཤེས་པ་སྐྱེ་ཙམ་གྱི་ཆ་ནས་ལྷན་ཅིག་སྐྱེས་པའི་མ་རིག་པ་གསུངས་ནི་རེད། དེ་གཟུང་འཛིན་རྒྱུད་ཆད་དུ་སོང་ནི་རེད། ཡུལ་གཟུང་བའི་ཆ་ནས་ཀུན་ཏུ་བརྟགས་པའི་མ་རིག་པ་ཟེར་ནི་རེད། དེ་ལྟར་ལྷན་སྐྱེས་ཀུན་བརྟགས་ཀྱི་མ་རིག་རྣམ་པ་གཉིས་སུ་གྲུབ་སོང་ནི་ཡིན་ན། དེ་གཉིས་ཤེས་པ་གཅིག་ལ་ལྡོག་པ་ཐ་དད་པའི་ཚུལ་ཅན་དེ་རྒྱུའི་རྐྱེན་རེད། ཡུལ་ཅན་དུ་ཤར་བ་བདག་པོའི་རྐྱེན་དང་། དེ་རྣམས་དུས་གཅིག་ལ་ཤར་བའི་དུས་མཚུངས་པ་དེ་མ་ཐག་པའི་རྐྱེན་ཡིན་ནི་རེད། མདོར་ན། རྒྱུ་གསུམ་དང་རྐྱེན་བཞི་གནས་པ་དེ་མ་རིག་པ་ཡིན་པས། མ་རིག་པ་དེ་ལས་འཁྲུལ་བའི་འདུ་བྱེད་བྱུང་། དེ་ལས་ཡུལ་ལ་དཔྱོད་པའི་རྣམ་ཤེས་བྱུང་། དེ་ལྟར་བྱུས་ནས་རིམ་བཞིན་རྟེན་འབྲེལ་བཅུ་གཉིས་ཀྱི་སྣང་བ་བར་མ་ཆད་པ། མ་རིག་པ་ནས་ཀ་ཤིའི་བར་གྱི་སྐྱེ་འཆི་རྒྱུ་མགལ་མེའི་འཁོར་ལོ་བཞིན་འཁོར་བ་འདིར་འཁོར་ཙ་ན། དེའི་རྒྱུའམ་རྩ་བ་ངོ་མ་བོ་དེ་གང་ལ་ཐུག་ནི་རེད་ཟེར་ན། མ་རིག་པ་ལ་ཐུག་ནི་རེད། ཅི་ཡང་དྲན་མེད་ཐོམ་མེ་བ༔ དེ་ཀ་མ་རིག་འཁྲུལ་པའི་རྒྱུ༔ ཞེས་ཀུན་བཟང་སྨོན་ལམ་གྱི་ལུང་འོག་ནས་དྲངས་ཡོད་མོད། དེ་ལྟར་ཡིན་ནི་རེད། **དེ་ལ་འདི་འདྲ་འདི་ཡིན་གྱི་ངེས་བཟུང་སྨྲ་མ་ཤེས་པའི་ཆ་ནས་ལུང་མ་བསྟན་ཞེས་མིང་བཏགས།** གསུངས་ན། འདི་ལ་ཞབས་དཀར་ཚང་གིས། ཅི་ཡིན་འདི་ཡིན་མེད་པའི་ལུང་མ་བསྟན། །གསལ་ཆ་མི་སྣང་ཕྱོགས་གཅིག་དུམ་བུར་གནས། །ཧན་ནེ་ཧོན་ནེ་ཐོམ་མེ་བ་ཞིག་སྟེ། །དེ་དང་མ་ནོར་ནོར་ས་གཞན་མ་མཆིས། །གསུངས་ནི་རེད། དགེ་སྡིག་གང་ཡིན་ཞིག་ཏུ་ལུང་བསྟན་ནས་འདི་རེད་ཅེས་སྨྲ་རུ་མི་བཏུབ། སྨྲ་ཐག་མི་ཆོད་པ་ཞིག་ཡོད་པ་འདི་ལ་ལུང་མ་བསྟན་གསུངས་ནི་རེད། **ཅི་ལ་གནས་དང་ཅི་བསམ་པ་སྨྲར་མེད་པས་ཐ་མལ་བཏང་སྙོམས་ཞེས་བཏགས་ཏེ།** གསུངས་ན། ཡང་གཟུགས་སྒྲ་དྲི་རོ་སོགས་ཕྱིའི་ཡུལ་སྣང་ཅི་ཞིག་གི་ཐོག་ཏུ་གནས་ནི་ཡིན་དང་། ཡུལ་ཅན་རང་གི་ངོས་ནས་དཔྱད་པ་བཏང་ན། འདིའི་སྐབས་སུ་སེམས་ཅི་ལྟ་བུ་ཞིག་ཡིན་པ་བཤད་རྒྱུ་མེད་ནོ་འདིའི་རྒྱུ་མཚན་གྱིས་ཐ་མལ་

བཏང་སློམས་ཞེས་བཏགས་ཏེ། **ཡིན་ནི་ཀུན་གཞིའི་ངང་དུ་ཐ་མལ་རང་གར་བསྐྱོད་པ་ཡིན།** གསུངས་ན། དོན་དོ་མར་ཡིན་རྒྱུ་བོ་གང་ཡིན་ནི་རེད་ཙེ་ན། ཡིན་ནི་སེམས་སེམས་བྱུང་གི་རྟོག་ཚོགས་གཞན་ཐམས་ཅད་དང་བྲལ་སོང་ནས། ཀུན་གཞི་ཀྱུང་པའི་ངང་དུ་ཀུན་གཞི་རང་གི་རང་ཚུགས་མ་ཤོར་བར་ཐ་མལ་རང་གར་བསྐྱོད་པ་ཡིན་གསུངས་ནི་རེད། སྤྱིར་ན་ཀུན་གཞི་ཞེས་གསུངས་རྒྱུ་པ་དེ་ལ། ཡེ་དོན་གྱི་ཀུན་གཞི། སྦྱོར་བ་དོན་གྱི་ཀུན་གཞི། བག་ཆགས་ལུས་ཀྱི་ཀུན་གཞི། བག་ཆགས་སྣ་ཚོགས་པའི་ཀུན་གཞི་ཟེར་རྒྱུ་ཞིག་གི་རྣམ་པ་བཞི་འདྲ་བོ་ཞིག་ཏུ་དབྱེ་ཡོད་གི འདི་ནས་གསུངས་ཀྱིན་འདུག་རྒྱུ་བོ་འདི་བག་ཆགས་སྣ་ཚོགས་པའི་ཀུན་གཞི་ལ་གསུངས་ཀྱིན་ཡོད་ནི་རེད། བག་ཆགས་སྣ་ཚོགས་པའི་ཀུན་གཞི་དེ་འཁོར་བའི་གཞི་མ་ཡིན་ནི་རེད། འོ་དེ་ཙེ་ལྟ་བུ་ཞིག་ཡིན་ནི་རེད་ཙེ་ན། འདིའི་ཀུན་གཞི་ཟེར་བ་འདི་བེམ་ཤེས་གཉིས་ཡོད་ནིའི་ནང་གི་བེམ་པོ་མ་རེད། ཤེས་པ་ཡིན་ནི་རེད། ཤེས་པ་ཡིན་པ་ལ་ཤེས་པའི་ནང་གི་གཙོ་སེམས་དང་སེམས་བྱུང་གང་ཞིག་རེད་ཟེར་ན། སེམས་བྱུང་མ་རེད། གཙོ་སེམས་རེད། ཇི་ལྟ་བུ་ཞིག་རེད་ཙེ་ན། སྡོད་བཙུད་རྒྱ་ཆེ་བ་ལ་དམིགས་པ་རྒྱུན་ཆགས་སུ་འབྱུང་བ་ཞིག་ཡིན་དགོས་ནི་རེད། དེ་ལ་རྟོག་པ་གཞན་གྱིས་བསླད་པའི་སྐབས་སུ་དཔེར་ན། ཤེལ་དཀར་པོ་གཞི་སྔོན་པོའི་སྟེང་དུ་བཞག་ན་སྔོན་པོ་རེད། གཞི་དམར་པོའི་སྟེང་དུ་བཞག་ན་དམར་པོ་རེད། ཤེལ་དཀར་པོའི་རང་མདོག་མི་མངོན་པར་འགྱུར་སོང་བ་ལྟར་དུ་དེའི་སྐབས་སུ་ཀུན་གཞི་མི་མངོན་ནི་རེད། ཅི་ག་རེད་ཙེ་ན་ཀུན་གཞི་རྟོག་མེད་དེས་ཡུལ་ཐད་ཀ་ཐད་ཀར་འཛིན་ནི་མ་རེད། དེ་གཙོ་སེམས་ཀྱི་ཤེས་པ་ཡིན་པས་ཡུལ་གཏད་ནས་མི་འཛིན་ནི་ཡང་ཡིན་ནི་མ་རེད། འོ་ན་དེས་ཇི་ལྟར་འཛིན་ནི་རེད་གང་ལྟར་མི་འཛིན་ནི་རེད་ཙེ་ན། འཇུག་ཤེས་དྲུག་པོའི་སོ་སོའི་ཕྱོགས་སུ་མ་ལྷུང་བས་སྡོད་བཙུད་རྒྱ་ཆེན་པོ་ལ་དམིགས་པ་ཙན་ཡིན་པས་ན་ཡུལ་གཟུང་བ་མི་མངོན་ནི་རེད། ཀུན་གཞི་ཀྱུང་པའི་ངང་དུ་འཇོག་རྒྱུ་ཡང་སླ་མོ་ཞིག་ཡིན་ནི་མ་རེད། དེ་ཡང་རྩོལ་བས་བསྒྲུབ་དགོས་རྒྱུ་ཙན་ཞིག་ཡིན་ནི་རེད། ཤེས་པ་གཞན་གྱི་སྤྱོད་བྱེད་དང་བྲལ་བར་བྱས་ཏེ། རང་ས་ཟིན་དགོས་པའི་རྒྱུ་མཚན་གྱིས་དེ་ཡང་རྩོལ་བ་མི་དགོས་ནི་

ཞིག་ཡིན་ནི་མ་རེད། ཙ་ཆོ་ཀུན་གཞིའི་ངང་དུ་ལམ་གོལ་ནས་འགྲོ་ས། ལམ་ནོར་མི་ནོར་ཅན་པོའི་ཕྱོགས་ག་ཡང་གཏན་ནས་བཅར་ཐུབ་ཀྱིན་ཡོད་ནི་མ་རེད། ཀུན་གཞིའི་ངང་དུ་འདུག་དགོས་ན་ཡང་དེ་ལ་རྩེ་གཅིག་མི་གཡོ་བའི་འདུན་པ་ཡོད་དགོས་ནི་རེད། འོ་ན་ཀུན་གཞི་བོ་སོ་སོ་སྐྱེ་བོའི་ཆོས་ཞིག་ཡིན་ནི་རེད་མོ། དེ་འཁོར་བའི་གཞི་རྩ་ཡིན་ཞེས་གོང་དུ་བཤད་བཏང་མོ། དེ་ལ་ཡང་གདམས་ངག་ཟབ་མོའི་ལམ་བརྒྱུད་དགོས་ནོ་ཙི་ཞིག་རེད་ཀོ་ཟེར་ན། སྟོང་ཉིད་ཀྱི་དཔེ་སྟོན་རྒྱུའི་ཆེད་དུ་སྒྱུ་མ་སྤྲུལ་ནི་དང་འདྲ་བར་ལམ་ཟབ་མོ་སྒྲུབ་པར་བྱེད་པ་ལ་ཉེ་བར་མཁོ་བའི་ཕྱིར་ན་གདམས་ངག་གིས་སྒྲུབ་པ་ཡིན་ནི་རེད། དེས་ན། **གཞག་ཐབས་དེ་འདྲ་བ་ལ་བརྟེན་ནས་མི་རྟོག་ཡེ་ཤེས་བསྐྱེད་དགོས་ཀྱང་།** གསུངས་ཏེ། དེ་ལྟར་ན་རང་གི་སེམས་འདི། ཡུལ་གང་ལ་ཡང་འཕྲོ་རྒྱུ་མ་བཅུག་ནས་ཅི་ཡང་མི་བསམ་པར་རྩེ་གཅིག་འདུན་པའི་གཞུར་ལ་དྲངས་ཏེ། རྟོག་ཚོགས་ཐམས་ཅད་རྒྱུན་ཆད་སོང་བ་བཞིན་དུ་རང་བབས་སུ་བཞག་པའི་ཐབས་དེ་འདྲ་བ་ལ་བརྟེན་ནས་རང་བཞིན་ཡེ་གནས་ཀྱི་ཉམས་དང་མ་བྲལ་བཞིན་དུ། ཐབས་དེ་ལས་བྱུང་བའི་ཐབས་བྱུང་། རྣམ་གྲངས་མ་ཡིན་པའི་དོན་དམ་ཞེས་བརྗོད་རུང་བའི་རང་ངོ་ཡེ་སྟོང་ནམ་མཁའ་ལྟ་བུ། མ་བཅོས་རྗེན་པ་ཟང་ཐལ་དུ་མཐོང་བའི་རྣམ་པར་མི་རྟོག་པའི་ཡེ་ཤེས་བསྐྱེད་དགོས་པ་ཡིན། དེའི་ཚུལ་རྫོགས་པ་ཆེན་པོ་སེམས་ཉིད་ངལ་གསོ་ལས། སྣ་ཚོགས་སྤྲོས་ལ་ཀུན་ཏུ་འཆེལ་བ་ན། །སེམས་ཉིད་འོད་གསལ་དྭངས་བའི་ཡེ་ཤེས་དང་། །སྒྲིན་དང་མངོན་ཤེས་གཟའ་སྐར་མི་འཆར་བས། །གཅིག་ཏུ་མི་གཡོ་མཉམ་པར་བཞག་པ་གཅེས། །གསུངས་ཡོད་ནི་རེད། དེས་ན་རྩེ་གཅིག་འདུན་པའི་གཞུར་ལ་དྲངས་ཏེ་རྟོག་ཚོགས་རྒྱུན་ཆད་སོང་བ་ལྟ་བུའི་རང་བབས་སུ་བཞག་པའི་བཞག་ཐབས་དེ་འདྲ་བ་ལ་བརྟེན་དགོས་ནི་རེད། འོན་ཀྱང་ **རང་ངོ་རིག་པའི་ཡེ་ཤེས་མ་ཤར་བ་དེ་འདྲ་སྒོམ་གྱི་དངོས་གཞི་མ་ཡིན་ཏེ།** གསུངས་ན། ཅི་ཡང་མི་བསམ་པར་བཞག་པ་ཙམ་དེ་ནི། རང་ངོ་གསལ་སྟོང་དབྱེར་མེད། གནས་ལུགས་དོན་གྱི་བཞུགས་ཚུལ་ཇི་བཞིན་པ་རིག་པའི་ཡེ་ཤེས་མ་ཤར་བ་ཡིན་པས་ན། གཟུགས་མེད་ཀྱི་ཏིང་འཛིན་དེ་འདྲ་བ་དེ་སྲིད་པ་འཁོར་བའི་རྩ་བ་དྲུངས་ནས་འབྱིན་པའི་རྫོགས་

ཆེན་ཀ་དག་ཁྲིགས་ཆོད་ཀྱི་སྒོམ་གྱི་དངོས་གཞི་མ་ཡིན་ཏེ་གསུངས་ཡོད་དུས། སྒོམ་གྱི་དངོས་གཞི་མ་ཡིན་པའི་ཕྱིར་ན། སྒོམ་སྐྱོན་མེད་ཅིག་བྱེད་བསམ་དུས་བཏང་སློམས་ལུང་མ་བསྟན་དེའི་ནང་ནས་ཕྱི་ལ་འབུད་ཐུབ་དགོས་ནི་རེད་གསུངས་ནིའི་བརྡ་དོན་རེད། ཀུན་མཁྱེན་ཀློང་ཆེན་པས་ཀྱང་། གང་ཚེ་མི་རྟོག་རྩེ་གཅིག་ཉིད་ཡིན་ན། །བསམ་གཏན་གཟུགས་མེད་ལྷ་རྣམས་ཅིས་མི་གྲོལ། །གསུངས་ནི་རེད། ད་དུང་ཀུན་མཁྱེན་ཆེན་པོས། གང་དུ་རྩེ་གཅིག་མི་རྟོག་ལུང་མ་བསྟན། །གསལ་ཞིང་རིག་ཙམ་རྟོག་པ་མེད་པ་དང་། །གཡོ་བའི་ཀུན་རྟོག་སྣ་ཚོགས་རྣམ་པ་གསུམ། །གཟུགས་མེད་གཟུགས་དང་འདོད་པའི་སེམས་ཉིད་དེ། །ཏིང་འཛིན་དེ་ཡིས་ཁམས་གསུམ་ཉེ་བར་སྐྱེ། །འཁོར་བ་ཉིད་ལས་གྲོལ་བའི་སྐབས་མེད་དོ། །དེ་མོ་གསུངས་ཡོད་ནི་རེད། མདོར་ན་དེ་ལྟ་བུས་འཁོར་བ་ལས་ཐར་ཐབས་ཡོད་ནི་མ་རེད། དེས་ན། དེ་སྒོམ་གྱི་དངོས་གཞི་མ་ཡིན་ཏེ་ཞེས་པ་འདིས་ཞི་ལྷག་ཟུང་དུ་འཇུག་པའི་ལམ་མ་ནོར་བ་ཉམས་སུ་ལེན་དགོས་ནོ་དོན་གྱིས་གདམས་པ་ཡིན་ནི་རེད། ད་རུང་ཀློང་ཆེན་པས། ཞི་གནས་མེད་པའི་ལྷག་མཐོང་སྤྲོས་ལ་ཆོད། །ལྷག་མཐོང་མེད་པའི་ཞི་གནས་ལུང་མ་བསྟན། །ཟུང་འབྲེལ་སྒྲིབ་པའི་གཉེན་པོ་མཆོག་གི་ལམ། །ཞེས་གསུངས་པའི་གདམས་པ་ལྟར་ཉམས་སུ་ལེན་དགོས་ནི་རེད། དེ་ཉམས་སུ་ལེན་པ་ལ། དབང་པོ་རབ་ཡིན་ན། རྟོགས་གྲོལ་དུས་མཉམ་དུ་གྱུར་ནས་རང་བབས་ཡེ་གནས་རང་བཞིན་གྱི་འོད་གསལ་མངོན་དུ་གྱུར་ནས་རྩོལ་བས་ཆེད་དུ་བསྒྲུབ་མི་དགོས་ནི་ཞིག་ཡིན། དབང་པོ་འབྲིང་ཞིག་ལ་མཚོན་ན། ཞི་ལྷག་ཟུང་འབྲེལ་གྱིས་གོང་ནས་ཞུས་པ་ལྟར་དུ་སྒོམ་དགོས། ལྟ་ཐོག་ནས་སྒོམ་པ་འཚོལ་བ་ཞེས་པ་དེ་ཡིན། དབང་པོ་ཐ་མ་ཞིག་ཡིན་ན། ཞི་གནས་སྔོན་དུ་སོང་ནས་ད་གཟོད་ལྷག་མཐོང་གི་ཡེ་ཤེས་འདྲེན་པར་བྱ་དགོས། དེ་སྒོམ་ཐོག་ནས་ལྟ་བ་འཚོལ་བ་རེད། དེ་ལ་འདི་ནས་སྐབས་སུ་བབས་པ་མཐོ་མ་ཆེས། དམའ་མ་ཆེས་པའི་དབང་པོ་འབྲིང་ཞིག་ལ་ཆ་བཞག་ནས་བཤད་རྒྱུ་ཡིན་ན། དེའི་སྒོམ་རིམ་དེ་ཅི་ལྟ་བུ་ཞིག་ཡིན་ཞེ་ན། དང་པོ་ལུང་རིགས་ཀྱིས་དཔྱད་པ་བཏང་བའི་དཔྱད་སྒོམ་གྱིས་སྟོང་ཉིད་ལ་ངེས་ཤེས་འདྲོངས་ནི་ཞིག་བྱེད། དང་པོ་

སྒོམ་རྒྱུ་བོ་དེ་ཅི་ཞིག་ཡིན་ཤེས་དགོས། མ་ཤེས་ན་ཅི་ཞིག་སྒོམ་ཡོང་། དེ་ནས་ཤེས་པ་དེ་ཉིད་ཀྱིས་ངེས་པ་གང་མཚམས་ཤིག་རྙེད་ནོ་དེའི་སྐབས་ལ། ངེས་པ་རྙེད་རྒྱུ་བོ་དེའི་ངང་དུ་མཉམ་པར་བཞག་བརྗེད་ནས་དེའི་སྟེང་དུ་མ་བསྡད་ན། ཡང་དཔྱད་པའི་ངེས་པ་དྲངས་ནས་དང་པོ་དཔྱད་འཇོག་སྤེལ་མ་འདྲ་འདྲ་ཞིག་བྱེད། མཇུག་མཐར་ཅུང་ཞིག་གོམས་པ་ཐོབ་པའི་སྐབས་ན་དཔྱད་མི་དགོས་པར་འཇོག་སྒོམ་རྐྱང་རྐྱང་བྱེད། དེའི་སྐབས་ན་སེམས་བྱིང་འཐིབས་འདྲ་འདྲ་བྱུང་ན། འདི་ལྟར་སྣང་བའི་འཁོར་འདས་སྣང་བཏགས་ཀྱི་ཆོས་ཅན་ཐམས་ཅད་སྒྱུ་མ་དང་། རྨི་ལམ། དྲི་ཟའི་གྲོང་ཁྱེར་སོགས་སྒྱུ་མའི་དཔེ་བརྒྱད་ཀྱི་རོལ་བར་བལྟ་བ་དང་ཆོས་ཐམས་ཅད་ཀྱི་ཆོས་ཉིད་ནམ་མཁའ་དྭངས་བ་ལྟ་བུའི་ངང་ལ་རྩལ་སྦྱོང་བ་གཙོ་བོར་བྱེད། མི་རྟོག་རྩེ་གཅིག་པ་དེ་དེའི་འཁོར་གྱི་ཚུལ་དུ་རང་ཚུགས་མ་ཤོར་བར་ཉམས་སུ་བླངས་ཀྱང་ཆོད་ཅིང་འཕྲོ་ཆེས་པར་བསམ་ན། སེམས་རང་བབས་སུ་རྩེ་གཅིག་ལ་འཇོག་རྒྱུ་དེ་གཙོ་བོ་བྱེད་རྒྱུ་དང་། སྟོང་ཉིད་ངེས་པའི་ཤེས་པའི་ངར་གདངས་མ་ཤོར་བ་ཞིག་གི་ཚུལ་དང་མི་འབྲལ་ནི་ཞིག་བྱེད། བྱིང་རྒོད་ཀྱི་ཕྱོགས་སུ་མ་ལྷུང་ནིའི་སྐབས་ལ་ཆ་སྙོམས་པོ་ཞིག་གིས་ཞི་ལྷག་ཟུང་འབྲེལ་གྱིས་ཉམས་སུ་བླངས་དགོས་ནི་རེད། ཞབས་དཀར་ཚང་གིས། ཏིང་འཛིན་སྒྲུབ་བྱེད་ལུང་མ་བསྟན་བྱིང་ན། །སྨིན་མ་བལྟ་སྟངས་གཟེངས་ཤིང་ཆེས་ཆེར་སྟོད། །ཏིང་འཛིན་རྒྱལ་པོ་མཁའ་ལྟར་ཁྱབ་བརྡལ་གནས། །ལུང་མ་བསྟན་དེ་སྤྲིན་བཞིན་རང་སར་དེངས། །གསུངས་ནི་རེད། བོགས་སམ་བསྐྱེད་འདོན་པའི་ཆེད་དུ་སྦྱོང་ལམ་དང་བསྲེས་ནས་སྒོམ་པས་ས་དང་ལམ་གྱི་ཡོན་ཏན་དང་གིས་འབྱུང་བ་ཡིན་ནི་རེད། ཀུན་བཟང་སྨོན་ལམ་ལས། **ཅི་ཡང་དྲན་མེད་ཐོམ་མེ་བ༔ དེ་ཀ་མ་རིག་འཁྲུལ་བའི་རྒྱུ༔ ཞེས་གསུངས་ཡོད་པ་བཞིན་ནོ།** །གསུངས་ནི་རེད། མདོར་ན། སེམས་གནས་པའི་ཆ་དེ་ཞི་གནས་དང་། ཤར་གྲོལ་དུ་སོང་བའི་ཆ་དེ་ལྷག་མཐོང་རེད། རང་ངོ་ཤེས་པའི་ལྷག་མཐོང་མེད་དུས་ཅིར་ཡང་མི་གནས་པའི་མི་རྟོག་པ་ཙམ་ཞིག་ཡོད་ནའང་། ལམ་ངོ་མ་ཡིན་ནི་མ་རེད། ཀུན་བཟང་དགོངས་པ་ཟང་ཐལ་གྱི་རྒྱུད་ཀྱི་སྙིང་དོན་བསྡུས་ནས་ཁོལ་དུ་ཕྱུང་བའི་ཀུན་བཟང་སྨོན་

ལམ་ལས་ཀྱང་། ། ཅི་ཡང་དྲན་མེད་ཐོམ་མེ་བ༔ དེ་ཀ་མ་རིག་འཁྲུལ་བའི་རྒྱུ༔ གསུངས་ནས་འདི་ལྟར་གསུངས་ཡོད་ནི་རེད་གསུངས་ནི་རེད། ཡོད་མེད་ཡིན་མིན་ལ་སོགས་པ་ཅི་ཡང་དྲན་པ་མེད་པར་རང་བབས་སུ་བཞག་ཀྱང་སེམས་ཀྱི་ཆོས་ཉིད་ལ་ངེས་ཤེས་མ་སྐྱེས་པའི་མུན་ཐོམ་མེ་བ་དེ་ཀ་ནི་གོང་ནས་བཤད་པ་ལྟར་མ་རིག་པ་ཞེས་བྱ་སྟེ། ཐོག་མར་གཞི་ལས་གཞི་སྣང་མཆེད་པའི་སྐབས་ན་འཁྲུལ་བའི་སྣང་བ་སྣ་ཚོགས་འབྱུང་བའི་རྒྱུ་འདིས་བྱས་ནི་རེད། ད་ལྟའི་སྐབས་སུ་ཡིན་ན་ཡང་འཁྲུལ་བ་ལ་གསོས་འདེབས་འདེབས་པར་བྱེད་པ་ཡིན་པས་ན་འཁྲུལ་བའི་རྒྱུ་འཁྲུལ་རྟོག་ཐ་མལ་གྱི་ཤེས་པ་ཡིན་ནི་རེད། བླུན་སྒོམ་ཐ་མལ་བ་དེའི་ངང་དུ་བུད་སོང་དུས་ཉོན་མོངས་པའི་གཉེན་པོར་མི་འགྲོ་བ་མ་ཟད། ཉམས་རྟོགས་ཀྱི་ཡོན་ཏན་གསར་པ་རང་རྒྱུད་ལ་མི་སྐྱེ། སྔར་ཡོད་ཀྱི་ཡོན་ཏན་རྙིང་པ་མར་ལ་འགྲིབ་ནས་དད་པ་དག་སྣང་། རྒྱུ་འབྲས་ཡིད་ཆེས། སྙིང་རྗེའི་སེམས་ཅུང་ཟད་སྔོན་ནས་ཡོད་ནི་ཚང་མ་ཕྱིར་ལ་ཉམས་འགྲོ་ནི་རེད། ལོ་ཅི་ཙམ་བསྒོམས་ན་ཡང་སྙིང་རྗེ་ཇེ་ཆེ་མ་རེད་དུས་སྒོམ་ལག་པ་འགྲུབ་ཀྱིན་མེད་ནིའི་རྟགས་ཡིན་ནི་རེད། ཞེས་ཀུན་བཟང་སྨོན་ལམ་གྱི་ནང་དུ་གསུངས་པ་བཞིན་ནོ། གསུངས་ནི་རེད།

དངོས་གཞི་བསམ་གཏན་གྱི་ངོ་བོ་བཤད་པ།

གཉིས་པ་དངོས་གཞི་བསམ་གཏན་གྱི་ངོ་བོ་བཤད་པ་ནི། **དེ་ལྟར་ཅི་ཡང་མ་དྲན་མ་འགྱུ་བའི་ཤེས་པ་ཐོམ་མེ་བ་དེ་འདྲ་སེམས་ཀྱིས་སྐྱོང་བས་ན། དེ་འདྲའི་དོན་ཤེས་མཁན་དང་མི་བསམ་པར་འདུག་མཁན་ཁོ་རང་ལ་བབས་ཀྱིས་བལྟས་པས།** གསུངས་ན། མི་རྟོག་པའི་ངང་ལ་རྩེ་གཅིག་ཏུ་གནས་པ་དེ་འདྲའི་དོན་ཤེས་མཁན་དང་རྣམ་རྟོག་གང་ཡང་ཡིད་ལ་མི་འཕོར་ཞིང་མི་བསམ་པར་འདུག་མཁན་གྱི་གཤིས་དེ་གར་རང་སར་རང་བབས་སུ་གློད་ནས་བཞག་པ་ལ། དེ་ཕྱིར་མ་ཡེངས་རང་ངོ་རང་གིས་ལྟོས། གསུངས་པ་བཞིན། བལྟ་བྱ་དང་ལྟ་བྱེད་གཉིས་སུ་མེད་པར་བབས་ཀྱིས་བལྟས་པས་དྲན་མཁན་དང་བསམ་མཁན་གྱི་ཤེས་པ་ཁོ་རང་གི་ངོར་ཁ་ནང་ལ་འཕོར་ཙམ་པ་དེའི་ཐོག་ནས་ངོས་ཟིན་དགོས་ནི་རེད།

རྣམ་རྟོག་གི་ངོ་ལ་བལྟ་དགོས་ནི་མ་རེད། རྣམ་རྟོག་དུ་ཤར་རྩིས་ལེན་གིན་ཡོད་ནི་ལྟ་བུ་ཞིག་ཡིན་དགོས་ནི་མ་རེད། དེ་སྐྱེ་འགག་གྲངས་སུ་འདེབས་པ་སྒོམ་ཐ་ཤལ་བའི་མཚན་ཉིད་རེད། རྣམ་རྟོག་ཤར་མཁན། ཁོ་རང་གི་རང་ངོ་ལ་བལྟས་དུས་དཔལ་སྤྲུལ་ཚང་གིས། སེམས་ཁོ་རང་གི་ངོ་ལ་བལྟས་ཙམ་ན། འཁྲུལ་རྟོག་ཐམས་ཅད་དང་བྲལ་བའི་རྗེན་སེང་ངེ་བ་ཞིག་ཡོད་རྒྱུ་དེ་རིག་པ་ཡིན་གསུངས་ཡོད་ནི་རེད། གནས་པ་དང་འགྲོ་བའི་རྣམ་རྟོག་གང་ཡིན་ཡང་ཕྱི་ནང་བར་གསུམ་གང་དུ་ཡང་མ་གྲུབ་པ། དེ་ཡང་གསར་དུ་མེད་སོང་ནི་ལྟ་བུ་མ་ཡིན་པར། ཡེ་ནས་གྲུབ་མ་མྱོང་ནི། བར་སྣང་སྟོང་པའི་རང་བཞིན་ལྟ་བུ་ད་ལྟ་མངོན་སུམ་དུ་མཐོང་བས། མཁས་གྲུབ་སྟོང་ཕྲག་ཡོང་ཡང་དེའི་དོན་དེ་ལས་གཞན་དུ་དྲངས་མི་ནུས་ནི་ཞིག་ཡོང་ན། ངོ་བོ་སྟོང་པ་ངོ་འཕྲོད་སོང་ནི་ཡིན། རྣམ་རྟོག་དང་འཛིན་ཞེན་གང་ཡང་མེད་ཀྱང་། མིག་ལྡན་གྱིས་གཟུགས་ལ་བལྟས་པ་བཞིན་སེམས་རང་གི་རང་བཞིན་རང་གིས་ཁོ་ཐག་ཆོད་ནས་ཡོད་མེད་གང་གི་ངོ་བོ་རུ་གྲུབ་པ་མེད་ཀྱང་། མདུན་འདི་ནས་ཉིན་དཀར་བུམ་པ་མ་མཐོང་བ་བཞིན་དུ། ད་དུང་འཚོལ་འདོད་ཀྱི་རེ་བ་གཏིང་ནས་མེད་ནི་ཞིག་རེད་དུས་རང་བཞིན་གསལ་བ་ངོ་འཕྲོད་ནི་ཡིན་གསུངས་ནི་རེད། འདིའི་གསལ་བའི་ཡེ་ཤེས་འདི་རྩལ་ལས་ཤར་བའི་ཡེ་ཤེས་ཟེར་བ་གཞི་གཞི་སྣང་གཉིས་ཀའི་ནང་ནས་གཞི་སྣང་ཡིན་རྒྱུའི་གོ་བ་ལེན་དགོས་ནི་རེད། **འཁྲུལ་ཟད་བྲལ་བའི་རིག་པ་ཕྱི་ནང་མེད་པར་ཟང་ཐལ་ལེ་བ་ནམ་མཁའ་དྭངས་པའི་དཀྱིལ་ལྟ་བུ།** གསུངས་ན། སྒོ་གསུམ་ལྷོད་ལ་འཕང་ཚོགས་དྲུག་ཆ་མཉམ་དུ་བཞག་པའི་གནས་སྐབས་ན། ཚོགས་དྲུག་རྟོག་མེད་ཀྱི་རྣམ་རྟོག་འགྲུ་བ་དང་། རྟོག་བཅས་དམིགས་རྣམ་ཅན་གྱི་བློ་ཡི་དྲན་བསམ་ཐམས་ཅད་དང་བྲལ་བའི། རིག་པ་ཡེ་སྟོང་ཆེན་པོ། ཕྱི་དང་ནང་མེད་པ་འདི་ཡིན་གྱི་གཏད་སོ་ཆགས་འཛིན་གྱི་ཞེན་པ་མཐའ་དག་བྲལ་སོང་ནིའི་ཟང་ཐལ་ལེ་བ། བར་མེད་ཧར་སངས་རྗེན་པ་ཞིག་ཏུ་རང་དག་པ། ནམ་མཁའ་དྭངས་པའི་དཀྱིལ་ལ་བལྟས་པ་འདྲ་བ། དེ་ཚེ་ཐད་ཀའི་ནམ་མཁའ་ལ། །བལྟས་པ་བཞིན་དུ་རང་གི་སེམས། །འགྲུ་བཞིན་པ་ལ་སྟོང་བ་ཡི། །ངེས་ཤེས་ཁོ་ཐག་ཆོད་པ་

དགོས། །གསུངས་ནི་ལྷ་བུའི་ཡོད་མེད་ཡིན་མིན་རྟག་ཆད་བཟང་ངན་སོགས་སྤྲོས་པའི་མཐའ་དང་མཚན་མ་ཐམས་ཅད་ལས་ཤིན་ཏུ་འདས་སོང་བའི་སྐབས་ཀྱིས། **སྦྱང་བྱ་སྦྱོང་བྱེད་གཉིས་མེད་ཀྱང་རང་གི་རང་བཞིན་རང་གིས་ཁོ་ཐག་ཆོད་ནས་འདི་ལས་གཞན་ཅི་ཡང་མི་འདུག་སྙམ་པ་བྱུང་ན།** གསུངས་ན། རང་བཞིན་གསལ་བའི་ཆ་ནས་དེ་ལ་སྦྱོང་བྱ་ཡུལ་ཟེར་རྒྱུ་ཞིག་དང་། ཡུལ་ཅན་སྦྱོང་བྱེད་ཀྱི་བློ་འམ་ཤེས་པ་ཟེར་རྒྱུ་ཞིག་ཁ་ཁ་རུ་སོ་སོ་བ་གཉིས་སུ་འབྱེད་རྒྱུ་མེད་ཀྱང་། རིག་པ་རང་གི་རང་བཞིན་རིག་ཐོག་ནས་རང་གིས་ཁོ་ཐག་ཆོད་པ་དེ་ཅི་ལྟ་བུ་ཞིག་ཡིན་ནི་རེད་ཟེར་ན། གོང་དུ་བཤད་པ་ལྟར་ཉིན་མོ་མིག་ལྡན་གྱིས་མདུན་གྱི་གཟུགས་ལ་བལྟས་པ་བཞིན་དུ་རང་བཞིན་གཤིས་ཀྱི་བཞུགས་ཚུལ་གྱི་ཡིན་ལུགས་དངོས་ལ་རང་གིས་ཐེ་ཚོམ་མེད་པར། དཔལ་སྤྲུལ་ཚང་གིས། དེ་ལས་གཞན་མེད་ཁོ་ཐག་བཅད། །ཅེས་གསུངས་ནི་འདྲ་ཞིག་དང་། ཀུན་མཁྱེན་འཇིགས་གླིང་གིས། མཁས་བཙུན་བརྒྱ་དང་གྲུབ་ཐོབ་སྟོང་། །ལོ་པཎ་ཁྲི་དང་མན་ངག་འབུམ། །བསྟན་བཅོས་བྱེ་བ་ས་ཡ་དང་། །མཇལ་ཡང་ཐེ་ཚོམ་གཅོད་མི་དགོས། །གསུངས་པ་ལྟར། ཁོ་ཐག་ནང་ནས་ཆོད་དེ། གསལ་སྟོང་ཟུང་དུ་འཇུག་པའི་བདག་ཉིད་འདི་ལས་གཞན་དུ་གྱུར་པའི་ཆོས་ཐམས་ཅད་ཀྱི་ཆོས་ཉིད་དེ་བཞིན་ཉིད་དམ་ཆོས་ཀྱི་དབྱིངས་ཟེར་རྒྱུ་ཞིག་ལོགས་ན་མེད་ནོ་དེ། བུ་རམ་ཐམས་ཅད་ལ་མངར་བའི་རོས་ཁྱབ་པ་བཞིན་དུ་ཆོས་ཅན་སེམས་དང་སྣང་བ་ཡུལ་ལ་སོགས་པ་འཁོར་འདས་ཐམས་ཅད་ལ་རིག་པ་གཅིག་པུ་འདི་ཡིས་ཁྱབ་ནོ། འདི་ལས་ལྷག་པའི་ལམ་སངས་རྒྱས་བྱོན་ཡང་སྟོན་རྒྱུ་ཡོད་ནི་མ་རེད་བསམ་རྒྱུའི་བློ་རྩོལ་དང་བྲལ་བ་ཀློང་ཆེན་ཡངས་པའི་རང་བཞིན་ལ་ཁོ་ཐག་ནང་ནས་ཆོད་པ་ཞིག་བྱུང་ན། **དེ་ལ་བསམ་བརྗོད་ཀྱིས་འདི་འདྲ་ཞེས་སྨྲར་མེད་པས་མཐའ་བྲལ་དང་བརྗོད་བྲལ་དང་གཉུག་མའི་འོད་གསལ་དང་། རིག་པ་ཞེས་བཏགས་ཚོག་སྟེ།** ཞེས་གསུངས་ན། ཕྱི་ཆོས་ཅན་ལ་བལྟས་པས་གང་སྣང་ཐམས་ཅད་རང་བཞིན་མེད་པ་སྒྱུ་མའི་དཔེ་བརྒྱད་དུ་གྲོལ། ནང་ཆོས་ཉིད་ལ་བལྟས་པས་ཐམས་ཅད་རོ་མཉམ་གྲུབ་བསལ་སྤང་བླང་མེད་པ་ནམ་མཁའ་ལྟ་བུར་རྟོགས། གསང་བ་རིག་པ་ལ་བལྟས་པས་དགག་

སྒྲུབ་བྱ་རྩོལ་ལས་འདས་པའི་དབྱིངས་དང་རིག་པ་དབྱེར་མེད་ཀྱི་དོན་མངོན་སུམ་དུ་རྟོགས་པ་དེ་ལ། ཚུར་མཐོང་སོ་སྐྱེའི་བློ་རྟོག་གི་བསམ་པས་མཐར་འཛིན་དུ་དཔྱད་པ་བྱེད་རྒྱུ་མེད་ནི་ཡིན་པ་མ་ཟད། ཚིག་དང་བརྡ་ཡིས་བརྗོད་པའི་སྒོ་ནས་མཚོན་པའི་ཐབས་ཀྱིས་འདི་འདྲ་རེད་དེ་འདྲ་མ་རེད་ཅེས་སྨྲ་མི་ཐུབ་ཅིང་སྨྲ་རྒྱུ་མེད་པས་ན། རིག་པ་དེ་སྤྲོས་པའི་མཐའ་བརྒྱད་སྒྲོ་འདོགས་སོ་གཉིས་དང་ཡོངས་སུ་བྲལ་བས། དབུ་མའི་གཞུང་ནས་བསྟན་པའི་མཐའ་བྲལ་དང་། འཁོར་འདས་ཡོངས་ལ་ཁྱབ་པའི་མ་བཅོས་དོན་གྱི་ཡེ་ཤེས། བརྗོད་བྲལ་ཕྱག་རྒྱ་ཆེན་པོ་དང་། གསང་སྔགས་སྤྱི་ཁྱབ་ཀྱི་གཞུང་ནས་སེམས་ཉིད་དང་། ལྷན་ཅིག་སྐྱེས་པའི་ཡེ་ཤེས། རང་བྱུང་གཉུག་མའི་འོད་གསལ། འདའ་ཀ་ཐུགས་ཀྱི་ཡེ་ཤེས། དུས་འཁོར་གྱི་ལུགས་སུ་མཁའ་ཁྱབ་མཁའ་ཡི་རྡོ་རྗེ་ལ་སོགས་པ་དང་། རྫོགས་ཆེན་རང་གཞུང་ནས་གསུངས་པའི་རིག་པ་རང་བྱུང་གི་ཡེ་ཤེས་ལ་སོགས་པ། མདོར་ན་གནས་ལུགས་མཐར་ཐུག་གི་མིང་ཐམས་ཅད་པོ་རྩ་བ་འདི་ཁོ་ན་ལ་བཏགས་ཚིག་གི་དེ་ཇི་ལྟར་རེད་ཅེ་ན། **རང་ངོ་འཕྲོད་པའི་ཡེ་ཤེས་ཤར་བས་སྨུན་ཐོམ་མི་བའི་སྨུན་པ་དྭངས་ཏེ།** གསུངས་ན། རིག་འཛིན་འཇིགས་མེད་གླིང་པས། རྒྱལ་བས་འཁོར་ལོ་བར་བ་རྣམ་ཐར་གསུམ། །བསྟན་བྱའི་ངོ་བོ་སོ་སོ་རང་རིག་ཉིད། །སེམས་ཅན་ཁམས་ལ་བདེ་གཤེགས་སྙིང་པོ་དེ། །རང་བཞིན་བཞུགས་ལ་རྫོགས་པ་ཆེན་པོར་གྲགས། །ཞེས་གསུངས་པ་ལྟར། སེམས་ཀྱི་གནས་ལུགས་ཡེ་ཐེ་བཞིན་པ་བྲུར་མེད་བློ་འདས་ཆེན་པོ་སྟོང་གསལ་འཕོ་འགྱུར་མེད་པའི་རང་བཞིན། བཞག་ཐབས་ཀྱི་གནད་དང་མན་ངག་ལ་བརྟེན་ནས་ཐོས་བསམ་གྱི་གོ་ཡུལ་སྐམ་པོ་ཙམ་ཞིག་མ་ཡིན་པར་ཉམས་མྱོང་གི་སྟོབས་ཀྱིས་རང་ངོ་འཕྲོད་པས། ནམ་ཞིག་གི་ཚེ་ན་མཉམ་པར་མ་བཞག་ཀྱང་གཞི་རང་གི་རྩལ་ལས་ཤར་བའི་ཡེ་ཤེས་རྟོག་མེད་རང་ཆས་སུ་ཤར་བས་ཡུལ་དང་ཡུལ་ཅན་ཟེར་རྒྱུ་ཞིག་ཁ་ཁར་བྲལ་ནས་ཐ་དད་དུ་རིས་སུ་མ་ཆད་པ། སྒྲོ་སྐུར་དང་བྲལ་བ་ཉམས་སུ་མྱོང་དུས། སྨུན་ཐོམ་མི་བའི་སྨུན་པ་དེ་ཆེད་དུ་གཉེན་པོ་ཐ་དད་པ་ཞིག་གི་མཐུས་སྤོང་བ་ལྟ་བུ་མ་ཡིན་པར། ན་བུན་ནམ་མཁའ་ལ་ཡལ་བ་བཞིན་རང་གི་ངང་གིས་དྭངས་ཏེ་**ནམ་ལངས་པས་ཁྱིམ་མཐོང་བ་ལྟར་དུ་**

གསུངས་ན། སློབ་དཔོན་ཆེན་པོའི་དྲིས་ལན་གྱི་ནང་དུ། འཁོར་འདས་ཁྱད་པར་གང་གིས་འབྱེད་པ་ལགས། ཞེས་ཡར་ལ་ཞུས་པ་ན། རིག་དང་མ་རིག་གཉིས་ཀྱིས་འབྱེད་པ་ཡིན། ཞེས་ལན་བཏབ་ཡོད་མོ། ཆོས་ཉིད་བསམ་གྱིས་མི་ཁྱབ་པའི་དོན་ལ་མ་རྟོགས་པ་དང་ལོག་པར་རྟོག་པའི་ཐེ་ཚོམ་གྱི་དྲི་མ་དང་བྲལ་བ། ནམ་ལངས་པས་མིག་ལྡན་གྱིས་རང་ཁྱིམ་མཐོང་བའི་སྐབས་སུ། ཁྱིམ་གྱི་དངོས་པོ་ཀ་བ་དང་། བུམ་པ་ལ་སོགས་པ་ཡོད་མེད་ཡིན་མིན་ལ་ཐེ་ཚོམ་མ་དགོས་པ་ལྟར་དུ། **རང་གི་སེམས་ཀྱི་ཆོས་ཉིད་ལ་ངེས་ཤེས་སྐྱེས་པས་སོ།** །གསུངས་ན། ཀུན་གཞི་ལས་སངས་ནས། རིག་པ་མངོན་དུ་གྱུར་བའི་མཉམ་བཞག་གི་སྐབས་ལ། རང་གི་སེམས་ཀྱི་ཆོས་ཉིད་མངོན་སུམ་དུ་མཐོང་ནས། རྗེས་ཐོབ་ལ་ངེས་པའི་ཤེས་པ་གཞན་སུས་ཀྱང་ལྡོག་ཏུ་མེད་པ་སྐྱེས་པས་སོ། །གསུངས་ནི་རེད། འདི་ཀ་དག་ཁྲེགས་ཆོད་ཀྱི་རིག་པ་རེད། ཀ་ནས་ཇི་ལྟར་དག་ནི་རེད་སྙམ་ན། དུས་གསུམ་གྱི་རྟོག་པ་བཟང་ངན་ཐམས་ཅད་ནམ་མཁའ་སྤྲིན་དང་བྲལ་བ་ལྟར་དུ་རིག་པ་ཡེ་དང་པོ་ནས་དག་པས་ན་ཀ་དག་དང་། དུས་གསུམ་གྱི་འཁྲུལ་བའི་རྟོག་པ་ཐམས་ཅད་ཀ་དག་རིག་པའི་དབྱིངས་སུ་ཁྲེགས་ཀྱིས་ཆོད་པས་ན་ཁྲེགས་ཆོད་གསུངས་ནི་རེད། དེ་ལྟ་བུའི་ལྟ་བ་ཟབ་མོའི་མན་ངག་འདི་དང་འཕྲད་པ་ནི། བསྐལ་བ་མང་པོའི་སྔོན་ནས་ཚོགས་བསགས་པའི་འབྲས་བུ་ཡིན་ནི་རེད། ཀུན་མཁྱེན་ཆེན་པོས། གསང་མཆོག་ངེས་པ་འདིར་ཞུགས་ནས། ཁྲིད་དང་གདམས་པ་ཐོབ་སྐྱེ་བོ་དོན་ཟབ་མོ་ཞིག་མ་རྙེད་རུང་། སྐྱེས་པ་དང་བུད་མེད། བྱིས་པ་དེ་དག་ཐོས་པའི་ཕན་ཡོན་གྱིས་མྱུར་དུ་གྲོལ་བར་ངེས་ཏེ། འབྲས་བུའི་ཐུས་ཀ་བླ་ན་མེད་པ་དང་འཕྲད་པ་ཡིན་པའི་ཕྱིར་རོ་ཞེས་གདན་ཚིགས་བཀོད་ཡོད་ནི་རེད། སེམས་ཀྱི་ཆོས་ཉིད་ལ་ངེས་ཤེས་གཏིང་ནས་རྙེད་ན་དེའི་ཡན་གྱི་རྙེད་པ་མཆོག་ཏུ་གྱུར་བ་ཞིག་དགོས་ནི་མ་རེད། སྟོང་གསུམ་གསེར་ཕྱེས་བཀང་ནས་བྱིན་པ་དང་འཛམ་བུ་གླིང་གི་རྒྱ་ནོར་མི་གཅིག་ལ་དབང་བ་ལས་ཀྱང་འདིས་དགའ་ནི་རེད། མི་ཕམ་ཚང་ཁོང་རང་གིས། མ་བཅོས་རིག་པ་རྙེད་པ་ནི། །རྫོགས་རིམ་ཀུན་གྱི་བླ་མ་ཡིན། །གསུངས་པ་ལྟར་ཡིན་ནི་རེད། ད་ནི་མན་ངག་དང་པོ་འདིའི་

འགག་དོན་བསྡུ་བ་སྟེ། **འདི་ལ་མ་རིག་སྒོ་ངའི་སྦུབས་འབྱེད་པའི་མན་ངག་ཅེས་བྱའོ།** །གསུངས་ན། དེ་ལྟ་བུའི་མན་ངག་འདི་ལ་ནི་ཐོག་མའི་འཁྲུལ་གཞིའི་སྐབས་ལ། ངོ་བོས་གོ་ཕྱེས་ནས་ཞར་བའི་རང་བཞིན་ཡུལ་དུ་བཟུང་། ཐུགས་རྗེ་སེམས་སུ་ཤར་བ། རྒྱུ་བདག་ཉིད་གཅིག་པའི་མ་རིག་པ་དང་། དེའི་ཐོག་ཏུ་ཀུན་བཏགས་དང་ལྷན་སྐྱེས་གཉིས་ཏེ་མ་རིག་པ་གསུམ་དང་དེས་བསྐྱེད་པའི་བག་ཆགས། བྱ་ཕྲུག་སྒོ་ངས་འཐུམས་པ་ལྟ་བུའི་སྒོ་ངའི་སྦུབས་སམ་འཐུམ་བྱེད་ཀྱི་ཕྱི་རྒྱ་ལྟ་བུ་དེ་སྐད་ཅིག་གིས་འབྱེད་པའམ་གྲོལ་བར་བྱེད་པའི་མན་ངག་ཅེས་བྱའོ་ཞེས་གསུངས་ནས། མ་རིག་པའི་མགོ་ཤུབས་དེ་ཕར་ལ་ཕུད་སྤྱད་ཀྱི་མན་ངག་ཡིན་གསུངས་ནི་རེད། དེ་ཡན་ཆད་ཀྱིས་མན་ངག་དང་པོ་མ་རིག་སྒོ་ངའི་སྦུབས་འབྱེད་ཀྱི་མན་ངག་སོང་ནི་རེད།

སྲིད་པའི་དྲ་བ་གཅོད་པའི་མན་ངག

གཉིས་པ་སྲིད་པའི་དྲྭ་བ་གཅོད་པའི་མན་ངག་ནི། **དེ་ལྟར་རྟོགས་ཚེ་ཆོས་ཉིད་དེ་ལྟ་བུ་ནི་རང་བཞིན་བབས་ཀྱིས་ཡེ་ནས་གནས་པས་རྒྱུ་རྐྱེན་གྱིས་འདུས་མ་བྱས་པ་དང་། དུས་གསུམ་འཕོ་འགྱུར་མེད་པ་ཡིན་པར་ཤེས་ཤིང་།** གསུངས་ན། གོང་དུ་བཤད་པ་དེ་ལྟར་སྣང་སྲིད་འཁོར་འདས་གཉིས་བསྡུས་ཀྱི་ཆོས་ཐམས་ཅད་ཆོས་སྐུ་གཅིག་པུའི་ཡོ་ལང་དུ་རྟོགས་པའི་ཚེ། འཁྲུལ་གྲོལ་དོན་ལ་མེད་པའི་ཆོས་ཉིད་དེ་ལྟ་བུ་ནི། རྒྱུ་རྐྱེན་གསར་པ་ཞིག་ལ་བརྟེན་ནས་གསར་དུ་བྱུང་བ་དེ་ལྟ་བུ་མ་ཡིན་པར་དུང་དང་དཀར་པོ། མེ་དང་ཚ་བ་བཞིན་དུ་ཆོས་ཐམས་ཅད་ལ་རང་བཞིན་བབས་ཀྱིས་ཡེ་ནས་གནས་པས། རྒྱུ་རྐྱེན་གྱིས་འདུས་མ་བྱས་པ། ཀུན་ཏུ་བཟང་པོའི་ཆོས་དྭུག་གི་ནང་ནས་རྒྱུ་ལས་མ་བྱུང་བའི་འབྲས་བུ་མངོན་དུ་གྱུར་པ་དང་། བྱ་རྩོལ་བློ་ཡུལ་ལས་འདས། དམིགས་གཏད་སྤྲོང་ཞེན་དང་བྲལ་སོང་བའི་དུས་གསུམ་ཀུན་ཏུ་འཕོ་འགྱུར་མེད་པའི་སྤྲོས་བྲལ་མཉམ་པ་ཉིད་ཡིན་པར་ཤེས་ནས། སེམས་ལས་མ་བྱུང་བའི་སངས་རྒྱས་ཀྱི་སར་བསླེབས་ནས། འཁྲུལ་བ་རང་ག་བ་དོན་ལ་མེད་པའི་གདེངས་རྙེད་ནས། འཁོར་བར་ཕྱིན་ཆད་འཁྲམས་མི་དགོས་པས་བློ

བདེ། ཐ་སྙད་ཚིག་གིས་འཚང་མི་རྒྱ་བར་གང་ལ་ཡང་གདེངས་མི་འཆའ་བའི་བློ་དེ་ཁོང་ནས་འཆར་བ་ཡིན་ནི་རེད། དེ་ཅིའི་ཕྱིར་སྙམ་ན། དེའི་སྐབས་ངོ་མཚར་བའི་ཚིག་ཆེན་བརྒྱུད་ཀྱི་ཐོག་ལ་དངོས་སུ་སླེབས་སོང་ནི་རེད། **དེ་ལས་གཞན་དུ་གྱུར་བའི་སེམས་ཞེས་བྱ་བ་རྡུལ་ཙམ་ཡང་ཡོད་པར་མི་དམིགས་སོ།** །ཞེས་གསུངས་ཏེ། སེམས་ཀྱི་བྱུང་གནས་འགྲོ་གསུམ་བཙལ་ནས་སེམས་གཞི་མེད་རྩ་བྲལ་དུ་གཏན་ལ་ཕབ་དུས། སེམས་ཀྱི་ཆོས་ཉིད་རིག་པའི་ཡེ་ཤེས། མ་རྙེད་པའི་རྙེད་པ་ཆེན་པོ་རྙེད་པས། རང་གྲོལ་སྤྱང་གཉེན་ལས་འདས་པའི་རིག་པའི་ཡེ་ཤེས། དེ་ལས་གཞན་དུ་གྱུར་བའི་སེམས་ཞེས་བྱ་བ་མ་དག་གཟུང་འཛིན་གྱི་རྣམ་པ་ཅན། ཟག་བཅས་ཀྱི་སྣང་བ་རྡུལ་ཙམ་ཡང་ཡོད་པར་མི་དམིགས་པ། རིན་པོ་ཆེ་གསེར་གླིང་ལ་སླེབས་ན། གསེར་མིན་པའི་ས་རྡོ་ཕལ་བ་བཙལ་ཀྱང་མི་རྙེད་པ་བཞིན་དུ་རིག་པའི་རང་ས་ཟིན་ནས་རྣམ་རྟོག་ཕལ་བ་བཙལ་ཀྱང་མི་རྙེད་པ་ཡིན་པས་སོ་གསུངས་ནི་རེད། ད་འདི་ནས་འདྲ་ནོར་གྱི་འཕྲང་བསལ་ནི་རེད། **སྤུ་མ་སྨུན་ཐོམ་མེ་བ་དེ་ལ་བརྗོད་དུ་མེད་ཀྱང་། ཅི་ཡང་བརྗོད་མ་ཤེས་པས་ཁོ་ཐག་མ་ཆོད་པ་ཡིན་ལ།** ཞེས་གསུངས་ཏེ། སྤུ་མ་གསུངས་ན་གོང་གི་སྔོན་འགྲོ་བཞག་ཐབས་ཀྱི་སྐབས་ནས་བཤད་རྒྱུའི་ཀུན་གཞི་ཐེམ་སྐོང་ལུང་མ་བསྟན་གནས་ལུགས་ཇི་བཞིན་པའི་དོན་དངོས་སུ་མཐོང་ནོ། ཅི་བསམ་འདི་དྲན་མེད་ནིའི་ལུང་མ་བསྟན་སྨུན་ཐོམ་མེ་བ་དེ་ཡང་བརྗོད་མེད་ཡིན་ནི་རེད། དེ་ལ་ཡང་འདི་དང་འདི་ལྟ་བུ་ཞེས་བརྗོད་དུ་མེད་ཀྱང་ཧན་ནེ་ཧོན་ནེ་ཐམ་མེ་ཐོམ་མེ་དྲན་མེད་ལ་བརྒྱལ་སོང་ནི་འདྲ་ཞིག་ཡིན་ནི་རེད། ངོ་བོ་འདི་ལྟ་བུ་ཞིག་རེད་ཅེས་བརྗོད་མ་ཤེས་པའི་ཕྱིར་ན་ཧད་དེ་ལུས་འགྲོ་རྒྱུ་མ་གཏོགས། འདི་ཡིན་དེ་མིན་གྱི་དོན་ཐག་མ་ཆོད་པ་ཡིན་པས། མཉམ་བཞག་གི་སྐབས་སུ་རྣལ་མའི་དོན་ངོ་མ་བོ་མ་མཐོང་བ་ཡིན་ནི་རེད། དེ་བཞིན་དུ་རྗེས་ཐོབ་ཀྱི་སྐབས་སུ་ཡིན་ན་ཐེ་ཚོམ་མ་ཆོད་པ་ཡིན་ལ། གསུངས་ནི་རེད། **རིག་ངོ་ལ་བརྗོད་དུ་མེད་ཀྱང་བརྗོད་མེད་ཀྱི་དོན་ལ་ཐེ་ཚོམ་མེད་པའི་ཁོ་ཐག་ཆོད་པས།** གསུངས་ན། སེམས་ཀྱི་ཆོས་ཉིད་རིག་པ་རང་གི་ངོ་བོ་ལ་འདི་ཡོད་པ་རེད་ཅེས་བརྗོད་རྒྱུ་ཡོད་ནི་མ་རེད། ཕྱི་ནང་བར་གསུམ་གང་དུ་བཙལ་ཀྱང་ཡོད་པ་ཞིག་མ་

གྲུབ་པའི་ཕྱིར་ན། ཡོད་པ་ཞིག་འགྲུབ་ནི་མ་རེད། མེད་པ་ཞིག་རེད་ཟེར་དགོས་ན། དེ་ཡང་ཟེར་རྒྱུ་ཡོད་ནི་མ་རེད། རང་བཞིན་གསལ་བའི་ཡོན་ཏན་རང་ཆས་སུ་གྲུབ་པའི་ཕྱིར་ན་མེད་པ་ཡང་ཡིན་ནི་མ་རེད། ཡོད་མེད་ཡིན་མིན་གྱི་མཐའ་གཉིས་ལས་དེ་ལྟར་འདས་སོང་ནི་ཡིན་པས་ན། ཚིག་གིས་མཚོན་ཅེད་བརྗོད་དུ་མེད་པ་ཡིན་ན། སྨྲ་མ་སྨུན་ཐོམ་མི་བའི་བརྗོད་མེད་དང་འདི་གཉིས་ཚིག་ཙམ་གྱི་ཐོག་ནས་བརྗོད་མེད་ཡིན་པ་འདྲ་ན་ཡང་། མ་བཅོས་ཆོས་སྐུའི་དོན་ལྷག་གེར་མཐོང་བའི་བརྗོད་མེད་ཀྱི་དོན་མཉམ་བཞག་གི་སྐབས་སུ་མངོན་སུམ་དུ་མཐོང་བ་དེ་ལ་རྗེས་ཐོབ་ཀྱི་སྐབས་སུ་ཐེ་ཚོམ་མེད་པའི་ངེས་ཤེས་སྐྱེད་དེ། ཁོ་ཐག་ནང་ནས་ཆོད་པ་ཡིན་པས་ན། **མིག་མེད་དང་མིག་ལྡན་ལྟར་འདི་གཉིས་ཀྱི་བརྗོད་དུ་མེད་ཚུལ་ཁྱད་ཆེ་བས་ཀུན་གཞི་དང་ཆོས་སྐུའི་དབྱེ་བ་ཡང་འདིར་གནད་འདུས་སོ།** །ཞེས་གསུངས་ཏེ། རྒྱ་ནག་ཏ་ཤང་གིས་ཀྱང་སྟོན་གུ་རུ་རིན་པོ་ཆེ་བོད་དུ་བཞུགས་སྐབས་བསམ་ཡས་ནས་རྩོད་གླེང་བྱས་དུས་ཚིག་ཙམ་ལ་ཞེན་ནས་མདོ་ལུང་བརྒྱད་ཅུ་ཐམ་པ་དྲངས་ཏེ། བརྗོད་དུ་མེད་པ་ལ་སོགས་པའི་དོན་ཕྱོགས་རེ་བ་ཞིག་ལ་བསམ་བློ་བཏང་ནས། སྟོང་པ་ཕྱང་ཆད་ཀྱི་ཞི་གནས་ལྷིང་པོ་ལ་གོལ་བས་ལྟ་བ་འཆུགས་སོང་ནི་རེད་ཟེར་དར་ནི་རེད་མོ། དེ་འདྲའི་ཐོག་ནས་གནས་ལུགས་དོན་གྱི་ལྟ་བ་དང་གནམ་ས་ལྟར་ཐག་རིང་སོང་བ་མ་ཟད། ཤར་ནུབ་ལྟ་བུའི་འགྲོ་ཕྱོགས་ཁ་ཁ་རེད་སོང་ནི་རེད། དེས་ན་མིག་མེད་དང་མིག་ལྡན་ལྟར་གསུངས་ན། མིག་གཉིས་ཀ་སྐྱོན་མེད་དུ་ཡོད་ནིའི་མིག་ལྡན་ཞིག་གིས་གཟུགས་རགས་པ་ཉིན་དཀར་མོར་མ་མཐོང་ན། གཟུགས་དེ་མེད་ངེས་ཡིན་པ་ལྟ་བུ། སྨྲ་མའི་བརྗོད་མེད་དེ་རྨོངས་པས་བཏུམ་སོང་བའི་ཁོ་ཐག་མ་ཆོད་ནི་ཞིག་དང་། ཕྱི་མའི་བརྗོད་མེད་དེ་སྨྲ་བསམ་བརྗོད་མེད་ཀྱི་དོན་ལ་ཁོ་ཐག་ནང་ནས་ཆོད་སོང་ནི་ཞིག་རེད། དེས་ན། འདི་གཉིས་ཀྱི་བརྗོད་དུ་མེད་ཚུལ་ལ་ཁྱད་ཆེ་བས། ཀུན་གཞི་དང་ཆོས་སྐུའི་དབྱེ་བ་ཡང་གནད་འདིར་འདུས་སོ། །ཞེས་གསུངས་ཏེ། ཀུན་གཞི་ཟེར་རྒྱུ་དེ་མུན་ཐོམ་མེ་བ་ཞིག་དང་། ཆོས་སྐུ་ནི་སྟོང་གསལ་དབྱེར་མེད་པ་དྲན་བསམ་སྤྲོས་པ་ཐམས་ཅད་དང་བྲལ་བ། །ནམ་མཁའ་དྭངས་པའི་དཀྱིལ་ལྟ་བུ་ཞིག་ཡིན་ནི་རེད། ཀུན་མཁྱེན་འཇིགས་གླིང་གིས། དེ་

བཞིན་ཀུན་གཞི་དང་ནི་ཆོས་སྐུ་གཉིས། །དབྱིངས་སུ་གཅིག་ཀྱང་ཆོས་སྐུ་རྒྱ་མཚོ་འདྲ། །ཀུན་གཞིའི་རྣམ་ཤེས་དེ་ཡི་སྒྲིབ་ཆ་སྟེ། །གྲུ་བ་བཞིན་དུ་འཁོར་འདས་གཉིས་ཀར་ལྡིང་། །གསུངས་ནི་རེད། བག་ཆགས་སྣ་ཚོགས་ཀྱི་གཞིར་གྱུར་ཅིང་། འཁོར་བའི་འཁྲུལ་སྣང་ཐམས་ཅད་ཀྱི་ཐོག་མར་སྐྱེས་པ། ངོ་བོ་གང་ལ་ཡང་མི་རྟོག་པར་རྩེ་གཅིག་ལུང་མ་བསྟན་དུ་སྡོད་པ་ཀུན་གཞི་ཡིན་ན། དྭངས་གསལ་སྤྲོས་པ་དང་བྲལ་བ་འབྲས་ཆོས་རྒྱ་མཚོའི་རྟེན་གཞིར་གྱུར་པ་དེ་ཆོས་སྐུ་རེད། རིག་པ་རང་ཤར་ལས་ཀྱང་། ཀུན་གཞི་རྣམ་རྟོག་འཛིན་པ་ལ། །སྣ་ཚོགས་འཁྲུལ་བའི་ཤེས་པས་བསླད། །ཀུན་གཞི་མ་རིག་དངོས་ཡིན་ནོ། །གསུངས་ནི་རེད། ཡང་སྨུ་ཏིག་ཕྲེང་བའི་ནང་ན། ཆོས་ཀྱི་སྐུ་ནི་ཟད་པ་མེད། །སྟོང་ཞིང་གསལ་ལ་གསལ་ཞིང་ཁྱབ། །བསམ་པས་མ་སྦགས་དྲན་པ་སངས། །སྤྲོས་པ་ཉིད་དང་བྲལ་བ་སྟེ། །ནམ་མཁའ་ལྟ་བུར་ཁྱབ་ཅིང་སྡོང་། །རང་དག་མཚན་པ་ཀུན་དང་བྲལ། །ཞེས་གསུངས་པ་ལ་སོགས་པས་མཚོན་ནས་ཀུན་གཞི་དང་ཆོས་སྐུའི་དབྱེ་བའི་གནད་དོན་སྙིང་པོར་དྲིལ་ན། གོང་གི་མིག་མེད་དང་མིག་ལྡན་གྱི་དཔེ་འདིར་འདུས་སོ་གསུངས། **དེས་ན་ཐ་མལ་གྱི་ཤེས་པ་ཞེས་པ་དང་། ཡིད་ལ་མི་བྱེད་པ་དང་། བརྗོད་བྲལ་སོགས་ལ་ཡང་དག་ཡིན་མིན་གཉིས་ཡོད་པས་སྒྲ་མཐུན་དོན་འཕགས་ཀྱི་གནད་ངེས་པར་བྱས་ན་ཟབ་མོའི་ཆོས་ཀྱི་དགོངས་ཉམས་སྐྱེད་པར་འགྱུར་རོ།** །གསུངས་ན། དེ་ལྟར་ལུང་དང་མན་ངག རང་ཉིད་ཀྱི་ཉམས་མྱོང་རྣམས་ལ་ཞིབ་ཏུ་བརྟགས་ཤིང་དཔྱད་ན། ཚིག་འདྲ་ལ་དོན་མི་འདྲ་བ་དང་། དོན་ཕྱོགས་ཙམ་འདྲ་ཡང་གནད་ངོ་མ་མི་འདྲ་བ་ལ་སོགས་པ་མང་པོ་ཡོད་པའི་རྒྱུ་མཚན་དེས་ན། འདྲ་འདྲ་བ་ལ་ནོར་ངོགས་ཀྱི་འཕྲང་ཤིན་ཏུ་མང་ནི་རེད། དཔེར་ན། ཐ་མལ་གྱི་ཤེས་པ་ཟེར་རྒྱུ་ལྟ་བུ་ཞིག་ལ་མཚོན་ན། སྦྱོར་བཏང་གི་དབྱེ་བ་གསུམ་འདྲ་ཞིག་ཡོད་ནི་རེད། འཁྲུལ་རྟོག་ཐ་མལ་གྱི་ཤེས་པ། ཉམས་རྟོགས་ཐ་མལ་གྱི་ཤེས་པ། གཉུག་སེམས་ཐ་མལ་གྱི་ཤེས་པ་གསུམ་དུ་གསུངས་དུས་ཡོད་ཀི་མོ། དེ་ཚོ་འདྲ་ཞིག་ཡིན་ན་སེན་ཧྣ་པ་ཡི་སྒྲ་བཞིན་དུ་སྐབས་ཐོབ་ཀྱི་གོ་བས་ཤེས་དགོས་རྒྱུ་ཞིག་རེད། འཁྲུལ་རྟོག་ཐ་མལ་གྱི་ཤེས་

པ་འདྲ་ཞིག་ཡིན་ན་མ་དག་འཁྲུལ་བ་རྒྱ་འབྱམས་ཀྱི་སྐབས་རེད། ཉམས་རྟོགས་ཐ་མལ་གྱི་ཤེས་པ་ཞེས་པ་ཙུང་ཟད་དག་པ་ལམ་གྱི་གནས་སྐབས་ན་བདེ་གསལ་མི་རྟོག་པའི་ཉམས་སྣ་ཚོགས་ཤར་ནོ་རེད། གཉུག་སེམས་ཐ་མལ་གྱི་ཤེས་པ་ཞེས་པ་དེ་ཤིན་ཏུ་དག་པ་འབྲས་བུའི་གནས་སྐབས་ལ་གསུང་གིན་ཡོད་ནི་རེད། དེ་ཡིན་དུས་ཐ་མལ་གྱི་ཤེས་པ་འདྲ་ཞིག་ལ་མཚོན་ན། ཐ་མལ་རང་ག་བའི་སེམས་ཅན་གྱི་འཁྲུལ་རྟོག་གི་ཤེས་པ་ལ་གོ་བའི་སྐབས་ཀྱང་ཡོད་ནི་རེད། འགྲོ་ཀུན་ཐ་མར་སློད་ཆེས་པས། །ཁམས་གསུམ་འཁོར་བར་གཏན་འཁྱམས་ན། །གསུངས་ཡོད་ནོ་དེ་འདྲ་དང་། རིག་པ་རང་བྱུང་གི་ཡེ་ཤེས་ལ་གོ་བའི་སྐབས་ཀྱང་ཡོད་ནི་རེད། ཐ་མལ་ཤེས་པ་རྒྱ་ཡན་ལ། །ཚིག་གིས་མི་མཚོན་རང་གིས་རིག། ཅེས་པ་ཡང་ཡོད་ནི་རེད། དེ་ལྟར་དུ་ཡིད་ལ་མི་བྱེད་པ་དང་བརྗོད་བྲལ་ལ་སོགས་པ་འདི་ཚོ་ལ་ཡང་ཡང་དག་ཡིན་མིན་གཉིས་རེ་ཡོད་པས། སྒྲ་མཐུན་ཞིང་འདྲ་ཡང་། དོན་གྱིས་འཕགས་པའི་ཁྱད་པར་གྱི་གནད་ངེས་པར་བྱས་ན། ཟབ་མོའི་ཆོས་ཀྱི་དགོངས་ཉམས་མ་ནོར་མ་འཁྲུལ་བར་རྙེད་ངེས་པས་དེ་ལྟར་དུ་བརྩོན་འགྲུས་བརྩམས་ནས་ཉམས་སུ་བླངས་ན། ཚེ་ལུས་གཅིག་གིས་འཚང་རྒྱ་བར་འགྱུར་རོ་གསུངས་ནི་རེད། **སེམས་ངོའི་ངང་དུ་རང་བབས་བཞག་ཚེ་ཁ་ཅིག་གིས་གསལ་ཙམ་རིག་ཙམ་སྐྱོང་རྒྱུར་བྱས་ཏེ་ཡིད་ཤེས་ཀྱིས་གསལ་ལོ་སླམ་པའི་ངང་དུ་འཛོག** གསུངས་ན། སེམས་ཉིད་ཀྱི་ངོ་བོ་རིག་པ་ཆོས་སྐུའི་ངང་གསལ་སྟོང་དབྱེར་མེད་ཀྱི་ཀློང་དུ་དགག་སྒྲུབ་འཛིན་ཞེན་མེད་པར་རང་བབས་སུ་བཞག་པ་དེའི་སྐབས་ལ། སྒོམ་པ་བ་ཁ་ཅིག་གིས་སྟོང་རྐྱང་ལ་བཟུང་ན་ཆད་པའི་མཐར་ལྷུང་འགྲོ། དེ་ལྟར་འཛིན་ཞེན་གང་ཡང་མ་བྱས་ནི་ཙམ་གྱིས་བཞག་ན་ནི་ཧ་ཤང་གི་ལྟ་བ་རེད་འགྲོའོ་སླམ་ནས་སེམས་རང་གི་ངོ་བོ་གསལ་བ་རིས་སུ་མ་ཆད་པ། རིག་ཙམ་པ་ཡིད་ཤེས་གསོར་འདོན་སྒོམ་གྱི་སྐྱོང་རྒྱུར་བྱས་ནས། ཡིད་ཤེས་ཀྱིས་སེམས་ཀྱི་ཆོས་ཉིད་འདི་ནི་གསལ་ལོ་སླམ་དུ་རྟོག་པའི་བྱེད་ལས་མ་ཉམས་པའི་ངང་དུ་འཛོག་མཁན་ཡོད་ནི་རེད་གསུངས་ནི་རེད། དེ་ལྟར་བཞག་ན་ཉམས་རྟོགས་ཐ་མལ་གྱི་ཤེས་པ་གཟུགས་ཁམས་སུ་སྐྱེ་སྲིད་པོ་ཡིན་གསུངས་ནི་རེད། **ཁ་ཅིག་གིས་སྟོང་ཆམ་མེ་བ་ཤེས་པ་སྟོང་**

སོང་བ་ལྟ་བུ་ལ་སེམས་འཛིན་ཀྱང་། གསུངས་ནི་རེད། ཡང་སྒོམ་པ་བ་ཁ་ཅིག་གིས།
སྣང་ཉིད་རྟོགས་པ་འདི་མེད་ན་ནི། སྲིད་རྩའི་བདག་འཛིན་གཅོད་ཐབས་ཡོད་ནི་མ་རེད།
དེ་མ་ཆོད་ན་འཁོར་བའི་ནང་ནས་ཐར་ཐབས་ཡོད་ནི་མ་རེད་བསམ་ནས་ཡུལ་ཡི་ནས་མ་གྲུབ་
པ་སྣང་ཆམ་མེ་བ། ཞེས་པའི་ངོ་བོ་ཅང་མེད་སྣང་སོང་བ་ལྟ་བུ། ཅམ་འཛོག་གི་ངང་ལ་
སྣང་འཛིན་གྱི་བྱེད་ལས་མ་ཉམས་པར་སེམས་འཛིན་པ། རྗེ་རིན་པོ་ཆེའི་ལམ་རིམ་ཆེན་
མོའི་ནང་ན། རྒྱ་ནག་ཧྭ་ཤང་དང་ལྷན་དུ་བཀའ་བགྲོན་བརྒྱུག་ས་ཅན་པོ། དེ་འདྲ་བྱེད་
མཁན་ཡོད་ཀྱང་དེ་ནི་གསལ་ཆ་མེད་པའི་སྣང་རྐྱང་གཟུགས་མེད་ཁམས་ལ་སྐྱེ་འགྲོ་སྐྱུད་ཀྱི་
ཉམས་རྟོགས་ཐ་མལ་གྱི་ཞེས་པ་ཡིན་ནི་རེད། **འདི་གཉིས་ཀ་ཡིད་ཤེས་ཀྱི་ཆ་གཟུང་འཛིན་**
གྱི་ཉམས་ལ་ཞེན་པ་ཙམ་ཡིན་པས། **དེའི་ཚེ་གསལ་བ་དང་གསལ་བར་འཛིན་མཁན།**
སྣང་བ་དང་སྣང་བར་འཛིན་མཁན་གྱི་ཤེས་པ་དྲན་འཛིན་གྱི་རྒྱུད་བྲེང་ངེ་བ་དེའི་བབས་ལ་
བལྟས་པས། གསུངས་ན། བློའི་བྱེད་རྩོལ་གྱིས་གསལ་བ་ལ་དམ་དུ་འཛིན་པ་དང་
སྣང་བ་ལ་མངོན་པར་ཞེན་པ་འདི་གཉིས་ཀ་གསལ་སྣང་སོ་སོར་ཡིད་ཤེས་ཀྱིས་ཡོད་པར་
གཟུང་བའི་ཆ། ཀུན་གཞིའི་རྣམ་ཤེས་ཀྱི་ཁམས་ལ་གཟུང་འཛིན་གྱི་རྩལ་ཕྲ་མོ་ཞུགས་སོང་
བའི་ཉམས་ལ་ཞེན་པ་ཙམ་ཡིན་པ་མ་གཏོགས། བརྗོད་བྲལ་སེམས་ལས་འདས་པའི་
འཛིན་མེད་ཀྱི་ཡེ་ཤེས་རྫོགས་ཆེན་མཐར་ཐུག་གི་ལམ་ཡང་དག་མིན། **དེའི་ཚེ་**གསུངས་ན།
དེ་ལྟ་བུའི་ལམ་སྐྱོན་ཅན་གྱིས་ཟིན་པ་དེའི་ཚེ། མ་འཁྲུལ་བའི་ལམ་ཡང་དག་པ་སྐྱོང་ཚུལ་
དེ་ཅི་ལྟ་བུ་ཞིག་རེད་ཅེ་ན། **གསལ་བ་དང་གསལ་བར་འཛིན་མཁན་**གསུངས་ན།
ཡུལ་གསལ་བ་རིས་སུ་མ་ཆད་པ་དང་དེ་ལ་ཡུལ་ཅན་གྱིས་གསལ་བ་རེད་བསམ་སྟེ་གསལ་
བར་འཛིན་མཁན་དང་། ཡང་དེ་བཞིན་དུ་**སྣང་བ་དང་སྣང་བར་འཛིན་མཁན་**གསུངས་ན།
ཡུལ་སྣང་བ་ཉིད་དང་དེ་ལ་སྣང་བ་རེད་བསམ་ནས་སྣང་བར་འཛིན་མཁན་**གྱི་ཤེས་པ་དྲན་**
འཛིན་གྱི་རྒྱུད་བྲེང་ངེ་བའམ་དམ་ཐིག་གེ་བ་ཞིག་ཡོད་རྒྱུ་**དེའི་བབས་ལ་བལྟས་པས་**གསུངས་
ན་དེ་ཁོ་རང་ལ་རང་བབས་སུ་བལྟས་ཚེ། གསལ་ཞིང་སྣང་བའི་བདག་ཉིད་ཅན་གྱི་ཡུལ་
ཞིག་དང་དེར་འཛིན་གྱི་བློ་ཞིག་རིས་ཆད་དུ་གྲུབ་པ་མེད་པར། ཡེ་སྣང་རྩ་བ་དང་བྲལ་བ་

འཛིན་མེད་རིག་པའི་རང་གཤིས་རྗེན་ལ་བུད་པ། ཕྱིའི་ཡུལ་ལ་མཚན་མར་མ་བཟུང་།
ནང་རྣམ་རྟོག་གི་འགྱུ་འཕྲོ་མ་མཐུད། བྱིང་རྒོད་ཀྱི་དབང་ལ་མ་སོང་། རེ་དོགས་
དགའ་སྡུག་གི་འཁྲིས་མི་གདག ཉམས་ཞེན་འཛིན་གྱི་རྟོད་ཕུར་ཕྱུང་། དྲན་མེད་རྨོངས་
པའི་མུན་པ་སངས་ནས་རྒྱ་ཆེ་ཤལ་ལེ། ཁོངས་ཡངས་ཁྲོལ་ལེ་བའི་ངང་སྐྱོང་བ་ནི་མདོ་
སྔགས་ཐམས་ཅད་ཀྱི་དགོངས་པའི་གནད་མཐར་ཐུག་གཅིག་ལ་འབབས་ས་བོ་ཡིན་ནི་རེད།
གཟུང་འཛིན་དུ་ཞེན་པའི་རྣམ་ཤེས་ཀྱི་རྟེན་ཕུར་ཕྱུངས་ཏེ་གསུངས་ན། ཕྱི་གཟུང་བའི་ཡུལ་
སྣང་གཟུགས་སོགས་ལ་མཚན་མར་འཛིན་པ་དང་། ནང་འཛིན་པ་འཁྲུལ་བ་བློ་ཡི་བཀོད་
པ་རྒྱ་འབྱམས་སུ་སོང་བ་མ་ཡིན་པར། སྣོད་བཅུད་ཀྱི་སྣང་བ་གང་ལ་ཡང་ཆེད་དུ་བཟང་
ངན་འདོར་ལེན་དུ་ཞེན་པའི་རྣམ་ཤེས་ཀྱི་རྟེན་ཕུར་ཕྱུངས་ནས། དམིགས་གཏད་རྩིས་
གདབ་འཛིན་ཞེན་གྱི་སྤྱུ་རིས་དང་བཅས་བཅོས་དགག་སྒྲུབ་སྤང་ལེན་གྱི་རྩོལ་བ་དོར་ནས།
སྒོ་གསུམ་མ་བཅོས་རང་བབས་སུ་བཞག་ན། བདེ་གསལ་མི་རྟོག་པའི་ཉམས་སྣང་ལ་
དགའ་བྲོད་དང་བདེན་ཞེན་གྱི་དྲི་མ་རང་སར་དག་ནོ། **རྗེན་ནེ་ཡེ་རེ་བ་གསལ་སྟོང་མཐའ་
དབུས་དང་བྲལ་བའི། རང་བབས་ལ་ཁོ་ཐག་ཆོད་དེ་དྭངས་སེང་ངེ་བ་བྱུང་ན་དེ་ལ་རིག་ངོ་
ཞེས་མིང་འདོགས་ཏེ།** གསུངས་ན། རིག་པ་དེ་དུས་གསུམ་གྱི་རྟོག་པའི་ཤུབས་ནས་
བུད་དེ་གཟིགས་དང་། རིག་ཆ་རྗེན་པ་གཅེར་བུ་སྣང་སྟོང་སོ་སོའི་ཕྱོགས་སུ་མ་ལྷུང་བའི་
རྗེན་ཡེར་རེ་བ། བཏང་བཞག་དགག་སྒྲུབ་དང་བྲལ་བ། རྟག་ཏུ་རིག་པའི་རང་ས་
བཟུང་ཡང་སྟོང་འཛིན་རིས་ཆད་ཀྱི་མཚན་མས་བསླད་པ་མེད་པར། ངོ་བོ་སྟོང་རང་བཞིན་
གསལ་གསལ་སྟོང་དབྱེར་མི་ཕྱེད་པའི་ཡེ་ཤེས། རྒྱ་ཆད་ཕྱོགས་ལྷུང་དང་བྲལ་བ།
དུས་གསུམ་འཕོ་འགྱུར་མེད་པ། སྣེ་ལེག་ཕྱོགས་མཚམས་སྣང་སྟོང་མཐའ་དབུས་དང་
བྲལ་བའི་གནས་ཚུལ་ཇི་བཞིན་པ། མ་བཅོས་རང་བབས་ཆེན་པོ་ལ་མཁས་པ་བརྒྱ་དང་
གྲུབ་ཐོབ་སྟོང་བྱོན་ཀྱང་འདི་ལས་གཞན་གསུངས་ཡོང་རྒྱུ་ཞིག་ཡོད་ནི་མ་རེད་བསམ་རྒྱུའི་ཁོ་
ཐག་ནང་ནས་ཆོད་དེ། རིག་པ་དྭངས་སང་ངེ་བ། ཡངས་ཁྲོལ་ལེ་བ། རང་ཤར་
འཛིན་པ་མེད་པ། རྒྱ་མཚོ་ལ་གཟའ་སྐར་ཤར་བ་བཞིན་ཡུལ་སྣང་མ་འགག་པར་ཤར་བའི་

རང་བྱུང་གི་ཡེ་ཤེས་མངོན་དུ་གྱུར་པ་དེ་ལྟར། ཉིན་མཚན་དུས་བཞིར་ཉམས་སུ་ལེན་པ་ལ་གོམས་སོང་ནི་ཡིན་ན། དེར་རིག་ངོ་མཐོང་བ་ཞེས་མིང་འདོགས་ཏེ། གསུངས་ནི་རེད། རིག་ངོ་མཐོང་ཟེར་རྒྱུ་དེ་ཡང་མིང་གི་བླ་དྭགས་ཙམ་ཞིག་ཡིན་ནི་རེད་གསུངས་པའི་ཉམས་རེད། **འཛིན་པ་ཅན་གྱི་ཉམས་ཀྱི་ཤུན་པ་དང་བྲལ་བའི་རིག་པ་ཡེ་ཤེས་རྗེན་པར་ཤར་བ་ཡིན་ནོ།** །གསུངས་ན། བླང་དོར་རྩོལ་སྒྲུབ་ཀྱི་འཛིན་པ་དང་ཞེན་པ་ཅན་གྱི་ཉམས་ཀྱི་ཤུན་པ་དང་བྲལ་བའི་རིག་པ། ཡེ་གྲོལ་རྩལ་རྫོགས་ཆེན་པོ་ཅེར་སྣང་ཡེ་ཤེས་རྗེན་པའི་ངོ་བོར་སྣང་ངོར་ཤར་བ་ཡིན་ནོ་གསུངས་ནི་རེད། སྤྱིར་ན་ལྟ་བས་ཐག་བཅད་ན། སྒོམ་པས་དེ་ཉམས་སུ་བླངས་ནས། སྤྱོད་པས་བོགས་དབྱུང་སྟེ། མཐར་ཐུག་གི་འབྲས་བུར་བགྲོད་དགོས་ནི་ཡིན་ན། ལྟ་བ་འཆུག་དུས་སྒོམ་པ་འཆུག སྒོམ་པ་འཆུག་དུས་སྤྱོད་པ་འཆུག སྤྱོད་པ་འཆུག་དུས་དེའི་མུར་འབྲས་བུ་དང་བཅས་པ་ཡང་འཆུག་འགྲོ་ནི་རེད། རིག་པ་དང་ཀང་བར་ལྡན་དགོས་ནི་རེད། དེ་ཅི་ཟེར་ནི་རེད་ཅེ་ན། མིག་ལྟ་བུའི་ལྟ་བས་བལྟས་ནས་ཀང་བ་ལྟ་བུའི་སྒོམ་པས་བལྟ་ས་བོ་ལ་བརྩི་དགོས་ནི་རེད། མིག་གིས་བལྟས་མེད་སར་ཀང་བས་བརྩིས་ན་ལོག་ནིའི་ཉེན་ཁ་ཡོད་ནི་རེད། འགའ་རེས་མདོ་སྔགས་གཉིས་ཀྱི་ལྟ་བ་གཅིག་རེད་གསུངས་ནི་ཡོད་ནི་རེད། དེ་ཚོར་དགོངས་པ་གཞན་ཡོད་རྒྱུ་རེད། རང་ལུགས་ལ་ལྟ་བ་གཅིག་མ་རེད་ཟེར་དགོས་ནི་རེད། ལྟ་བ་འདི་ལ་ཆོས་ཅན་ལྟ་བའི་ལྟ་བ་དང་། ཆོས་ཉིད་ལྟ་བའི་ལྟ་བ། རང་རིག་ལྟ་བའི་ལྟ་བ་དང་གསུམ་ཡོད་ནི་རེད། ཆོས་ཉིད་ལྟ་བའི་ལྟ་བ་གཅིག་ཡིན་ཆོས་ཀྱི་དབྱིངས་གཅིག་རེད། འོན་ཀྱང་ཆོས་ཅན་ལྟ་བའི་ལྟ་བ་གཅིག་མིན། དཔེར་ན། མིག་གསལ་མི་གསལ་མང་པོས་ཐག་རིང་གི་གཟུགས་ལ་བལྟས་པ་དང་འདྲ་བར་མཐོང་བ་གསལ་མི་གསལ་ལ་ཁྱད་ཡོད། དེས་ན་གཅིག་མིན་གསུངས་ནི་རེད། མན་ངག་གཉིས་པ་འདི་ཉིད་ཀྱི་འགག་བསྡུ་བ་ནི། **འདི་ལ་སྲིད་པའི་དྭ་བ་གཅོད་པའི་མན་ངག་ཅེས་བྱའོ།** །གསུངས་ན། སྣང་སྲིད་གཞིར་བཞུགས་ཡེ་ནས་དེ་ལྟར་ཡིན་པའི་བདག་ཉིད་དེ་ལ། གཞི་གྲོལ་གྱི་ཚུལ་གྱིས་ཉམས་སུ་ལེན་ཚུལ་འདི་ལ། སྲིད་པའི་དྭ་བ་རྒྱུ་མ་རིག་པ་དང་ཀུན་གཞི་འབྲས་བུ་འཁོར་བའི་འཁྲུལ་

སྣང་ཐམས་ཅད་མ་སྤྱངས་རང་སར་གྲོལ་བའི་མན་ངག་ཅེས་བྱའོ། །གསུངས་ན། སྟོང་རྐྱང་ཅང་མེད་ལ་སེམས་བཟུང་ན་གཟུགས་མེད་ཁམས་ཡན་ལ་མི་འཕགས། གསལ་ཆ་རིས་ཆད་ལ་སེམས་བཟུང་ན་གཟུགས་ཁམས་ལས་ཡར་མི་འཕགས་པ་ཡིན་པས། སྲིད་པའི་རྩ་བ་ཆོད་ཡོད་ནི་མ་རེད། དེ་གཉིས་ཀ་གང་ཅན་པོ་ཡིན་ཡང་ཀུན་གཞིའི་རྣམ་ཤེས་ཀྱི་ཁམས་ལ་གཟུང་འཛིན་གྱི་རྩལ་ཕྲ་མོ་ཞིག་ཞུགས་ནས་བསླད་སྐྱོན་ཐེབས་སོང་ནི་པོ། སྲིན་བུའི་ཁ་རྒྱུའི་དར་སྐུད་ཀྱིས་རང་གིས་རང་འཆིང་ནི་འདྲ་ཞིག་བྱས་ནས། གཟུང་འཛིན་གྱིས་བཅིངས་ཧ་མ་ཐར་ནི་ཡིན་ན། གཟུང་འཛིན་ལ་ཞེན་པའི་རྣམ་ཤེས་ཀྱི་རྟེན་ཕུར་རྟ་འདོགས་པའི་རྟོད་ཕུར་འདྲ་བོ་དེ་ཕྱུང་བས། རིག་པ་གསལ་སྟོང་བརྗོད་མེད་ཀྱི་ངང་མངོན་དུ་གྱུར་བ་དེ་ལ་སྲིད་པའི་རྩ་བ་གཅོད་པའི་མན་ངག་གསུངས་ནི་རེད། མན་ངག་གཞུང་གི་དངོས་བསྟན་གྱི་རྩ་བའི་ས་བཅད་གཉིས་པ་སྲིད་པའི་རྩ་བ་གཅོད་པའི་མན་ངག་སོང་ནི་རེད།

མཁའ་ལྟར་མཉམ་པ་ཉིད་ལ་གནས་པའི་མན་ངག

ད་གསུམ་པ་མཁའ་ལྟར་མཉམ་པ་ཉིད་ལ་གནས་པའི་མན་ངག་བསྟན་པ་ནི། **དེ་བཞིན་དུ་ཡིད་དཔྱོད་ཉམས་ཀྱི་སྦུན་པ་སྣ་ཚོགས་དང་བྲལ་བའི་རིག་པ་འབྲས་སྦེའུ་ལྟ་བུ།** ཞེས་གསུངས་ཏེ། གོང་དུ་བཤད་པ་ལྟར་འཁོར་འདས་གཞི་གྲོལ་གྱི་ཉམས་ལེན་ཚད་དུ་འཁྱོལ་ཞིང་ཚུལ་བཞིན་དུ་གོམས་པས། ཡིད་དཔྱོད་མཚན་མའི་དམིགས་གཏད་ཅན་གྱི་བློ་དང་། བདེ་གསལ་མི་རྟོག་སོགས་ཀྱི་ཉམས་ཀྱི་སྦུན་པའམ་ཤུན་པ་སྣ་ཚོགས་གསུངས་ན། བདེ་ཉམས་ཞེན་པ་ཅན་དང་གཅིག གསལ་ཉམས་འཛིན་པ་ཅན་དང་གཉིས། མི་རྟོག་པའི་ཉམས་གཡོ་མེད་དང་གསུམ། དེ་བཞིན་དུ་བྱིང་རྒོད་འཐིབ་གསུམ་ལ་སོགས་པའི་ཉམས་ཀྱི་ཤུན་པགས་འདྲ་བོ་ཡོད་ཉན་ནི་མ་རེད། རིག་པ་གཅེར་བུ་རྗེན་ན་འབུད་དགོས་ནི་རེད། དེ་འབུད་མ་ཐུབ་ན་སྐྱོན་ཅི་ཞིག་འཇུག་ནི་རེད་ཅེ་ན། དཔེར་ན། བདེ་བར་གོལ་ན་འདོད་ཁམས་དང་། གསལ་བར་གོལ་ན་གཟུགས་ཁམས། མི་རྟོག་པར་གོལ་ན་གཟུགས་མེད་ཁམས། རྒྱུ་སྙོམས་འཇུག་གི་བསམ་གཏན་ལ་གོལ་སོང་ན་འབྲས་བུ་སྐྱེ

བའི་བསམ་གཏན་ལ་ཉིང་མཚམས་སྦྱོར་འགྲོ་རྒྱུ། དེ་ལྟ་བུའི་སྒོམ་པ་གོལ་ཤོར་ནོར་གསུམ་གྱི་འཕྲང་ཡོད་ནི་རེད། དེ་ལྟ་བུའི་རྣལ་འབྱོར་ལམ་གྱི་གནས་སྐབས་ཀྱི་ས་ཐག་རིང་ལ་སོང་ན་ལམ་བདེ་གཟར་སྣ་ཚོགས་ལ་འཕྲད་པ་དང་འདྲ་བའི་ཉམས་ཀྱི་ཞེན་པ་སྣ་ཚོགས་ཟད་དེ་ཆོས་ཟད་ཀ་དག་ཆེན་པོའི་གཞི་གློང་དུ་ཐིམ་པས། མ་དག་འཁྲུལ་སྣང་ཐམས་ཅད་གྲོལ་བའི་ནང་གསལ་གཞོན་ནུ་བུམ་པ་སྐུའི་མཁྱེན་ཆ། ཕྱིར་གསལ་རིག་པའི་སེམས། འབྲས་ཀྱི་སྙེཙུ་འཛམ་ཤུན་པ་མེད་པའི་འབྲས་རྫེན་པ་ལྟ་བུ**ཆོས་ཉིད་ཀྱི་རང་བབས་རང་གསལ་གྱི་སྒོ་ནས་ངོས་ཟིན་པར་བྱའོ།** །གསུངས་ན། ཡིད་དཔྱོད་ཉམས་ཀྱི་སྤྱན་པ་དང་གྲོལ་བའི་ཆོས་སྐུ་མཐའ་གྲོལ་ཟང་ཐལ་གྱི་ཡེ་ཤེས་དེ་ལས་རང་སྣང་གཉིས་སུ་མ་ཡིན་པའི་ལོངས་སྐུའི་བཀོད་པ་དང་གཞན་སྣང་འགྲོ་བའི་ཁམས་ལ་གང་འདུལ་དེར་སྟོན་དུ་རང་གསལ་གྱི་སྒོ་ནས་སྣང་བ་སྤྲུལ་སྐུའི་ཡེ་ཤེས་མངོན་དུ་སྣང་བ་འབྲས་བུའི་ཚད་དེ་ཉིད་ངོས་ཟིན་པར་བྱའོ། །ཞེས་**རིག་པའི་བབ་ངོ་ཤེས་པ་ཙམ་གྱིས་མི་ཆོག་པར་དེ་གཞི་དང་དུ་གོམས་པའི་གནས་ཆ་བརྟན་དགོས་པས། ཞེས་པ་རང་བབས་བཞག་པའི་དྲན་རྒྱུན་མ་ཡེངས་པར་སྐྱོང་བ་གལ་ཆེ།** ཞེས་གསུངས་ཏེ། བསལ་བཞག་བྲི་གང་དང་བྲལ་བའི་རིག་པའི་བབས་ངོ་ཤེས་ནས་ངོ་འཕྲོད་པ་ཙམ་གྱིས་མི་ཆོག་སྟེ། མདོ་ལས། ཆུ་ནི་མཐོང་དང་ཐོས་པ་ཡིས། །མ་བཏུང་སྐོམ་ནི་མི་སེལ་བཞིན། །མ་བསྒོམ་ཆོས་ཀྱང་དེ་དང་འདྲ། །གསུངས་ནི་རེད། དེ་ཡིན་ན་སྒོམ་པའི་གདུང་བ་སེལ་དགོས་ན། ཆུ་མཐོང་བས་ཕན་པ་ཡོད་ནི་མ་རེད། ཁོག་ལ་སོང་ན་ད་གཟོད་སྐོམ་སེལ་ནི་རེད། ཀུན་མཁྱེན་འཇིགས་བྲལ་གླིང་པས། རིག་ངོ་འཕྲོད་ཀྱང་དེ་ངང་མ་བསྒོམས་ན། །རྣམ་རྟོག་དགྲས་ཁྱེར་གཡུལ་ངོའི་བུ་ཆུང་བཞིན། །གསུངས་པ་ལྟར། རྐྱེན་དང་འཕྲད་ཆེ་ཚུགས་ཐུབ་ནི་མ་རེད། ལས་ཉོན་འཁྲུལ་བའི་སྣང་བ་དབྱིངས་སུ་ཞི་བའི་ཐབས་ལ། འབད་པ་བརྒྱ་ཕྲག་གིས་བརྩོན་ནས་བསྒོམ་དགོས་ནི་རེད། གཞི་རང་གནས་ཀྱི་ཡེ་ཤེས་གདོད་ནས་འགྱུར་བ་མེད་པ་ཉི་མ་ལྟ་བུའི་ཆ་དེ་ལ། སྤང་བྲ་གློ་བུར་འཕྲལ་བྱུང་གི་དྲི་མ་སྤྲིན་ལྟ་བུའི་སྒྲིབ་གཡོག་དང་བྲལ་བ་དག་པ་གཉིས་ལྡན་གྱི་རང་བཞིན་བརྟན་པོ་རང་ཚུགས་ཐུབ་ནི་ཞིག

མངོན་དུ་གྱུར་དགོས་པས། སྤྱོད་ལམ་རྣམ་བཞི་ལ་སོགས་པ་དུས་དང་རྣམ་པ་ཀུན་ཏུ་སེམས་འཕྲུལ་བའི་དབང་དུ་ཤོར་གྱིན་ཡོད་མེད་དྲན་པས་རྒྱང་འཚོ་བྱས་ཏེ། སྡོང་ན་སྡོང་བའི་ཐོག གྲུས་ན་འགྲུ་བའི་ཐོག གནས་ན་གནས་བའི་ཐོག་དེ་ལ་ཤེས་པ་རང་བབས་སུ་མ་བཅོས་པར་ཅོག་གེར་བཞག་པས། ཡིངས་འཕྲུལ་འདྲེས་མ་མ་ཡིན་པར་དྲན་པའི་རྒྱུན་མི་ཆད་ནས་བསྐྱང་བྱ་སྐྱོང་བྱེད་གཉིས་མེད་ཀྱི་རིག་ངོ་རྗེན་པར་བསྐྱངས་ཐུབ་རྒྱུ་ཡིན་ན། ཡུལ་སྣང་ཐམས་ཅད་སྒྱུ་མའི་དཔེ་བརྒྱད་ཀྱི་རོལ་བར་རྟོ་ཚན་གྱི་སྟེང་དུ་ཁ་བའི་འདབ་མ་ཕོག་པ་འདྲ་ཞིག་གིས་རང་གྲོལ་དུ་སོང་ནས་འཛིན་ཞེན་ནམ་མཁའི་བྱ་རྗེས་ལྟར་དག་སོང་དུས། འཛིན་མེད་རང་བཞག་གི་ངང་ནས། སྤྱོད་པ་དང་སྣང་བ་སྣ་ཚོགས་ལ་རྩལ་སྦྱོང་ཐུབ་རྒྱུ་དེ་གལ་ཆེན་ཞིག་རེད། ཉམས་ལ་འདྲ་མི་འདྲ་ཤར་ནི་རེད། རྣལ་འབྱོར་བའི་ཉམས་ལ་མི་ཤར་རྒྱུ་ཞིག་དང་དབྱར་ཁའི་སྤྲང་ལ་མི་སྐྱེ་རྒྱུ་ཞིག་ཡོད་ནི་མ་རེད། འོན་ཀྱང་ཉམས་གཅིག་གི་ཐོག་ཏུ་འདུག་ནི་མ་རེད། ཉམས་ན་བུན་དང་འདྲ་སྐེ་ཡལ་ནས་འགྲོ་གསུངས་ནི་རེད། ཉམས་རྟོགས་པ་གཉིས་ཀ་ཁ་ཁ་རེད། **དེ་ལྟར་སྐྱོང་དུས་རེས་ཙེ་ཡིན་མེད་པའི་མི་རྟོག་ཧྱུན་པོ།** གསུངས་ན། གོང་དུ་བཤད་པ་ལྟར་ཐོས་བསམ་གྱིས་མཐའ་རྒྱ་བཅད་ནས། མན་ངག་ལ་ཐེ་ཚོམ་བསལ། མི་མེད་ཀྱི་དབེན་པ་བསྟེན། སྒྲ་བརྗོད་ཀྱི་ཞེན་པ་བོར། གཏད་མེད་ཀྱི་སྤྱོད་པ་བསྐྱངས། སྣང་སེམས་ལ་རང་དབང་འབྱོར་བའི་སྤྱོད་པའི་རྒྱལ་པོ་བདུན་གྱི་ངང་བསྐྱངས་དུས། རེས་ཙེ་ཡིན་འདི་ཡིན་མེད་པའི་མི་རྟོག་ཧྱུན་པོ། ཧྱུན་པོ་གསུངས་ན་གླེན་ཐོམ་མེ་བ་རིག་པའི་དྭངས་ཆ་དང་གསལ་ཆ་གཉིས་ཀ་མི་ཐོན་པའི་གཉིད་མཐུག་གི་སྐབས་ལྟ་བུ་ཡོང་རྒྱུ་ཡོད་ནི་རེད། དེའི་སྐབས་ལ་དེ་སེལ་བའི་ཐབས་སུ། གེགས་སེལ་ཙེ་ཞིག་དགོས་ནི་རེད་ཟེར་ན། རང་སེམས་འདི་ཉིད་ཨ་ཡིག་དཀར་པོའི་རྣམ་པར་ཚངས་པའི་བུ་ག་ནས་ཡར་ལ་ཐོན་ནས། ནམ་མཁའ་ན་ལིང་ངེར་འདུག་པ་དེར་སེམས་གཏད། བལྟ་སྟངས་ཡང་ནམ་མཁར་ཡར་གཏད་ནས། ངག་ནས་ཨ་ཞེས་བརྗོད་དགོས་ནི་རེད། མཐར་ཨ་ཡིག་ཀྱང་ཟེ་མཐོ་ཟེ་མཐོར་སོང་ནས་མི་སྣང་བར་གྱུར་བར་སེམས་གཏད་དགོས་ནི་རེད། དེས་ཙེ་ཞིག་ལ་ཕན་ཐོགས་ནི་རེད་ཙེ་ན། རྫོངས་

ཞིང་སྨུན་པའི་ཆ་དེ་སངས་ནས་རིག་ངོ་རྗེན་པར་འཆར་རྒྱུ་ལ་ཕན་ཐོགས་ཡོད་གསུངས་ནི་རེད།
དེ་ལ་སོགས་པའི་གེགས་སེལ་སྣ་ཚོགས་གསུངས་ཡོད་ནི་རེད། **རིས་ལྷུག་མཐོང་གི་**
དྭངས་ཆ་ཐོན་པའི་མི་རྟོག་ཟང་ཐལ། གསུངས་ན། སྐབས་རེས་འགར་ལྷུག་མཐོང་གི་
རང་ངོ་ཞེས་པའི་དྭངས་ཆ་ཐོན་པས། ཞེས་པ་གང་དུ་ཡང་མི་རྟོག་པའི་ངང་དེ་ནས།
འཛིན་ཞེན་རང་སར་གྲོལ་ཏེ་སྟོང་སང་ངེ་། ཟང་ཐལ་ལེ། དྭངས་གསལ་ལེ། ཡང་
ཁྲོལ་ལེར་སོང་ནས་རྒྱ་ཆད་ཕྱོགས་ལྷུང་དང་བྲལ་བའི་རིག་ངོ་རྗེན་པ། མ་སྐྱེས་དོན་གྱི་ཡེ་
ཤེས་མངོན་དུ་གྱུར་རྒྱུ་དང་། ཡང་སེམས་ནམ་མཁར་ཐིམ་སོང་ནིའི་སྣང་བ་དང་།
ལུས་གཞི་མེད་དུ་ཡལ་སོང་བའི་སྣང་བ། ལོ་མང་པོར་ཏིང་ངེ་འཛིན་དེའི་ངང་ལ་གནས་
ཐུབ་པའི་སྣང་བ། རྣམ་རྟོག་ཤར་ལོང་མེད་པར་ཏིང་ངེ་འཛིན་གྱི་ངང་དུ་ཐིམ་སོང་བའི་སྣང་
བ་ལ་སོགས་པ་བྱུང་ན་དེ་ལ་མཆོག་འཛིན་གྱི་བློ་སྤངས་ནས་བླ་མའི་མན་ངག་བཞིན་ཉམས་སུ་
མ་བླངས་ན། དང་པོའི་དུས་སུ་ལམ་ཡང་དག་ཡིན་ན་ཡང་། མཐའ་མར་སྐྱོན་གྱིས་
བསྒྱུར་ནས་ཕྱིན་ཅི་ཁར་གྱུར་ནས། ཁམས་གོང་མར་གོལ་བ་ལ་སོགས་པའི་གོལ་ཤོར་
ནོར་གསུམ་གྱི་སྐྱོན་བསལ་དགོས་ནི་རེད། **རིས་བདེ་ཉམས་ཞེན་པ་ཅན།** གསུངས་ན་
ཡང་སྐབས་རེས་འགར་བདེ་ཉམས་ཞེན་པ་ཅན་ཉམས་དེ་དང་འབྲལ་མི་བྲ་བ་ལྟ་བུ་ཤར་ཡོང་
ན། དེ་དུས་གློ་བུར་དུ་ཕཊ་སྒྲ་དྲག་པོ་བརྗོད་དགོས་ནི་རེད། ཐབས་ཤེས་འབྲེལ་བའི་ཡི་
གེའི་སྒྲ་གདངས་ཕཊ་སྒྲ་དྲག་པོ་དེ་བརྒྱབ་པས་བདེ་སྟོང་གཉིས་སུ་མེད་པའི་ཡེ་ཤེས་ཟང་ཐལ་
གྱི་རིག་པ་ལྷུག་གེར་འཆར་བ་ཡིན་པས། དེའི་ངང་སྐྱོང་དགོས་ནི་རེད། **རིས་བདེ་**
ཉམས་ཞེན་མེད། གསུངས་ན། ཡང་མཚམས་རེར་སྣང་བ་ཐམས་ཅད་པོ་དགའ་བདེའི་
ཚོར་བ་སྐྱིད་པའི་རྐྱེན་དུ་སྣང་རྒྱུ་དང་། ཚོར་བ་བདེ་བ་ལུས་སེམས་ཀྱིས་མི་བཟོད་པ་སྐྱེ་རྒྱུ་
སོགས་ཅི་ཞིག་ཤར་ཡང་དངོས་གཞི་ལྟ་བས་ས་ཟིན་པར་བྱེད་དགོས་ནི་རེད། དགའ་ཞེན་
རང་ཁ་མའི་དབང་དུ་སོང་ན་འདོད་ཁམས་སུ་གོལ་བར་གསུངས་ཡོད་ནི་རེད། **རིས་སྣ་**
ཚོགས་གསལ་ཉམས་འཛིན་པ་ཅན། གསུངས་ན། ཡང་མཚམས་མཚམས་དང་
སྐབས་རེས་འགར་སྣང་བ་སྣ་ཚོགས་ཤར། ཤར་རྒྱུ་དེ་ཡང་གསལ་བའི་ཉམས་འཛིན་པ་

ཅན་འདྲ་བྱུང་ན། རྡུ་ཤན་གྱི་སྤྱོད་པས་ཉམས་སུ་བླངས་ཏེ་སྣང་དོར་མེད་པའི་སྤྱོད་པ་སྤྱད་ན། གེགས་སེལ་དུ་འགྲོ་རྒྱུ་དེ་མོ་ཡིན་ནི་རེད། **རེས་དྭངས་གསལ་རྟོག་མེད་འཛིན་བྲལ།** གསུངས་ན། སྐབས་རེས་འགར་ཉམས་དྭངས་ཤིང་གསལ་བ། རྟོག་མེད་འཛིན་པ་དང་བྲལ་བ། ཕ་རོལ་པོ་མི་གཞན་གྱི་སེམས་ཤེས་སྣང་ཤར་རྒྱུ། རང་ལུས་དང་གནས་ཁང་རི་བྲག་སོགས་ཀྱི་དངོས་པོ་སྒྲིབ་མེད་དུ་མཐོང་རྒྱུ། ལྷའི་ཞལ་མཇལ་བ། རང་གཞན་གྱི་སྔོན་གནས་དང་། ཕྱི་མའི་སྐྱེ་གནས་སོགས་རིག་གིན་འདུག་རྒྱུ། མཚམས་རེར་སྣང་བ་ཐམས་ཅད་ཡི་གེ་དང་བརྡ་སྣ་ཚོགས་སུ་ཤར་ནས་མདོ་སྔགས་རིག་གཞུང་ཐམས་ཅད་ཐོགས་མེད་དུ་རྩོམ་ཐུབ་སྙམ་ཤར་རྒྱུ། དུས་གསུམ་གྱི་བླང་དོར་སྟོན་པའི་ལུང་བསྟན་ལ་ཐོགས་པ་མེད་པར་ས་ལེར་སྣང་བ་ལ་སོགས་པ་ཅི་ཞིག་ཤར་གྱིན་བསྡད་ཀྱང་། དེ་ལ་དགའ་ཞེན་སྤངས་ནས་རིག་པའི་བཙན་ས་འཛིན་དགོས། དེ་དུས་སུ་ཨ་འཐས་བདེན་ཞེན་གྱི་དབང་དུ་སོང་ན་གཟུགས་ཁམས་སུ་གོལ་བར་གསུངས་ཡོད་ནི་རེད། **རེས་རྩུབ་ཉམས་མི་སྡུག་པ།** གསུངས་ན། སྐབས་རེས་འགར་སྡུར་དང་མི་འདྲ་བར་གདུག་རྩུབ་ཀྱི་ཉམས་མི་སྡུག་པའམ་ཁྲོ་ཞིང་སྡང་བའི་རྣམ་པ་ཅན། རང་རྒྱུད་སྡུར་དང་མི་འདྲ་བར་གནས་འགྱུར་ནས་མི་མཐུན་པའི་རྐྱེན་ཆུང་ཆུང་རེ་ལ་བརྟེན་ནས་ཁྲོ་བ་དང་། མཐུན་པའི་རྐྱེན་ཟས་གོས་ནོར་རྒྱན་ལ་སོགས་པ་ཇི་ལྟར་ཕུན་སུམ་ཚོགས་ཀྱང་ཡིད་མི་དགའ་ནི། སེམས་མི་བདེ་ནི། འདུག་ས་གཅིག་ལ་འདུག་མི་ཚུགས་པར་འགྲོ་སྣང་ཤར་གྱིན་འདུག་རྒྱུ། གཞན་ཕ་རོལ་པོ་ཐམས་ཅད་ཀྱིས་རང་ཉིད་ལ་ངན་པ་ཞིག་བཤད་ཀྱིན་མེད་ཀྱང་ཡོད་སྣང་ཤར་ནི། ཐམས་ཅད་ཀྱིས་རང་ཉིད་ལ་སྐྱོན་བརྗོད་དང་སྡང་སེམས་བཅངས་ཀྱིན་ཡོད་ནིའི་སྣང་བ་ཤར། ཉམས་ལེན་གང་བྱས་ཀྱང་རྣམ་རྟོག་གི་ཁ་སྟོན་དུ་འགྱུར་སྣང་ཤར་རྒྱུ། ཐ་ན་ཆོས་ལ་ཡང་ཞེ་སྡང་སྐྱེ་རྒྱུ་སོགས་ཀྱི་ཉམས་ཤར་དུས་འགའ་རེ་དེའི་ཐོག་ནས་སྨྱོས་འགྲོ་ནི་ཡང་ཡོད་ནི་རེད། དེ་དུས་མཉམ་པར་བཞག་ནས་གྲིམ་ལྷོད་རན་པོ་ཞིག་གི་ཐོག་ནས་རིག་ངོ་བསྐྱངས། རྗེས་ཐོབ་ཏུ་སྣང་བ་གང་ཤར་ཐམས་ཅད་ཉམས་ཀྱི་སྣང་བ་ཡིན་ནོ་ཤེས་པར་བྱས་ནས། སྣང་སྲིད་ཐམས་ཅད་བླ་མའི་རྣམ་རོལ་དུ་བསྒོམས་ནས།

དག་སྣང་སྦྱོང་རྒྱུ་གལ་ཆེ་གསུངས། དེ་འདྲར་གོལ་སོང་ན་གདུག་རྩུབ་ཅན་གྱི་འདྲེ་ངན་དུ་སྐྱེ་བའི་ཉེན་ཁ་ཡོད་གསུངས་ནི་རེད། **རེས་འཛེམ་ཉམས་ཡིད་འོང་།** གསུངས་ན། གོང་གི་དེ་ལས་ལྡོག་ནས་མཚམས་རེས་འགར་ཉམས་འཛེམ་པོ་ཡིད་དུ་འོང་བ། ཡིད་མི་བདེ་བ་དང་ཞེ་སྡང་མེད་ནི། གང་ན་བསྡད་ཀྱང་སྐྱིད། སུ་དང་འགྲོགས་ན་མཐུན། ཐམས་ཅད་པོ་རང་ཉིད་ལ་དགའ་བཞིན་ཡོད་སྣང་དང་ཐམས་ཅད་ཀྱིས་རང་ཉིད་ལ་བསྟོད་བསྔགས་ཧག་ཧག་བྱེད་ཀྱིན་ཡོད་ནིའི་སྣང་བ་ཤར་རྒྱུ། ཅུང་ཟད་ཅིག་བསྒོམས་ཀྱང་ཡར་སྐྱེད་ཡོད་སྣང་ཤར་རྒྱུ། ནད་གདོན་དང་བར་ཆད་ཀྱི་རིགས་རྨེག་མེད་དུ་གྱུར་སྣང་ཤར་རྒྱུ་དེ་འདྲ་ཡོང་ན་དེ་དག་ལ་ཞེན་པ་མེད་པར་ཧིང་ངེ་འཛིན་གྱི་ངང་བསྐྱང་ཐུབ་དགོས་ལ། དེ་དུས་ཞེན་མེད་ཀྱི་ངང་སྐྱོང་མ་ནུས་པར་དེར་གོལ་སོང་ན་འདོད་ལྷའི་གནས་སུ་སྐྱེ་བ་ལེན་འགྲོ་བར་གསུངས་ཡོད་ནི་རེད། **རེས་རྣམ་རྟོག་ཆེས་འཚུབ་ཆེ་བའི་ཕྱིར་འབྲངས་ནས་སྒོམ་སྟོར་བ།** ཞེས་གསུངས་ན། ཡང་དུས་རེས་འགའི་སྐབས་སུ་རིག་ངོ་སྐྱོང་བཞིན་ཡོད་ནིའི་སྐབས་སུ་རྣམ་རྟོག་མང་པོ་ཞིག་གཅིག་ཐོག་ཏུ་གཅིག་འཕྲོས་ཏེ། འཚུབ་ཆེ་བའི་རྣམ་རྟོག་འདྲ་མི་འདྲའི་རྗེས་དེད་དེ་དེའི་ཕྱིར་འབྲངས་ནས་རིག་ཐོག་ཏུ་མི་འདུག་པར་སྒོམ་སྟོར་བའམ་སྒོམ་བོར་བ་དེ་འདྲ་ཡོང་བའི་སྐབས་སུ་ས་སྟོང་ལུང་སྟོང་དུ་སོང་སྟེ་ཁ་ནས་གཏམ་གང་དྲན་སྨྲ་ཚོགས་སྨྲ་ཞིང་། ཡིད་ཀྱིས་རྣམ་རྟོག་མང་པོ་ཆེད་དུ་ཡར་བསླངས་པས། མཐར་རྣམ་རྟོག་འཕྲོ་མི་བསམ་པར་འཕྲོ་རོགས་མི་བྱེད་པ་དེ་འདྲ་བྱུང་དུས། རང་ངོ་བསྐྱངས་བས་རང་སར་གནས་ཐུབ་ནི་ཞིག་ཡོང་གསུངས་ནི་རེད། **རེས་འཐིབ་དྭངས་མི་ཕྱེད་པས་རྟོག་པ་ཅན་སོགས།** གསུངས་ན། ཡང་སྐབས་རེས་འགར་འཐིབ་ཆ་དང་དྭངས་ཆ་གཉིས་ག་ཁ་ཁ་འབྱེད་མི་ཐུབ་པར་དབྱེ་བ་མི་ཕྱེད་པའི་རྟོག་པ་ཅན། རིག་པ་དང་ཀུན་གཞི་དྭངས་སླིགས་འབྱེད་མི་ཐུབ་པར་ཉོག་སོང་ནིའི་རྟོག་པ་ཅན་དེ་འདྲ་བྱུང་ན། ཡང་གེགས་སེལ་དུ་སྐབས་སུ་རི་མཐོན་པོའི་རྩེ་སོགས་ལ་སོང་ནས། ཁ་ནས་ཧ་སྒྲ་དྲག་པོ་དང་བཅས་ཏེ་རླུང་རོ་ཕྱིར་ལ་འཕང་སྟེ། སྣང་ཐོག་ཏུ་ཅེར་གྱིས་གཏད་ནས་བསྒོམ་ན་རིག་པའི་གསལ་ངར་ཐོན་ཏེ་ཞི་ལྷག་ཟུང་འཇུག་གི་ལམ་རྒྱུད་ལ་སྐྱེ་བར་འགྱུར། གསུངས་ཡོད་ནི་རེད།

ཐོག་མེད་ནས་གོམས་པའི་རྣམ་རྟོག་དང་ལས་རླུང་གི་ཐ་རླབས་སྣ་ཚོགས་ངེས་པ་དང་ཚད་བཟུང་མེད་པར་འབྱུང་བ་ནི། ལམ་རིང་པོར་ཞུགས་པས་བདེ་གཟར་སྣ་ཚོགས་ཀྱི་གནས་མཐོང་བ་དང་འདྲ་བས་གང་ཤར་ཆེད་འཛིན་མེད་པར་རང་ལམ་བསྐྱུང་། གསུངས་ན། འཁོར་བར་འཁོར་བའི་ཐོག་མེད་ཀྱི་དུས་ནས་ད་ལྟའི་བར་དུ་གོམས་སོང་བའི། རྣམ་རྟོག་དང་ལས་རླུང་གློ་ངན་གོམས་ཀྱི་བག་ཆགས་ཤོག་བུ་དྲིལ་ལམ་ལ་རྒྱུག་པ་ལྟ་བུའི་ཐ་རླབས་སྣ་ཚོགས་གང་ཟག་སོ་སོའི་ཁམས་ཀྱི་བྱེ་བྲག་གི་ཉམས་སྣ་ཚོགས་པ། འདི་རེད་ཅེས་གཅིག་ཏུ་ངེས་པ་ཅན་དང་། དེ་རེད་ཅེས་མཐའ་གཅིག་ཏུ་ཚད་བཟུང་མེད་པར་འབྱུང་བ། དཔེར་ན། ས་ཐག་རིང་དུ་འགྲོ་བའི་འགྲུལ་བ་བཤུལ་ལམ་རིང་པོར་ཞུགས་པའི་གང་ཟག་གིས་ལ་མཐོན་པོའི་རྩེ་མོར་ཕྱིན་དུ་བགྲོད་དགོས། ཐུར་རིང་པོའི་གཞུང་ལ་ཐུར་དུ་འབབ་དགོས། ཐང་ཆེན་པོའི་དཀྱིལ་བཤགས། རྩིབ་རིང་པོ་འཁྲིད་ཀྱིས་བཅད་དེ་ལམ་བདེ་གཟར་སྣ་ཚོགས་ཀྱི་གནས་མ་མཐོང་བར་ས་ཐག་རིང་ལ་མི་སླེབས་པ་དང་འདྲ་བས། **གང་ཤར་ཆེད་འཛིན་མེད་པར་རང་ལམ་བསྐྱུང་།** ཞེས་གསུངས་ན། སྣང་བ་གང་ཅན་པོ་ཤར་ཀྱིན་སྣང་གིན་བསྡད་ཀྱང་དེ་ལ་དགའ་སྡུག་དང་རེ་དོགས་མེད་པར་བདེན་མེད་སྒྱུ་ལམ་གྱི་རང་བཞིན་དུ་ཐག་བཅད་ནས་ག་ལེར་ལྷོད་ལ་འཞིབ་དགོས་ནི་རེད། ཉམས་བཟང་ངན་གང་ཤར་ཡང་དེར་ཞེན་རྒྱུ་དང་དེའི་རྗེས་སུ་འདེད་རྒྱུ། དེའི་གཉེན་པོ་ཆེད་དུ་བསྟེན་རྒྱུ་དེ་འདྲ་མི་བྱེད་པར་ལྷོད་ལ་འཛོག་དགོས། ལས་ཀྱི་འཕེན་པ་རྒྱང་རིང་བས། །སྐྱིད་སྡུག་སྣ་ཚོགས་ད་གཟོད་འོང་། །འགྱོར་ཡང་དྲིགས་པ་མི་བྱ་ཞིང་། །རྒུད་ཀྱང་ཞུམ་པར་མི་བྱའོ། །གསུངས་ནི་རེད། རྣམ་རྟོག་ཟེར་རྒྱུ་འདི་བཙན་གྱིས་བཀག་ན་ཁེག་ནི་མ་རེད། ཆུ་ཆེན་པོའི་འོལ་ཁ་དེ་བཀག་ན་ཁེག་རྒྱུ་ཞིག་ཆེ་ཡིན་ཇེ་སྡུག་ཡིན་ནི་རེད། དེས་ན་སྐྱིད་སྡུག་གང་བྱུང་ཡང་ག་ལེ་སོས་དལ་མོ་བྱེད་དགོས་ནི་རེད། རྣམ་རྟོག་ཤར་ཚད་ལ་ཆེད་འཛིན་མེད་པར་རིག་པ་སྟོང་གསལ་བརྗོད་མེད་རྩོལ་བྲལ་ཅིག་བཞག་ཆེན་པོའི་རང་ལམ་བསྐྱངས་ནས་ཉམས་སུ་བླང་། འདིའི་སྐབས་སུ་བླ་མ་ལ་གསོལ་བ་འདེབས། དད་པ་དང་མོས་གུས་དྲག་པོ་བྱེད་རྒྱུ་གལ་ཆེ་ནི་རེད། མོས་གུས་དད་པའི་སྣང་བ་ལ། །རིག་

པ་རང་བྱུང་འགག་མེད་གསལ། །གསུངས་ནི་རེད། བླ་མའི་ཐུགས་དང་རང་སེམས་དབྱེར་མེད་དུ་བསྲེས། ཉམས་གང་ཤར་ན་ཡང་དེ་ལ་བླང་དོར་དང་ཆེད་འཛིན་མེད་པར་རིག་པའི་རང་ས་བཟུང་། རང་ལམ་བསྐྱང་རྒྱུར་བརྩོན་པ་མ་ཞན་ན། ཉམས་རྟོགས་རིམ་གྱིས་སྐྱེས་པ་དང་ཉམས་རྟོགས་ཀྱི་ཡོན་ཏན་ཡང་རིམ་གྱིས་འཕེལ་རྒྱུ་ཅན་ཞིག་ཡིན་ནི་རེད། **ལྷག་པར་མ་གོམས་པའི་དུས་ན་རྣམ་རྟོག་སྣ་ཚོགས་མི་ལྟར་འབར་བ།** གསུངས་ན། ལས་དང་པོ་བའི་སྐབས་ལྷ་བུར་ལྷག་པར་དུ་ཞི་ལྷག་ཟུང་འབྲེལ་གྱི་ལམ་ལ་ཡུན་རིང་དུ་གོམས་འདྲིས་མ་སོང་བར་མ་གོམས་པའི་གནས་སྐབས་ན། སྒོམ་གྱི་མགོ་ཟིན་པའི་རྟགས་འོག་ནས་འབྱུང་མ་རག་པ་ལྟར། ཆོས་ཅན་གྱི་རྣམ་ཤེས་ལྷོད་ལ་བཞག་པས། དེའི་ཆོས་ཉིད་ཡེ་ཤེས་རང་གསལ་དུ་ཤར་ཡོང་ནི་རེད། གནས་དང་། ལམ་དང་། སྒོ་ལ་སོགས་པ་བརྒྱུད་ཀྱི་ཐོག་ནས་སེམས་དང་ཡེ་ཤེས་ཀྱི་ཁྱད་པར་འབྱེད་རྒྱུ་ཡོད་ནི་རེད། མདོར་ན། འོག་འགྱུ་ཕྲ་བ་བར་མ་ཆད་པ་དང་འཕྲོ་རྒོད་ཀྱི་རྣམ་རྟོག་རགས་པ་སྣ་ཚོགས་མི་ལྟར་འབར་བ་འབྱུང་ནི་རེད། དཔེར་ན། ཆུ་དྲག་འབབ་ཀྱི་གཏིང་གི་སྒྲོག་ཆགས་དེ་མཐོང་མི་ཐུབ་ཀྱང་། དལ་འབབ་ཀྱི་ནང་གི་ཉ་དང་རྡོ་སོགས་ཅི་ཞིག་ཡོད་ན་གསལ་མོ་བྱུས་ནས་མཐོང་ཐུབ་པ་བཞིན་དུ་སྤྱར་རྣམ་རྟོག་རྒྱ་འབྱམས་ཁ་ཡན་དུ་ཤོར་དུས་རྟོག་ཚོགས་འགྱུ་བཞིན་ཡོད་ནོ་ངེས་མ་ཟིན་ནི་རེད། འདིའི་སྐབས་སུ་རྣམ་རྟོག་ཇེ་མང་ཇེ་རྒོད་དུ་བུད་ཐལ་བསམ་རྒྱུ་དེ་རྣམ་རྟོག་ལ་བདག་པོ་སྤྲོད་ནི་ཞིག་ཡོད་ཡོང་དུས་རྣམ་རྟོག་ཅེས་པ་འཕྲོ་རྒོད་ཅན་ཞིག་ཡིན་ནོ་ལྟང་ལ་བུད་ནས་ཤེས་ཡོང་ནི་རེད། **གཡོ་བའི་ཉམས་ཀྱི་དུས་སུ་ངེས་མ་སུན་པར་བྱས་ཏེ། སྒྲིམ་ལྷོད་རན་པོས་རྒྱུན་མ་བཏང་བར་བསྐྱང་བས་ཐོབ་པ་སོགས་ཉམས་ཕྱི་མ་དག་རིམ་བཞིན་འབྱུང་ངོ་།** །གསུངས་ན། འདིའི་སྐབས་ལ་གནས་པའི་མགོ་ཙམ་ནས་རྣམ་རྟོག་གང་འགྱུ་ཐེར་ལ་བུད་དེ། རྟོག་ཚོགས་ཇེ་རགས་སུ་སོང་ཐལ་བསམ་རྒྱུ་དེ། གཡོ་ཐོབ་གོམས་བརྟན་མཐར་ཕྱིན་པའི་ཉམས་རྣམས་དང་སྦྱར་ན། གཡོ་བའི་ཉམས་རི་གཟར་གྱི་རྦབ་ཆུ་ལྟ་བུ་དེ་ཤར་བའི་དུས་ལ་སླེབ་སྐབས། ཉམས་དེས་མ་ཟིན་ནི་ཞིག་བྱུས། ལྷོད་ལ་བཞག་ནས་བཟོད་བསྲན་བསྐྱེད་དེ། མ་ལབ་

སྒྲོན་གྱིས། གྲིམ་གྲིས་སྒྲིམ་ལ་ལྷོད་ཀྱིས་གློད། །དེ་ན་ལྟ་བའི་གནད་ཅིག་
ཡོད། །གསུངས་པ་ལྟར་གྲིམ་ལྷོད་རན་པོ་ཞིག་གི་སྒོ་ནས་སེམས་འགྲོ་ཤོར་རྒྱུ་དེ་ལ་
སེམས་ཁྲལ་མི་བྱེད་པར་ག་ལེ་ག་ལེར་གོམས་སུ་བཅུག་ནས། བྱ་འཕྱུལ་ཐབས་ཀྱི་སྒོ་ནས་
བཟུང་བ་ལྟར་བྱས་ཏེ་གོམས་པའི་རྒྱུན་མ་བཏང་དུས། ནམ་ཞིག་གི་སྐབས་ན་རིག་པ་ཙུང་
ཟད་ཅིག་ལྷང་ལ་བྱུད་ནས་ཉམས་ལེན་གྱི་བཙན་ས་ཟིན་ཡོང་ནི་རེད། དེ་ལ་གོམས་པ་ཇེ་
བརྟན་དུ་སོང་དུས། ཕྱར་བས་ཇེ་བརྟན་དུ་སོང་པའི་ཉམས་རེད། དེ་ནས་གོམས་པ་དང་
བརྟན་པ། །མཐར་ཕྱིན་པའི་ལམ་རྟགས་ཕྱི་མ་དག་རིམ་གྱིས་འབྱུང་ངོ་གསུངས་ནི་རེད།
ཐོབ་པའི་ཉམས་དེ་ལུང་ཁྲུང་དོག་མོའི་ཆུ་ལྟ་བུ་ཞིག་ཡིན་ནི་རེད། ཕྱར་གཡོ་བའི་ཉམས་ཀྱི་
སྐབས་ཀྱི་རི་གཟར་གྱི་ཐབ་ཆུ་དང་བསྡུར་ན་ལུང་ཁྲུང་དོག་མོའི་ཆུ་འཇམ་ནི་རེད། ཕྱར་
བས་ཇེ་ལྷོད་ཇེ་འཇམ་ལ་བྱུད་སོང་ནི་རེད། དེ་ནས་གོམས་པའི་ཉམས་དལ་འབབ་ཀྱི་ཆུ་
ཀླུང་ཆེན་པོ་ལྟ་བུ་དང་བརྟན་པའི་ཉམས་དྭངས་གསལ་གཡོ་མེད་དུ་འཁྱིལ་བའི་རྒྱ་མཚོ་ལྟ་བུ་
ལ་སོགས་པའི་ཉམས་ཕྱི་མ་རྣམས་རིམ་བཞིན་ཡོང་ནི་རེད། དེ་ཇི་ལྟར་ཡོང་ནི་རེད་ཟེར་ན།
གོམས་པའི་ཉམས་ཟེར་རྒྱུ་དེ་དྲན་ཤེས་ལ་བརྟེན་ནས་རིག་ངོ་ཡང་དང་ཡང་གིས་བསྐྱངས་
དུས། བར་ཞིག་ལ་རིག་ངོ་བསྐྱང་བདེ་མོ་འདྲ་ཞིག་ཡོང་རྒྱུ་དེ་རེད། དེ་ནས་དེའི་ཐོག་
ལ་རྒྱུན་མཐུད་དེ་བརྩོན་འགྲུས་བསྐྱེད་ན་བར་ཞིག་ནས་རྣམ་རྟོག་ཤར་གྱིན་བསྡད་ཀྱང་རིག་
ཐོག་ནས་མི་གཡོ་བར་རྣམ་རྟོག་འགྲོ་བཞིན་ཡོད་ཀྱང་རྣམ་རྟོག་ལ་ཤུགས་དང་ནུས་པ་མེད་པ།
སྔོན་ཁའི་དུས་ཀྱི་སྦྲང་མ་དང་སོ་གའི་དུས་ཀྱི་གྲང་རླུང་ལྟར་ངར་ཤུགས་འདྲ་བོ་དེ་ཙམ་མེད་
པའི་རྣམ་རྟོག་ནུས་མེད་ལ་གྱུར་སོང་ནོ་བརྟན་པའི་ཉམས་དེའི་འཁོར་མཐར་ཕྱིན་པའི་ཉམས་དེ་
ཇི་ལྟ་བུ་ཞིག་ཡིན་ནི་རེད་ཟེར་ན། རྐྱེན་ཆེ་ཕྲ་ཆུང་གསུམ་ཇི་འདྲ་ཞིག་ལ་ཐུག་ཀྱང་།
དེས་བསྒྱོད་མི་ཐུབ་པ་རི་ཆེན་པོ་རླུང་གིས་སྒུལ་མི་ཐུབ་པ་དེ་ལྟ་བུ་ཡིན་ནི་རེད། རི་བོ་ལྟར་
གཡོ་འགྱུལ་མེད་པ་མངོན་དུ་གྱུར་བ་མཐར་ཕྱིན་པའི་ཉམས་ཡིན་ནི་རེད། འདི་དག་གཙོ་
ཆེར་ཞི་གནས་ཀྱི་སྟེང་ནས་གཙོ་བོ་ཕྱག་ཆེན་གྱི་ཆོས་སྐད་ལ་སྦྱར་ནས་གསུངས་ཡོད་ནི་རེད།
ལྷག་མཐོང་གི་ལམ་རྟགས་ལ་མཚོན་ན། དང་པོ་རིག་པ་ངོ་ཤེས་དུས་རྣམ་རྟོག་རང་གིས་

རང་གྲོལ་བ་སྦྲུལ་གྱི་མདུད་པ་ལྟ་བུ། བར་དུ་རྩལ་རྫོགས་དུས་བཟང་ངན་གང་སྣང་རྟོག་ཚོགས་གང་ཤར་གྱིན་བསྟོད་ཀྱང་ཕན་གནོད་མེད་པ་ཁང་སྟོང་གི་ནང་དུ་རྐུན་མ་འཛུལ་བ་ལྟ་བུ། མཐར་བརྟན་པ་ཐོབ་བའི་སྐབས་ན་མ་དག་པའི་ཆོས་བཙལ་ཀྱང་མི་རྙེད་པ་གསེར་གླིང་དུ་ཕྱིན་ན་ས་རྡོ་ཕལ་བ་བཙལ་ཀྱང་མི་རྙེད་པ་ལྟ་བུ་ཡིན་ནི་རེད། འདི་ཙོག་བཞག་བཞི་དང་སྦྱར་ནས་བཤད་ན། རང་གི་སེམས་འདི་བཅོས་བསླད་དང་བཟོ་བཅོས་མེད་པར་རང་སར་བཞག་ནས། སེམས་ཁོའི་གཤིས་ལ་བབས་ཀྱིས་ལྟ་སྐབས་ཡེ་སྟོང་རྩ་བྲལ་ཟང་ཐལ་ལེ་བ། ཕྱི་ནང་མཐའ་དབུས་དང་བྲལ་བ། སྟོང་བ་ཕྱང་ཆད་ཀྱང་མ་ཡིན་པར། རང་གདངས་འགག་པ་མེད་པ། འགྱུ་དྲན་གྱི་རྣམ་རྟོག་ཐམས་ཅད་དང་བྲལ་སོང་ནི། སྨྲ་བསམ་བརྗོད་མེད་ཀྱི་དོན་དེ་ལ་ཁོ་ཐག་ནང་ནས་ཆོད་དེ། དུས་གསུམ་རྒྱལ་བའི་ཐུགས་དང་མ་དག་སེམས་ཅན་གྱི་སེམས་ལ་བཟང་ངན་མེད་པར་རིག་སྟོང་ཡེ་ཤེས་གཅིག་གི་ཀློང་དུ་འདུས་པར་ངོ་ཤེས་པ་དེ་ལྟ་བ་རི་བོ་ཙོག་བཞག་རེད། ལྟ་བ་དེའི་རང་ངོ་ཤེས་བཞིན་དུ་དེའི་ངང་ལ་རང་བབས་མ་བཅོས་པར་བཞག་ཡོད་དུས་གཟུང་འཛིན་གྱི་རྟོད་ཕུར་ཕྱུངས་ནས་ཡོད་མེད་ཡིན་མིན་ལ་སོགས་པ་ཆེད་འཛིན་དམིགས་གཏད་ཅན་གྱི་བསྒོམ་བྱ་གང་ཡང་མེད་ནི། གསལ་སྟོང་མཐའ་དབུས་དང་བྲལ་བའི་རང་ངོ་རྟེན་ལ་བུད་དེ་འཛིན་ཞེན་ཉམས་ཀྱི་ཤུན་པ་དང་བྲལ་ཞིང་དགག་སྒྲུབ་རྟོག་དཔྱོད་ཀྱི་སླད་དང་བྲལ་བས་སྒོམ་མེད་ཡེང་མེད་ཀྱི་སེམས་ཀྱི་ངོ་བོ་སྐྱོང་བ་ཡི་གནས་རང་བབས་ཀྱི་བསམ་གཏན་དང་སེམས་ཀྱི་ཆོས་ཉིད་སྐྱོང་བ་རང་ངོ་རང་གསལ་གྱི་ལྷག་མཐོང་གཉིས་ཀ་ཟུང་དུ་འཇུག་པ་དེ་སྒོམ་པ་རྒྱ་མཚོ་ཙོག་བཞག དེ་ལྟ་བུའི་སྒོམ་པའི་རྒྱུན་བསྐྱང་བ་དེའི་སྐབས་ལ་ཚོགས་དྲུག་གི་སྣང་ཤེས་གང་ཤར་ཐམས་ཅད་ལ་བཅོས་སྒྲུར་སྤང་བླང་མེད་པའི་རིག་པའི་རང་ཚུགས་མ་ཤོར་བའི་ཐོག་དེ་ནས་རྩལ་སྣང་བཟང་ངན་གང་གིས་ཀྱང་ཕན་གནོད་མེད་པ་ཆབ་རོམ་ཆུར་ཞུ་བའམ་ཐ་རླབས་རྒྱ་མཚོར་འགྱུར་བ་ལྟ་བུ་དེ་སྤྱོད་པ་མན་ངག་ཙོག་བཞག་ཡིན་ནི་རེད། དེ་ལྟར་བྱས་ནས་གོམས་ཏེ་གོང་ནས་བཤད་རྒྱུའི་ཞི་ལྷག་གི་ལམ་རྟགས་ཐམས་ཅད་མངོན་དུ་གྱུར་ནས་ཉོན་མོངས་ཡོད་ཚད་ཀྱི་ཚབ་ཏུ་ཡེ་ཤེས་རེད་སོང་དུས་ཉོན་མོངས་ཡེ་ཤེས་སུ་གནས་འགྱུར་ཟེར་བའི་ཐ་སྙད་དེ་འདྲ་ཞིག

བཏགས་བཞག་ནི་རེད། དོན་ལ་སྣམ་བུ་ཆོས་ཀྱིས་བསྒྱུར་བ་བཞིན་དུ་མཚན་འཛིན་གྱི་འཁྲུལ་སྣང་ཐམས་ཅད་དབྱིངས་སུ་ཞི་བ་ཡིན་ནི་རེད། **འདི་དུས་སྤྱིར་རིག་པ་དང་མ་རིག་པ། ཀུན་གཞི་དང་ཆོས་སྐུ། རྣམ་ཤེས་དང་། ཡེ་ཤེས་ཀྱི་ཁྱད་པར།** གསུངས་ན། ཞི་ལྷག་ཟུང་དུ་འབྲེལ་བའི་ཉམས་ལེན་གྱི་གནད་དུ་བསྟུན་པ་འདིའི་སྐབས་སུ་སྤྱིར་གལ་འགངས་ཆེ་བ་གང་ཡིན་ནི་རེད་བསམ་ན་གསུངས་ནི་རེད། ཤན་འབྱེད་དང་ལ་བཟླའི་སྐོར་དེ་གནད་ཆེ་སར་ཐུག་ཡོད་ནི་རེད། སེམས་ཀྱི་ཆོས་ཉིད་གཟུང་འཛིན་གཉིས་སུ་མེད་པ་མ་སྐྱེས་རྗེན་པར་ཤར་བ་རིག་པ་ཡིན་ནི་རེད། རིག་པའི་རང་བཞིན་དེ་ཅི་ལྟ་བུ་ཞིག་ཡིན་ནི་རེད་ཅེ་ན། འོད་གསལ་དུ་ཤར་བ་ཞིག་ཡིན་ནི་རེད། གཟུང་འཛིན་རང་མཚན་དུ་ཞེན་པ་དེ་མ་རིག་པ་སྟེ་རྟོག་པ་ཡུལ་ལ་འཕྲོ་བ་དེ་མ་རིག་པ་ཡིན་ནི་རེད། དེ་གཉིས་ཀ་ཕན་ཚུན་སྤངས་འགལ་གཅིག་ཡིན་ན་གཅིག་མ་ཡིན་པ་ལག་པའི་ལྟོ་རྒྱབ་ལྟ་བུ་ཞིག་རེད། དེ་རིག་པ་དང་མ་རིག་པ་གཉིས་ཀྱི་ཤན་འབྱེད་རེད། ཀུན་གཞི་དང་ཆོས་སྐུའི་ཐད་གོང་ནས་ཀྱང་གསུངས་ནི་རེད། བག་ཆགས་སྣ་ཚོགས་ཀྱི་གཞིར་གྱུར་ཅིང་། འཁོར་བའི་འཁྲུལ་སྣང་ཐམས་ཅད་ཀྱི་ཐོག་མར་སྐྱེས་པ། ངོ་བོ་གང་ལ་ཡང་མི་རྟོག་ཅིང་རྩེ་གཅིག་ལུང་མ་བསྟན་དུ་སྡོད་པ་དེ་ཀུན་གཞི་རེད། གནད་གསུམ་ཤན་འབྱེད་ཀྱི་ནང་ན། ཀུན་གཞི་རྙོག་མ་ཅན་གྱི་ཆུ་དང་འདྲ། །བག་ལ་ཉལ་གྱི་གཏི་མུག་མགོ་རྨོངས་ནས། །ཡེ་ཤེས་རིག་པའི་དྭངས་ཆ་ལྐོག་ཏུ་གྱུར། །གསུངས་པ་ལྟར་ཀུན་གཞི་ཤེས་པ་མི་རྟོག་པར་སྡོད་པ་དང་། ཆོས་སྐུ་ངོ་བོ་སྤྲོས་བྲལ་དུ་གནས་པ་གཉིས་ཀ་ཁ་ཁ་ཡིན་ནི་རེད། དྭངས་གསལ་སྤྲོས་པ་དང་བྲལ་བ་འབྲས་ཆོས་རྒྱ་མཚོའི་རྟེན་གཞིར་གྱུར་བ་ཆོས་སྐུ་རེད། ཆོས་སྐུ་རྙོག་མ་དྭངས་པའི་ཆུ་དང་འདྲ། །གློ་བུར་དྲི་མ་སྦྱངས་པའི་བདག་ཉིད་ཅན། །རྣམ་གྲོལ་ཡོན་ཏན་ཀུན་གྱི་ངོ་བོ་སྟེ། །ཕྱིན་ཆད་འཁྲུལ་མི་ཤེས་པའི་ཡེ་ཤེས་ཡིན། །གསུངས་ནི་རེད། དེ་བཞིན་དུ་རྣམ་ཤེས་དང་ཡེ་ཤེས་གཉིས་ཀྱི་ཁྱད་པར་ཡང་། རྣམ་རྟོག་སྣ་ཚོགས་ཡུལ་ལ་འཕྲོ་བ་རྣམ་ཤེས་དང་། ཞེན་མེད་རང་གྲོལ་གྱི་མཁྱེན་ཆ་མ་འགགས་པ་ཡེ་ཤེས་ཡིན་ནི་རེད། དེ་ལྟར་ན་ཆོས་སྐུ་དང་། རིག་པ། ཡེ་ཤེས་གསུམ་

པོ་དེ་ངོ་བོ་སྤྲོས་བྲལ། རང་བཞིན་འོད་གསལ། ཐུགས་རྗེ་འགག་མེད་གསུམ་དང་སྦྱར་ནས། ངོ་བོ་སྤྲོས་བྲལ་དུ་གནས་པ་དེ་ཆོས་སྐུ་དང་། རང་བཞིན་འོད་གསལ་དུ་ཤར་བ་དེ་རིག་པ། ཐུགས་རྗེ་འགག་མེད་དུ་ཤར་བ་དེ་ཡེ་ཤེས་ཏེ་གསུམ་གྱི་ཐ་སྙད་བཏགས་ནི་རེད། ཀུན་གཞི་དང་། མ་རིག་པ། རྣམ་ཤེས་གསུམ་དེ་ཡང་ཤེས་པ་མི་རྟོག་པར་སྡོད་སྐབས་དང་། རྟོག་མེད་ཡུལ་ལ་འཕྲོ་བ། རྟོག་པ་ཡུལ་ལ་འཕྲོ་བ་གསུམ་ལ་སྦྱར་ནས་ཤེས་པ་མི་རྟོག་པར་སྡོད་པ་ཀུན་གཞི་དང་། རྟོག་མེད་ཡུལ་ལ་འཕྲོ་ན་མ་རིག་པ། རྟོག་པ་ཡུལ་ལ་འཕྲོ་ན་རྣམ་ཤེས་ཞེས་བཏགས་པ་ཞིག་ཡིན་ནི་རེད། དེ་དག་གི་ཁྱད་པར་དང་དབྱེ་བ་གཞུང་བཤད་ཀྱི་སྐབས་ལ་མང་པོ་ཞིག་བཤད་རྒྱུ་ཡོད་ཀྱང་། སྤྲོས་མེད་བྱ་བཏང་བ་ཀུ་སླ་ལུ་པའི་ལུགས་ལྟར་བྱས་དུས། **བླ་མའི་མན་ངག་གི་ཉམས་མྱོང་གི་སྟེང་ནས་ངོ་འཕྲོད་པ་གདིང་དུ་བྱས་ནས།** གསུངས་ན། སྤྲོས་བཤད་ཀྱི་ཚིག་ཚོགས་མང་པོའི་སྤྲོས་པ་ལ་མ་བརྟེན་པར་དཀའ་བ་སླ་བར་བཏང་སྟེ་བདེ་བླག་ཏུ་སྟོན་པ་མན་ངག་ཡིན་པས། འདིའི་སྐབས་སུ་ལྷག་པར་དུ་བླ་མ་ལ་གསོལ་བ་འདེབས། དད་པ་དང་མོས་གུས་དྲག་པོ་བྱེད་རྒྱུ་གལ་ཆེན་ཡིན་ནི་རེད། བླ་མ་མེད་པའི་གོང་རོལ་ན། །སངས་རྒྱས་བྱ་བའི་མིང་ཡང་མེད། །གསུངས་ནི་རེད། དེས་ན་བཀའ་དྲིན་གསུམ་ལྡན་གྱི་རྩ་བའི་བླ་མ་དམ་པ་ལ་གསོལ་བ་བཏབ་ན། གདམས་ངག་གི་དགོངས་དོན་ཐུགས་རྒྱུད་ཀྱི་བྱིན་རླབས་འཕོ་ཞིང་། རྟོགས་པ་རྒྱུད་ལ་སྐྱེ་བ་ལ་དེའི་དགའ་ཞིག་མེད་ནིའི་མ་ཚད། རང་རྒྱུད་ཀྱི་སྡིག་སྒྲིབ་དག་རྒྱུ་དང་ཡང་དག་པའི་ལམ་སྐྱེད་རྒྱུར་ཡང་དེའི་དགའ་ཞིག་ཡོད་ནི་མ་རེད། དེ་ཡིན་དུས་མན་ངག་དང་གདམས་པའི་སྙིང་བཅུད་ཀྱི་ཐོག་ལ་འཁྲིལ་ནི་ཞིག་བྱས་ཏེ། བླ་མའི་མན་ངག་གིས་ཁ་བཤད་ཙམ་ཞིག་མ་ཡིན་པར་རང་ཉིད་ཀྱིས་དངོས་སུ་མྱོང་བའི་ཉམས་མྱོང་གི་སྟེང་ནས་ངོ་འཕྲོད་པ་ལ་བརྟེན་ནས། གོལ་ས་དང་ནོར་ས་ཐམས་ཅད་པོ་རང་སར་སྤྱང་ནས། ལྟ་བ་ཟབ་མོ་གདིང་དུ་བྱས་ནས་གང་སྣང་གང་ཤར་ལ་སྤང་བླང་མེད་པར་རང་ས་ཟིན་པར་བྱ་རྒྱུ་དེ་གནད་ཡིན་ནི་རེད། གོང་གི་ཤན་འབྱེད་དེ་ཚོར་བསམ་བློ་བཏང་ན། ཀུན་གཞི་དང་ཆོས་སྐུ་གཉིས་ཀ་ཤན་ཕྱེས་ནས་སྒོམ་པ་དེ་རྒྱལ་བོ་ཁྲི

ལ་འཁོར་པས་མི་འགྱུར་བ་ལྟ་བུའི་མན་ངག་དང་། རིག་པ་དང་མ་རིག་པ་གཉིས་ཀ་ཤན་ཕྱེས་ནས་སྒོམ་རྒྱུ་དེ་བཀའ་བློན་བཙོན་ལ་བཟུང་བ་ལྟ་བུའི་མན་ངག རྣམ་ཤེས་དང་ཡེ་ཤེས་གཉིས་ཁྱད་ཕྱེས་ནས་སྒོམ་རྒྱུ་དེ་འབངས་ཆམ་ལ་ཕབ་པ་ལྟ་བུའི་མན་ངག་ཡིན་གསུངས་ནི་རེད། སེམས་རིག་གཉིས་ཀྱི་ཐད་ནས་བཤད་ན། སེམས་ལ་རིག་པས་ཕར་ཁྱབ་ཀྱང་། རིག་པ་ལ་སེམས་ཀྱིས་ཚུར་མ་ཁྱབ། དེའི་སྐབས་ཀྱིས་སེམས་ཀྱི་དབང་དུ་རིག་པ་མ་གྱུར་ལ། སེམས་རིག་པའི་དབང་དུ་གྱུར་བ་ཡིན་ནི་རེད། དཔེ་བཞག་ན། ཆུ་མ་གཡོས་ན་ཟ་རླབས་མི་འབྱུང་ནི་འདྲ་ཞིག་གི་རིག་པ་མ་གཡོས་ན་སེམས་རྟོག་གཡོ་མི་སྲིད་ནི་ཞིག་རེད། འདིའི་གནད་འདི་མ་གོ་ནས་སེམས་ལ་སངས་རྒྱས་འདོད་པའི་རྫོགས་ཆེན་པ་ཡོད་ན་ཤིན་ཏུ་བླུན་པོའི་གྲས་ལ་བཞག་ཡོད་ནི་རེད། དེས་ན། **སྐྱོང་དུས་ཆུ་མ་བསྐྱིལ་ན་དྭངས་པ་ལྟར། རྣམ་ཤེས་རང་སར་བཞག་པས**་གསུངས་ན། རིག་སྟོང་མཐའ་བྲལ་གྱི་ངང་སྐྱོང་དུས། དཔེར་ན་གོང་དུ་ཞུས་མ་ཐག་པ་ལྟར་ཆུ་འཕྱུར་རྒྱུ། གཡུག་རྒྱུ། དཀྲུག་རྒྱུ་གསུམ་པོ་མ་བྱས་ནས་མ་སྐྱིལ་བར་བཞག་ན་རྙོག་མ་རང་དྭངས་སུ་སོང་ནས། ཡུལ་སྣང་སྣ་ཚོགས་ཀྱི་གཟུགས་བརྙན་ཤར་བ་ལྟར་སྒོ་ལྔའི་རྣམ་ཤེས་ལ་དགག་སྒྲུབ་མི་བྱེད་པར་རང་སར་གློད་དེ། ཡིད་ཀྱི་འགྱུ་བ་རང་གྲོལ་དུ་བཞག་པས། **དེའི་ཆོས་ཉིད་ཡེ་ཤེས་རང་བྱུང་དུ་གསལ་བའི་མན་ངག་གཙོ་བོར་བྱ་དགོས་ཀྱི**་གསུངས་ན། རྣམ་ཤེས་དེ་ཆོས་ཅན་རེད། རིག་པ་དེའི་ཆོས་ཉིད་རེད། རྣམ་ཤེས་ཞེས་པ་སེམས་རེད། སེམས་དང་རིག་པའི་ཁྱད་པར་དེ་རྒྱུད་རང་ཤར་ལས་འདི་ལྟར་གསུངས་ཏེ། སེམས་དང་རིག་པའི་དཔེ་ནི་ཆུ་དང་ལྦུ་བ་ལྟ་བུའི་ཚུལ། །གསུངས་ཡོད་ནི་རེད། རིག་པ་ཆུ་དྭངས་པ་ལྟ་བུ་སླིང་གི་དབུས་སུ་གནས་ན། དེའི་རྩལ་གདངས་སེམས་ཀྱི་མཚན་ཉིད་ཅན་ཆུའི་ལྦུ་བ་ལྟ་བུ་དེ་རྩ་སྦུབས་ཀྱི་ནང་ལ་སོང་ནོ་དེ་རླུང་གི་བྱེད་པས་བསྐྱོད་ནས་སྣ་ཚོགས་སུ་འཆར་ནི་རེད། འོ་ན་ཆུ་དང་ཆུ་ལྦུར་གཉིས་ཟས་འགལ་བ་ཞིག་མ་རེད། དེ་གཉིས་ཀ་ཁ་ཁ་འབྱེད་དགོས་ན་འབྱེད་ཐུབ་རྒྱུ་ཅན་ཞིག་མ་རེད་བསམས་ན། སེམས་རིག་པ་ཡོད་མེད་ཀྱི་རྗེས་སུ་བྱེད་ནི་རེད་མ་གཏོགས། རིག་པ་སེམས་ཡོད་མེད་ཀྱི་རྗེས་སུ་འགྲོ་ལྡོག་བྱེད་ནི་མ་

རེད། ཁྱབ་བྱ་དང་ཁྱབ་བྱེད་ཀྱི་ཐོག་ནས་བཤད་སོང་ན། གོང་ནས་བཤད་པ་ལྟར། སེམས་ལ་རིག་པས་ཕར་ཁྱབ་ཀྱང་། རིག་པ་ལ་སེམས་ཀྱིས་ཚུར་མི་ཁྱབ། རྒྱུ་མཚན་དེ་ལ་བརྟེན་ཏེ་སེམས་ཀྱི་དབང་དུ་རིག་པ་མ་གྱུར་ལ། སེམས་རིག་པའི་དབང་དུ་གྱུར་བ་དེ་མོ་ཞིག་ཡིན་ནི་རེད། རྣམ་ཤེས་མ་བཅོས་རང་སར་བཞག་ན་དེའི་ཆོས་ཉིད་ཡེ་ཤེས་དེ་ཚུར་ལྷང་ལ་མི་འབུད་མི་སྲིད་རྒྱུ་ཞིག་རེད། དེས་ན་རྣམ་ཤེས་རང་སར་བཞག་དུས་རྟོག་ཚོགས་རང་ཡལ་ལ་སོང་ནས་ཡལ་འགྲོ་ས་དེ་ཆོས་ཉིད་སྟོང་གསལ་འགག་མེད་ཀྱི་རིག་ཆ་རེད། དེའི་ཕྱིར་ན་སེམས་དེའི་ཆོས་ཉིད་གཉུག་མ་དོན་གྱི་འོད་གསལ། སྐུ་དང་ཡེ་ཤེས་ཀྱི་རོལ་བ་རང་བྱུང་ཉི་མའི་དཀྱིལ་འཁོར་ལྟར་དུ་བཞུགས་པ་ལ། ལས་ཉོན་སྤྲིན་ལྟ་བུའི་སྒྲིབ་གཡོགས་དང་བྲལ་ཏེ་དག་པ་གཉིས་ལྡན་དུ་གསལ་བའི་འབྲས་བུ་མངོན་དུ་གྱུར་བ་འདི་ལ་རང་བཞིན་རྣམ་པར་དག་པའི་འབྲས་བུ་གསུངས་ནི་རེད། དེས་ན་རྩོལ་མེད་རང་བཞག་གིས་རིག་ངོ་བསྐྱང་བའི་མན་ངག་འདི་ནི་ཐོག་མཐའ་བར་གསུམ་དུ་གཙོ་བོར་བྱ་དགོས། ཐེག་པ་གཞན་གྱིས་བཤད་པའི་ཞི་རགས་ཀྱི་རྣམ་པ་སྒོམ་ནི་འདྲ་ཞིག་གི་དང་པོར་མཁོ་ནི་མཐར་མི་དགོས་ནི་དེ་འདྲ་ཡིན་ནི་མ་རེད། དེ་མོ་མིན་གསུངས་ནི་རེད། **བདག་གི་སྒོམ་རྒྱུ་འདི་རྣམ་ཤེས་སམ་ཡེ་ཤེས་གང་ཡིན་ཞེས་སྤང་བླང་གི་དཔྱད་ར་དང་དཔེ་ཆའི་གོ་རྟོག་གི་འདུ་འཕྲོ་སྤྲོལ་བར་མི་བྱ་སྟེ།** ཞེས་གསུངས་ཏེ། བདག་གིས་རྩེ་གཅིག་མཉམ་པར་འཇོག་པའི་སྐབས་སུ་སྒོམ་གྱིན་འདུག་རྒྱུ་འདི་གཟུང་འཛིན་ཅན་གྱི་རྣམ་ཤེས་སམ། གཟུང་འཛིན་ལས་འདས་པའི་ཡེ་ཤེས་གང་ཡིན་ཞེས་གང་རེད་ཡོད་ཀི་བསམ་ནས་སྤང་བྱ་ཀུན་ཉོན་གྱི་ཕྱོགས་དང་། བླང་བྱ་རྣམ་བྱང་གི་ཆོས་གཉིས་ཀ་ལ་སྤང་བླང་འདོར་ལེན་གྱི་བློས་དཔྱད་ར་དང་། སེམས་ཀྱི་རང་བཞིན་གསལ་བའམ་ཡང་ན་སྟོང་པ་འདི་མོ་ཞིག་རེད་ཅེས་གཏན་ཚིགས་ཀྱི་སྒྲུབ་བྱེད་དང་དཔེ་ཆའི་གོ་བས་དྲངས་པའི་རྣམ་རྟོག་གི་འདུ་འཕྲོ་སྤྲོལ་བར་མི་བྱ་སྟེ། ཉམས་ལེན་གྱི་གནད་མངོན་སུམ་ལ་རྟོགས་དུས་དཔེ་ཆའི་གོ་བ་རྒྱང་བ་ཞིག་ལ་བརྟེན་མི་དགོས་གསུངས་ནི་རེད། སློབ་དཔོན་ཆེན་པོས། ཚིག་ལ་མཁས་ན་མཁས་པ་མ་ཡིན་ཏེ། །མི་གཡོ་དོན་ལ་མཁས་ན་མཁས་པ་ཡིན། །གསུངས་ནི་རེད། **དེས་ཞི་ལྷག**

གཉིས་ཀ་ཅུང་ཟད་སྒྲིབ་པར་འགྱུར་རོ། །གསུངས་ན། ཐེ་ཚོམ་ཅན་གྱི་རྟོག་ཚོགས་དེ་ལྟ་བུ་དེས་རང་བབས་སུ་བཞག་པའི་ཞི་གནས་དང་། རང་གི་ཆོས་ཉིད་རང་གསལ་དུ་མཐོང་བའི་ལྷག་མཐོང་གཉིས་ཀ་ཅུང་ཟད་སྒྲིབ་པར་འགྱུར་ཏེ་ཆུ་དྭངས་སུ་འཇུག་བསམ་ནས་དཀྲུག་པ་ལ་སོགས་པ་ཁྲེར་ཡོང་ནས་ཆུ་དཀྲུགས་པ་དང་འདྲ་བར་ཕྱིར་ཞིང་མི་དྭངས་པར་བྱེད་པའི་ཕྱིར་རོ་གསུངས་ནི་རེད། ཆུ་དྭངས་དགོས་ན་མ་སྒྲུལ་བར་འཇོག་དགོས་ནི་རེད། རྣམ་རྟོག་འདུ་འཕྲོ་ལས་རྒྱུ་བཅའ་རྒྱུ་མང་ན་ཕྱིར་ཞིང་འཁྲུལ་བའི་རྒྱུ་ཡིན་ནི་རེད། འདིས་ནི་སྤྱང་ཁྲ་རྣམ་གཅོད་ཀྱིས་གསལ་བར་བསྟན་ནས་དེའི་ཤུགས་ལ་གནས་ཐོག་ནས་རང་ངོ་རིག་ཅིང་། རིག་ཐོག་ཏུ་ཁྲིག་གེར་འདུག་པའི་ཞི་ལྷག་ཟུང་འཇུག་གི་ཡེ་ཤེས་དེ་ཡོངས་གཅོད་ཀྱིས་ཚུར་ལ་བསྟན་པ་ཡིན་ནི་རེད། ཇི་ལྟར་བསྟན་ནི་རེད་ཅེ་ན་**རང་བབས་འཇོག་པའི་དྲན་པའི་རྒྱུན་བརྟན་པའི་ཞི་གནས་ཀྱི་གོམས་ཆ་དང་།** གསུངས་ན། རང་གི་ངོ་བོ་ཡོངས་གཅོད་དུ་བཤད་ན། རང་བབས་འཇོག་པའི་དྲན་པའི་རྒྱུན་བརྟན་པར་གྱུར་བ་དེའི་ཚེ་ན། རྣམ་རྟོག་དང་ཡུལ་རྐྱེན། གང་གིས་ཀྱང་བསྐྱོད་དུ་མེད་པ་རི་རྒྱལ་ལྷུན་པོ་ལྟ་བུའི་ཞི་གནས་ཀྱི་གོམས་ཆ་མཐར་སོན་པ་དང་། **རང་ངོ་རང་གསལ་དུ་ཤེས་པའི་ལྷག་མཐོང་རང་ཤུགས་ཀྱིས་འབྲེལ་བའི་ཚུལ་དུ་གོམས་པ་བརྟན་པོར་སོང་བ་ན།** ཞེས་གསུངས་ན། རང་གི་ངོ་བོ་གཟུང་འཛིན་དང་བྲལ་བ་རང་གསལ་དུ་ཤེས་པ། མ་རྟོགས་ལོག་རྟོགས་ཕྱོགས་རྟོགས་ཀྱི་ཐེ་ཚོམ་གྱི་སྐྱུན་པ་ཅུང་ཟད་ཙམ་ཡང་མེད་པར། ཉི་མ་ཤར་བ་ལྟ་བུའི་ལྷག་མཐོང་དེ་རང་ཤུགས་ཀྱིས་ཞི་གནས་དང་ཟུང་དུ་འབྲེལ་བའི་ཚུལ་གྱིས་གོམས་པ་བརྟན་པོར་སོང་བ་དེའི་སྐབས་སུ། ཞི་གནས་ཁེར་རྐྱང་དུ་གྱུར་ནས་སྨུན་ཐོམ་མེ་བའི་ངང་དུ་མ་འཕྱན་པ། གསལ་ཞིང་སྟོང་ལ་སྟོང་ཞིང་གསལ་བའི་རང་བཞིན་དང་མ་བྲལ་དུས་གཟུགས་མེད་ཁམས་ཀྱི་བག་ཆགས་དང་བྲལ། རང་ངོ་མ་མཐོང་བའི་གསལ་ཆ་རེས་ཆད་དུ་མ་གྱུར་བ་གསལ་སྟོང་ཟུང་དུ་འཇུག་པས་གཟུགས་ཁམས་ཀྱི་བག་ཆགས་དང་བྲལ། འཛིན་པ་རང་རྒྱུད་པ་ཁ་ཡན་དུ་ཤོར་སོང་ནོ་མིན་པས་འདོད་པའི་ཁམས་ཀྱི་བག་ཆགས་དང་བྲལ་སོང་དུས་ཁམས་གསུམ་ཡོངས་གྲོལ་གྱི་ས་ལ་དབུགས་དབྱུང་ཐོབ་པ་ཡིན་ནི་རེད། འདི་ལྟར་བྱས་

ནས་ཉིན་མཚན་ཀུན་ཏུ་ཉམས་ལེན་ལ་བརྩོན་པའི་སྐབས་འདིར། ལྡིང་བ། གོལ་བ། འབྲུམས་པ་གསུམ་པོའི་སྐྱོན་འབྱུང་ཉན་ནི་མ་རེད། ལྡིང་བ་ཟེར་རྒྱུ་དེ་ཇི་འདྲ་ཞིག་ཡིན་ན། ཡུན་རིང་ལ་བསྒོམས་ཀྱིན་བསྡད་ཀྱང་ཡར་སྐྱེད་འབྱུང་རྒྱུ་མེད་ནི་དེ་རེད། ལྡིང་བའི་སྐབས་འདིར་ཞི་གནས་ལྷག་མཐོང་གཉིས་ཀའི་རྩལ་ཤུགས་ཆུང་ནི་རེད། དེས་ན་ལྡིང་བའི་ཐོག་ཏུ་སྐད་ཅིག་ཀྱང་གནས་སུ་མི་འཇུག་པར་དར་ཆེན་རླུང་གིས་བསྐྱོད་ནི་དང་འདྲ་བར་འཕྲོ་རུ་འཇུག་སྟེ། རང་གྲོལ་དུ་བསྐྱུང་ན་ལྷག་མཐོང་གི་ཡེ་ཤེས་གློ་བུར་དུ་རྒྱུད་ལ་འཆར་ནི་རེད། ཞི་ལྷག་གཉིས་ཀ་ལྡིང་ཤོར་ན་ཡང་སྐྱེད་ཆུང་ནི་ཡིན་པས། དེའི་སྐབས་སུ་མན་ངག་དང་ཞལ་ཤེས་ཅི་ལྟ་བུ་ཡོད་ནི་རེད་ཅེ་ན། ནམ་མཁའ་སྤྲིན་མེད་ཀྱི་དུས་སུ་ཉི་མ་ལ་རྒྱབ་བསྟན་ནས། ནམ་མཁའི་ཁམས་ལ་མིག་གིས་ཧད་པོར་བལྟས་ཏེ། སེམས་མི་འཕྲོ་བའི་ཐོག་ལ་བཞག་ན་ངང་དྭངས་རྣམ་པར་མི་རྟོག་པའི་སྟོང་གསལ་སྤྲོས་པ་དང་བྲལ་བ་ཁོངས་ནས་འཆར་ནི་རེད། གོལ་བ་ཞེས་གསུངས་པ་དེ་གོལ་གཞི་འདྲ་མི་འདྲའི་ཐོག་ནས་ལམ་འཆོལ་བར་འཁྲུམས་སོང་ནི་བོ་རེད། དང་པོ་བསྒོམས་ནས་ཡོན་ཏན་ཙུང་ཟད་སྐྱེས་ཡོང་དུས་རློམ་སེམས་དང་ང་རྒྱལ་གྱིས་ཁེངས་ཡོང་ན་གོང་མའི་ཡོན་ཏན་ལ་བསམ་དགོས་ནི་རེད། ཚེ་འདིར་ཆགས་ན་མི་རྟག་པ་བཙན་ཐབས་ཀྱིས་བསྒོམ། ཉམས་མཐོ་དམན་ལ་ཆགས་ན་གང་ལ་ཆགས་ན་དེ་བཤིགས་ནས་བསྒོམ། བྱམས་སྙིང་རྗེ་མེད་ན་འགྲོ་དྲུག་ཕ་མར་བསྒོམ། རིག་པས་རྐྱེན་མ་ཐུབ་ན་རྐྱེན་དང་བསྲེས་ནས་བསྒོམ་དགོས་ནི་རེད། འདི་ཚོ་ལས་དང་པོ་བར་གནད་ཆེ་ནི་རེད། འབྲུམས་པ་འདྲ་ཞིག་ཡིན་ན་ཤར་གྲོལ་རྟོག་པ་ལ་འབྲུམས་རྒྱུ། ངང་དྭངས་བདེ་ཆགས་ལ་འབྲུམས་རྒྱུ་ཡོད་ནི་རེད། ཤར་གྲོལ་རྟོག་པ་ལ་འབྲུམས་སོང་ན་སེམས་ནང་དུ་མི་གནས་ནི་རེད་པས་ཞི་གནས་ཀྱི་དོན་བསྒོམ། ངང་དྭངས་བདེ་ཆགས་ལ་འབྲུམས་ན་རྟོགས་པ་ལ་སྐྱེད་འབྱུང་རྒྱུ་ཡོད་ནི་མ་རེད། དེའི་ཐད་ཚོད་རྣམ་རྟོག་སྣ་ཚོགས་ལ་སྤྲོས་ནས། ཤར་གྲོལ་འཛིན་མེད་དུ་སྐྱོང་དགོས་ནི་རེད། ཞི་གནས་དང་ལྷག་མཐོང་དབྱེར་མེད། ཀ་དག་དང་ལྷུན་གྲུབ་ཟུང་འཇུག་གསུངས་དུས། རྣམ་རྟོག་ཕར་ལ་ཡལ་བ་དེ་ཞི་ལྷག་དབྱེར་མེད་དང་རིག་པ་རྩེར་ལྷང་ལ་ཟེར་ནི་བོར་ཀ་ལྷུན་

ཟུང་འཇུག་ཀྱང་ཟེར་ཆོག་ནི་རེད། མདོར་ན་གང་བསྒོམས་ཀྱང་དེའི་ཉམས་དེས་གཞན་ཁྲིད་གསོད་རིས་ཆད་དུ་བསྒྱུར་རྒྱུ་དེ་འདྲ་ཡོད་ན། དེ་ལས་ལྡོག་པའི་ཐབས་ལ་འབད་ནས་གཟིགས་སེལ་དགོས་ནི་རེད། **རང་བབས་ཡེ་གནས་དང་། རང་བཞིན་འོད་གསལ་གྱི་ཞི་ལྷག་ཡེ་ནས་དབྱེར་མེད་པ་རང་བྱུང་གི་ཡེ་ཤེས་རྫོགས་པ་ཆེན་པོའི་དགོངས་པ་འཆར་བར་འགྱུར་རོ།** །ཞེས་གསུངས་ན། རང་བབས་ཡེ་གནས་ཀྱིས་ཞི་གནས་བསྟན་པ་དང་རང་བཞིན་འོད་གསལ་གྱིས་ལྷག་མཐོང་བསྟན་ནི་རེད། ལྷག་མཐོང་གི་རིག་པ་གསལ་དྭངས་ངར་ཆ་ཅན་རྗེན་ལ་བུད་ན་ཞི་གནས་ཞུགས་ལ་ཡོད་ནི་རེད། དེ་ལྟ་བུའི་ཞི་ལྷག་དབྱེར་མེད་པ་དེ་ཇི་ལྟར་འཆར་ནི་ཡིན་ན། ཉམས་ལེན་སྐྱོན་མེད་གོམས་པས་ཉོན་ཤེས་ཀྱི་སྒྲིབ་པ་རང་གྲོལ་གཞི་མེད་དུ་སོང་ནས་ཞི་ལྷག་ཟུང་འབྲེལ་རང་བབས་ཡེ་གནས་ཀྱི་ཆོས་སྐུ་མངོན་དུ་གྱུར་ཏེ། ངོ་བོ་སྟོང་བ། རང་བཞིན་གསལ་བ། ཐུགས་རྗེ་ཀུན་ཁྱབ་དབྱེར་མི་ཕྱེད་པ་ལ་མངའ་དབང་འབྱོར་བ་དང་མཉམ་དུ། རང་བཞིན་འོད་གསལ་གྱི་སྐུ་ལོངས་སྤྱོད་རྫོགས་པ་མངོན་དུ་གྱུར་ནས་མཚན་དང་དཔེ་བྱད་ཡེ་ཤེས་ལྔ་ལ་སོགས་པ་ལ་མངའ་དབང་སྒྱུར་བ་དང་། ཞི་གནས་ཀྱི་ཆ་ཆོས་སྐུ་དང་། ལྷག་མཐོང་གི་ཆ་ལོངས་སྐུ། གཉིས་ཀ་ཡེ་ནས་དབྱེར་མེད་པ་རང་བྱུང་གི་ཡེ་ཤེས་ཀྱི་རྩལ་ལས་ཤར་བས་ན་སྤྲུལ་སྐུ་མངོན་དུ་སྣང་ནས་སྐུ་གསུམ་རང་ཆས་སུ་ཚང་བའི་སྟོབས་ཀྱིས་འགྲོ་ཁམས་རྒྱ་མཚོ་དོང་ནས་སྤྲུགས་པ་དང་ཆབས་ཅིག་ཏུ་སྐུ་དང་ཡེ་ཤེས་འཕྲིན་ལས་དང་བཅས་པ་མ་ཚང་བ་མེད་པར་རང་ཆས་སུ་རྫོགས་པའི་ཀློང་ཆེན་པོའི་དབྱིངས། དུས་གསུམ་སངས་རྒྱས་ཐམས་ཅད་དགོངས་པ་དབྱེར་མེད་དུ་བཞུགས་པའི་འབྲས་བུ་ལྷུན་གྲུབ་རིན་པོ་ཆེའི་སྦུབས། རྫོགས་པ་ཆེན་པོའི་སྐབས་ན། རིན་པོ་ཆེའི་སྦུབས་གསུམ་གསུངས་པའི་གཞི་ལྷུན་གྲུབ་རིན་པོ་ཆེའི་སྦུབས། ལམ་ལྷུན་གྲུབ་རིན་པོ་ཆེའི་སྦུབས། འབྲས་བུ་ལྷུན་གྲུབ་རིན་པོ་ཆེའི་སྦུབས་གསུམ་གྱི་ནང་ནས་འབྲས་བུ་ལྷུན་གྲུབ་རིན་པོ་ཆེའི་སྦུབས་ནང་གསལ་གཞོན་ནུ་བུམ་སྐུའི་ཀློང་དུ་གཡོ་མེད་ཀྱིས་བཞུགས་ནས། སླར་གདུལ་བྱ་ཡོད་ཚེ་ཆོས་སྐུ་ལས་ལོངས་སྐུ་ཤར། ལོངས་སྐུ་ལས་སྤྲུལ་སྐུར་སྣང་ནས་ནམ་མཁའ་ཇི་སྲིད་བར་དུ་འཆར་བར་འགྱུར་རོ་གསུངས་

ནི་རེད། མན་ངག་གི་དོན་བསྡུ་བ་ནི། **འདི་ནི་མཁའ་ལྟར་མཉམ་པ་ཉིད་ལ་གནས་པའི་མན་ངག་གོ** །གསུངས་ན། རིག་པ་སྟོང་གསལ་འདི་ནི་མཁའ་ལྟར་རྒྱ་ཆེ་ལ་ཁྱོན་ཡངས་པ། འཛིན་ཞེན་ཐམས་ཅད་དང་བྲལ་བ། མཁའ་ཁྱབ་མཁའ་ཡི་རྡོ་རྗེ། ནང་གསལ་བུམ་སྐུའི་དབྱིངས་སུ་སྐུ་གསུམ་དབྱེར་མེད་མཉམ་པ་ཉིད་ལ་གནས་བཞིན་དུ་འཕྲིན་ལས་ཀྱི་རོལ་གར་དཔག་ཏུ་མེད་པས། འགྲོ་ཁམས་དོང་ནས་སྤྲུགས་པའི་ནུས་པ་ཐོབ་བྱེད་ཀྱི་མན་ངག་ཡིན་གསུངས་ནི་རེད། འདི་རྟོགས་པའི་གང་ཟག་དེ་ལ་སྒྲིང་བཏགས་ན། ཆོས་བོར་བ་ཟེར་རྒྱུ་བོ་ཡིན་ནི་རེད། དེ་ཙི་ལ་གསུངས་ནི་རེད་ཟེར་ན། ཆེད་དུ་ཡིད་ལ་བྱ་རྒྱུའི་ཆོས་གང་ཡང་ཡོད་ནི་མ་རེད། དེ་ཡན་ཆད་ཀྱིས་རྩ་བའི་ས་བཅད་གསུམ་པ་མཁའ་ལྟར་མཉམ་པ་ཉིད་ལ་གནས་པའི་མན་ངག་གསུངས་ཚར་ནི་རེད། དེས་སྣང་བ་ཡུལ་གྱི་བློ་ཅན་ལ་རྒྱས་པར་བཤད་པ་སོང་ནས། འདི་ནས་མར་ལ་རིག་པ་རང་སྣང་གི་བློ་ཅན་ལ་བསྡུས་ཏེ་བསྟན་པ་ནི། **དེ་ཡང་དཔལ་ས་ར་ཧས**་འདི་སྐད་གསུངས་ཏེ། **བསམ་དང་བསམ་བྱ་རབ་ཏུ་སྤངས་ནས་སུ། །བསམ་མེད་བུ་ཆུང་ཚུལ་དུ་གནས་བྱ་ཞིང་། །ཞེས་བཞག་ཐབས་དང་།** གསུངས་ན། བསམ་དང་གསུངས་དུས་བསམ་པ་རྟོག་ཚོགས་ཀྱི་ཞེན་འཛིན་གཅིག་འཕྲོར་གཅིག་མཐུད་དེ་རྣམ་རྟོག་སྣ་ཚོགས་ཤར་གྱིན་འདུག་རྒྱུ་དེ་དང་ནི། བསམ་བྱ་གསུངས་ན་ཡུལ་གྱི་སྣང་བ་སྣ་ཚོགས་སུ་ཤར་བ་གང་ཡང་ཡིད་ལ་བྱེད་པ་རབ་ཏུ་སྤངས་ནས་སུ། བསམ་མེད་བུ་ཆུང་ཚུལ་དུ་ཇི་ལྟར་གནས་དགོས་ནི་རེད་ཟེར་ན། རྟོག་ཅིང་དཔྱོད་པས་ཅི་ཡང་བསམ་དུ་མེད་པ་བུ་ཆུང་སྐྱེས་ནས་ཡུན་རིང་མ་ལོན་ནི་ཞིག་གི་ཚུལ་བཞིན་དུ་རང་བབས་ཏུ་གནས་པར་བྱ་ཞིང་། ཞེས་གསུངས་པའི་བཞག་ཐབས་དང་ལྡན་པར་བྱ་དགོས་གསུངས། དང་པོ་རིག་ངོ་མ་འཕྲོད་གོང་ལ་བཞག་ཐབས་འདི་གནད་ཆེ་ནི་རེད། **བླ་མའི་ལུང་ལ་བསྒྲིམས་ཏེ་རབ་འབད་ན། །ཞེས་རིག་པ་ངོ་སྤྲོད་པའི་མན་ངག་དང་ལྡན་པར་བྱས་ནས།** གསུངས་ཏེ། ལྟ་བའི་དངོས་གཞི་ནི་འཇིག་རྟེན་ལས་འདས་པའི་ཡེ་ཤེས་ཡོན་ཏན་ཐམས་ཅད་བླ་མ་དགེ་བའི་བཤེས་གཉེན་ལ་བརྟེན་ནས་བྱུང་བ་དང་། ཁྱད་པར་དུ་བྱིན་རླབས་འཕོ་བའི་ཁྲིད་ལུགས་འདིར་ཟོལ་མེད་ཀྱི་

དད་པ་དང་ཡིདས་མེད་ཀྱི་བརྩོན་འགྲུས་དྲག་པོས་བླ་མའི་མན་ངག་ལྟར་འབད་པ་གཅིག་ཕྱུ་གལ་ཆེ། མན་ངག་གང་ཡིན་ན། སྨིན་བྱེད་ཀྱི་དབང་དང་། གྲོལ་བྱེད་ཀྱི་ཁྲིད། ཐུན་མིན་མན་ངག་ཟབ་མོའི་གནད་གསུམ་པོ་དང་ལྡན་པར་བྱས་ན། **ལྷན་གཅིག་སྐྱེས་པ་འབྱུང་བར་ཐེ་ཚོམ་མེད། །ཅེས་གདོད་ནས་རང་གི་སེམས་དང་ལྷན་ཅིག་སྐྱེས་པ་སེམས་ཀྱི་ཆོས་ཉིད་རིག་པ་རང་བྱུང་གི་ཡེ་ཤེས་འབྱུང་སྟེ།** ཞེས་གསུངས་ཏེ། གདོད་མ་ཉིད་ནས་རང་སེམས་འདི་གྲུབ་ཙམ་པ་དང་མཉམ་དུ། བུ་རམ་དང་མངར་བ་བཞིན་ལྷན་ཅིག་སྐྱེས་པའི་སེམས་ཀྱི་ཆོས་ཉིད་སེམས་དང་སྐད་ཅིག་ཙམ་ཡང་འབྲལ་མ་མྱོང་བ། སེམས་ལས་མ་བྱུང་བའི་རིག་པ། རྒྱུ་ལས་མ་བྱུང་བའི་འབྲས་བུ། ལུང་ལས་མ་བྱུང་བའི་རང་བྱུང་གི་ཡེ་ཤེས། གཉུག་མའི་སེམས་སམ། གཞི་རྒྱུད་དམ། བདེར་གཤེགས་སྙིང་པོ། རང་བྱུང་ཡེ་ཤེས། སེམས་ཀྱི་ཆོས་ཉིད། གཉུག་མ་དོན་གྱི་འོད་གསལ། ཆོས་སྐུ་གཞིར་གནས་ཀྱི་ཡེ་ཤེས། གསར་རྒྱུད་ཚོའི་ནང་ནས་གསུང་རྒྱུའི་མི་ཤིགས་དོན་གྱི་ཐིག་ལེ་སོགས་གང་ཅན་པོ་གསུངས་ན་མདོ་གཅིག་ཡིན་ནི་རེད། དེ་ལྟ་བུའི་ཡེ་ཤེས་དེ་ཅི་མོ་ཞིག་ཡིན་ནི་རེད་ཟེར་ན། རྒྱུན་དུ་བཤད་ཀྱིན་འདུག་རྒྱུའི་ངོ་བོ་སྟོང་པ། རང་བཞིན་གསལ་བ། ཐུགས་རྗེ་ཀུན་ཁྱབ་དབྱེར་མེད་པ་དེ་ངོ་འཕྲོད་པ་ཞིག་འབྱུང་གསུངས་ནས་དེའི་མིང་ལ་ལྟ་བ་ངོས་ཟིན་པ་ཟེར་རྒྱུ་དེ་ཡིན་གསུངས་ནི་རེད། **དེ་ནི་ཆོས་ཀུན་གྱི་ཆོས་ཉིད་དང་ཐ་དད་མེད་པ་གཉུག་མ་དོན་གྱི་འོད་གསལ་ཡང་ཡིན་ནོ།** །གསུངས་ནས། གདོད་ནས་རང་གི་སེམས་དང་དབྱེར་མེད་པའི་རང་བྱུང་གི་ཡེ་ཤེས། གནས་ལུགས་སྟོང་གསལ་དབྱེར་མི་ཕྱེད་པ་དེ་ནི་ཆོས་ཀུན་གྱི་ཆོས་ཉིད་དང་དབྱེར་མེད་པ་སྲིད་ཞི་ཀུན་ཁྱབ་ཀྱི་ཡེ་ཤེས། ཆོས་ཐམས་ཅད་ཀྱི་ཁྱབ་བྱེད་ཀྱི་ཡེ་ཤེས་ཡིན་པས་ཆོས་ཀུན་གྱི་ཆོས་ཉིད་མཐར་ཐུག་པ་ཡིན་ལ་གསུངས་ནི་རེད། སྔགས་རྒྱུད་ཚོའི་ནང་ནས་ཡང་ཡང་འབྱུང་གིན་འདུག་རྒྱུའི་གཉུག་མ་དོན་གྱི་འོད་གསལ་ཡང་འདི་ཁོ་ན་ཡིན་ནོ་གསུངས་ནས་ཐག་བཅད་ནི་རེད། **དེས་ན་རང་བབས་བཞག་པ་དང་། རང་ངོ་ཤེས་པའི་རིག་པའམ་སེམས་ཀྱི་ངོ་བོའམ་ཆོས་ཉིད་སྐྱོང་ཚུལ་འདི་གནད་བརྒྱ་གཅིག་འདུས་ཀྱི་མན་ངག་ཡིན།** གསུངས་ན། ལྟ་བས་

གཏན་ལ་ཕབ་ཀྱིན་འདུག་རྒྱུ་དེ་སྟོང་གསལ་དབྱེར་མེད་ཀྱི་རིག་པ་འདི་ཁོ་ན་ཡིན་པའི་སྟབས་ཀྱིས་སྒོམ་པས་ཉམས་སུ་ལེན་པའི་ཚེ་ན་ཡང་འཛིན་སྟངས་གང་ཡང་ཡིད་ལ་མི་བྱ་བར་རང་བབས་སུ་བཞག་པ། རྣམ་རྟོག་འཆར་བའི་ཆ་ཐམས་ཅད་འཕྲོད་མཐུད་མེད་པར་བཞག་པ་ཞི་གནས་དང་། རང་གི་ཆོས་ཉིད་མཐའ་བྲལ་གྱི་ངོ་བོ་རིག་ཆ་རྗེན་པའི་ཆ་གསལ་དྭངས་ངར་ཆ་ཅན་གཟུང་འཛིན་དང་བྲལ་བར་ཤེས་པའི་རིག་པ་ལ་ལྷག་མཐོང་ཞེས་བརྗོད་པའམ། ཡང་ན་བརྗོད་ཚུལ་གཞན་ཞིག་བྱས་ན་སྤྲ་མ་རང་བབས་སུ་བཞག་པ་དེ་ལ་སེམས་ཀྱི་ངོ་བོ་སྐྱོང་བའམ། ཕྱི་མ་གནས་ལུགས་མཐོང་བ་དེ་ལ་ཆོས་ཉིད་སྐྱོང་ཚུལ་གསུངས་པའི་གནད་འདི་ནི་མདོ་སྔགས་ཀྱི་ཆོས་ཚུལ་རྒྱ་མཚོ་ལྟ་བུའི་ཟབ་གནད་གཅིག་ཏུ་འདུས་པའམ། ཡང་གསང་སྙིང་ཐིག་གི་རྒྱུད་ལུང་མཐའ་དག་གི་ཟབ་གནད་བརྒྱ་ཕྲག་མང་པོ་གཅིག་འདུས་ཀྱི་མན་ངག་རྫོགས་པ་ཆེན་པོའི་རྒྱུད་འབུམ་ཕྲག་དྲུག་ཅུ་རྩ་བཞིའི་དགོངས་དོན་གྱི་གནད་ཐམས་ཅད་ཀྱང་འདུས་པ་ཡིན་པས་ཉིན་མཚན་ཁོར་ཡུག་ཏུ་འདི་ཉིད་ཉམས་སུ་ལེན་པར་བྱ་དགོས་ནི་རེད། གསུངས་ཏེ་ཞོར་དུ་གདམས་པ་མཛད་ནི་རེད། **རྒྱུན་དུ་སྐྱོང་རྒྱུའང་དེ་ཡིན་** གསུངས་ན། ཉམས་སྣང་སྣ་ཚོགས་ལ་ཞེན་མེད་ཀྱི་རྩལ་སྦྱོང་བ་དང་མཉམ་རྗེས་དབྱེར་མེད་པའི་ཐབས་ལ་བརྩོན་པའི་སྐབས་དང་། སྤྱོད་ལམ་རྣམ་བཞི། ཐུན་དང་ཐུན་མཚམས་ཀྱི་སྐབས་སོགས་དུས་རྒྱུན་དུ་སྐྱོང་རྒྱུ་ཡང་རང་བབས་སུ་བཞག་པ་དང་རང་ངོ་ཤེས་རྒྱུ་དེ་གཉིས་ཀ་ཡིན་པས་ན། ལྟ་སྒོམ་གྱིས་མ་ཟད་སྤྱོད་པའི་གཞི་ཡང་འདི་ཁོ་ན་ལ་བརྟེན་དགོས་པ་དེ་མོ་ཡིན་ནི་རེད། **གོམས་པའི་ཚད་ནི་མཚན་མོ་འོད་གསལ་གྱིས་འཛིན།** གསུངས་ན། རྟགས་སྤྱོད་པས་སྟོན་ཚད་རྨི་ལམ་གྱིས་འཛིན་གསུངས་ནི་རེད་པས། གོམས་པའི་ཚད་དེ་མཚན་མོ་འོད་གསལ་འཆར་ལུགས་ཀྱིས་ཤེས་ནི་རེད། ཉིན་དཀར་སྣང་འཛིན་ལྷིང་པོ་ཞིག་ཨེ་ཡིན། མིན་ན་སེམས་བྱུང་འོག་འགྱུ་ཕྲ་མོ་ཅན་ལ་འདུག་རྒྱུ་དེ་སྒོམ་ཡིན་སྣང་ཤར་ཡང་། མཚན་སྣང་ནག་ཐིམ་མི་འགྲོ་རྒྱུ་དང་། འཁྲུལ་འབྱམས་དུག་ལྔ་རྒྱ་འབྱམས་སུ་འགྲོ་རྒྱུ་མ་གཏོགས་མེད་དུས། བར་དོ་དང་པོ་ལ་གྲོལ་དཀའ་ནི་རེད། གསང་བ་སྙན་རྒྱུད་ཀྱི་ལུང་ལས། རབ་ནི་འཆར་དང་འབྲིང་གིས་ཤེས། །ཐ་

མ་འགྱུར་བ་ངེས་པ་སྟེ། །གསུངས་ནི་རེད། རྣལ་འབྱོར་པ་དབང་པོ་ཡང་རབ་རྣམས་ལ་སྐྱེ་བ་འདིར་འཚང་རྒྱ་བའི་རྟགས་ལ། རྨི་ལམ་འོད་གསལ་གྱི་འཁོར་ལོར་ཤར་ནི་རེད། འབྲིང་ཞིག་ཡིན་ན་རྨི་ལམ་རྨི་ལམ་དུ་ངོ་ཤེས་པས་མ་ཚད། རྨི་ལམ་བཟུང་ནས་སྤྲུལ་སྒྱུར་བྱེད་ཐུབ་ནི་རེད། ཐ་མ་འགྱུར་བ་ངེས་པ་སྟེ། །གསུངས་པས་དབང་པོ་ཐ་མའི་རིགས་ཅན་ཡིན་ཡང་བག་ཆགས་ངན་པའི་རྨི་ལམ་རྒྱུན་ཆད་ནས་བཟང་པོར་འགྱུར་ངེས་པ་ཡིན་གསུང་ནི་རེད། དེས་ན་མཚན་མོའི་འོད་གསལ་ལ་སྦྱང་རྒྱུའི་ཐད་འདིར་དང་པོ་ཙུང་ཟད་གོམས་པའི་སྐབས་སུ་རྨི་ལམ་དགེ་བར་འགྱུར། དེ་ནས་རྨི་ལམ་ངོ་ཤེས་ནས་ཉམས་ལེན་གྱི་ངང་ལ་བཞག་དུས་རྨི་ལམ་འོད་གསལ་ཟིན་ཡོང་ནི་རེད། ཡང་འགའ་རེས་གཉིད་རན་ཁར་སྒོམ་པའི་ངང་ལ་བཞག་ནས་གཉིད་སོང་དུས། གཉིད་པའི་སྐབས་དེར་འོད་གསལ་ངོས་འདི་ཟིན་ཐལ་ཟེར་རྒྱུ་མེད་ཀྱང་། ཡར་ལ་སད་དུས་སྔར་གྱི་གཉིད་ཁའི་ཉམས་ལེན་གྱི་ངང་དེ་མ་ཤོར་ནས། དེའི་ཐོག་ལ་གནས་ཡོད་ན་དེ་ལ་མཐུག་པོའི་འོད་གསལ་གསུངས་ཀྱིན་ཡོད་ནི་རེད། དེ་ལྟར་གང་འཚམས་ནས་གཉིད་སོང་ཡང་ཉེ་འཁོར་གྱི་གཟུགས་སྒྲ་ལ་སོགས་པ་མཐོང་ཐོས་ཡོད་པ་དང་། ཉམས་ལེན་ལྷག་པར་ཐེ་གསལ་ལ་འགྲོ་རྒྱུ་དེ་དག་ཕྲ་མོའི་འོད་གསལ་ཟིན་པ་ཡིན་ནི་རེད། འདིའི་སྲབ་མཐུག་གསུངས་པ་དེ་འོད་གསལ་སྲབ་མཐུག་ལ་གསུངས་ནི་མ་རེད། གཉིད་སྲབ་མཐུག་གི་སྐབས་ཀྱི་འོད་གསལ་ཟིན་ལུགས་ལ་གསུངས་ནི་རེད། དེ་ནས་སྣང་མཆེད་ཐོབ་གསུམ་ངོས་ཟིན་ནས། སྒོ་ལྔ་ཡིད་ལ་ཐིམ། ཡིད་ཀུན་གཞིའི་རྣམ་ཤེས་ལ་ཐིམ། ཀུན་གཞིའི་རྣམ་ཤེས་ཀུན་གཞི་ལ་ཐིམ། ཀུན་གཞི་ཡང་ཆོས་དབྱིངས་འོད་གསལ་གྱི་ངང་ལ་ཐིམ་པ་ངོས་ཟིན་ནས། ཉིན་དང་མཚན་དུ་དེ་ལས་མ་འདས་ན་ཉིན་མཚན་རྟག་ཏུ་འོད་གསལ་གྱི་འཁོར་ལོ་ལ་སྤྱོད་པ་ཡིན་ནི་རེད། གཉིད་དང་འཆི་བ་གཉིས་ཀ་ཕྲ་རགས་ཙམ་ཞིག་མ་གཏོགས་འདྲ་ནི་ཡིན་པས་མན་ངག་འདི་ཆོ་ཤིན་ཏུ་གལ་ཆེན་ཡིན་ནི་རེད། **ཡང་དག་པའི་ལམ་ཡིན་པའི་རྟགས་ནི་དད་པ་དང་སྙིང་རྗེ་ཤེས་རབ་སོགས་རང་ཤུགས་ཀྱིས་འཕེལ་བས་རྟོགས།** ཞེས་གསུངས་ན། དེའི་ཚད་ཐིག་དེ་ཐེ་འདྲ་ཞིག་ཡིན་ནི་རེད་བསམས་ན། ཡང་དག་མ་ནོར་བའི་ལམ་ཡིན་པའི་

ཧྲགས་ནི། མན་ངག་སྟོན་པའི་བླ་མ་ལ་སངས་རྒྱས་དངོས་མཐོང་གི་དང་བའི་དད་པ་དང་། ངེས་བསྟན་པའི་དམ་པའི་ཆོས་ཀྱི་ཆེ་བ་དང་ཟབ་ཁྱད་གཞན་དང་མི་འདྲ་བ་མཐོང་ནས། ཡིད་ཆེས་པའི་དད་པ་སྐྱེ་རྒྱུ་དང་། གནད་ཀྱི་སྙིང་པོ་དེ་དུས་རྟག་ཏུ་མི་བསྐྱུར་བར་ཉམས་སུ་ལེན་བསམ་རྒྱུ་ལ་ཕྱིར་མི་ལྡོག་པའི་ལྡོག་མེད་ཀྱི་དད་པ་བརྟན་པོ་བཅས་རྩོལ་མེད་རང་ཤུགས་སུ་སྐྱེས་ཡོང་བའི་སྐབས་དེར། སེམས་ཅན་ཐམས་ཅད་ལ་བུ་གཅིག་པུའི་མའི་འདུ་ཤེས་ལྟ་བུའི་སྙིང་རྗེ་ཞིག་མི་འབྱུངས་པའི་ཐབས་ཡོད་ནི་མ་རེད། གཞན་གྱི་སྡུག་བསྔལ་ཆེ་ཕྲ་ཐམས་ཅད་རང་ཐོག་ལ་ལེན་ནུས་པ་དང་། རང་གི་ལུས་ལོངས་སྤྱོད་དགེ་རྩ་ཐམས་ཅད་གཞན་ལ་གཏོང་ནུས་རྒྱུ། སེམས་ཅན་གཞན་གྱིས་རང་ཉིད་ལ་མི་སྙན་པ་བརྗོད་པ་དང་ནི་རྡུང་རྡེག་བྱེད་པ། ཐ་ན་གསོད་གྲབས་བྱས་ཀྱང་ཁྲོ་བ་མེད་ནི་ཞིག་ཡོང་གིན་ཡོད་ནི་རེད། དེའི་ཐོག་ལ་མདོ་སྔགས་རིག་གནས་ཐམས་ཅད་ལ་སྦྱངས་པ་ལྷག་ཏུ་མ་བྱས་ཀྱང་། འབད་མེད་དུ་རྟོགས་ནུས་པའི་སློབས་པའི་གཏེར་བརྒྱུད་ལ་དབང་འབྱོར་བའི་ཤེས་རབ་དང་། དུས་གསུམ་ཤེས་བྱའི་སྣང་བ་མ་འདྲེས་པར་མཐོང་རྒྱུ། བརྩོན་འགྲུས་དང་། དྲན་པ། ཉིང་འཛིན། ཤིན་སྦྱངས་ལ་སོགས་པ་མི་ཟད་པ་བརྒྱད་ཅུའི་ཡོན་ཏན་ཐམས་ཅད་རང་ཤུགས་ཀྱིས་འཕེལ་བས། རང་གིས་ཀྱང་ལམ་ཚད་འདི་འདྲ་ཞིག་ལ་ཐོན་ཡོད་ཀི་བསམ་རྒྱུ་བོ་རྟོགས་ཐུབ་ནི་ཞིག་ཡིན་གསུངས་ནི་རེད། **བདེ་ཞིང་ཚོགས་ཆུང་བ་ནི་རང་གི་ཉམས་སུ་སྨྱོང་བས་ཤེས།** གསུངས་ན། འདི་ལ་ལུས་ཀྱི་ཕྱུག་སྐྱོར་སྐྱིབ་སྦྱང་། ངག་གི་ཁ་བརྗོད་བཟླས་བརྗོད། ཡིད་ཀྱི་རྟོག་དཔྱོད་འཕྲོ་འདུ་མི་དགོས་པར་སྤབས་བདེ་ཞིང་ཚོགས་དཀའ་ལས་ཆུང་རྒྱུ་བོ་ནི་རང་གི་ཉམས་སུ་སྨྱོང་བས་ཤེས་ཐུབ་ནི་རེད་གསུངས་ནི་རེད། ཆོས་སྤྱོད་བཅུའི་སྦྱོར་པ་ཟུར་ནས་མི་དགོས་རྒྱུ་དང་། བསྐྱེད་རྫོགས་སྒོམ་པ་ལྟ་བུའི་སེམས་འཛིན་གྱི་རྩོལ་བ་དང་། དབང་དཀྱིལ་འཁོར་སྒྲུབ་བསྒྲིག་མཆོད་པ་ལྟ་བུའི་ལུས་ངག་གི་ངལ་བ་གང་ཡང་བསྟེན་མི་དགོས་པར། ངའི་བླ་མ་འཇིགས་མེད་ཡོན་ཏན་མགོན་པོ་ཚང་གིས། ཚེ་གང་སྒྲུབ་ལ་དྲིལ་བའི་བྱས་ཡུས་ཤིག་མེད་ཀྱང་། །རི་དྭགས་ཐང་ཀར་ཞིག་པའི་བྱུར་མེད་ཀྱི་རྒྱལ་ས། །མ་བཅལ་གཞི་ལ་ཟིན་པ་བླ་མ་ཡི་བཀའ་

དྲིན། །བསམ་བཞིན་དགའ་སྤྲོའི་སྣང་བ་འགོག་མེད་དུ་ཤར་སོང་། །གསུངས་ནི་འདྲ་བོ་དང་། ཞབས་དཀར་ཚང་གིས། བྱར་མེད་ཅོག་གེར་བཞག་པས་ཆོག་པ་ལ། །དེ་ལ་མ་ནུས་བྱ་བ་ཅི་ལ་ཟེར། །ད་ལྟའི་ཤེས་པ་འདི་ཀ་ཡིན་པ་ལ། །འདི་ལ་མ་ཤེས་བྱ་བ་ཅི་ལ་ཟེར། །གསུངས་ནི་འདྲ་འདྲའི་རང་བཞག་བདེ་ཉལ་ཁོ་ནས་ས་ལམ་དུས་གཅིག་ལ་ཆོད་ནི་ཡིན་པས། བདེ་ཞིང་ཆོགས་ཆུང་བ་དེ་དེའི་སྐབས་ཀྱི་ཉམས་སུ་མྱོང་བས་ཤེས་རྒྱུ་ཅན་ཞིག་ཡིན་ནི་རེད། **ཟབ་ཅིང་མྱུར་བ་ནི་ཤིན་ཏུ་འབད་རྩོལ་ཆེན་པོས་བསྒྲུབ་པའི་ལམ་གཞན་ལ་ཞུགས་པ་རྣམས་དང་རྟོགས་ཚད་བསྡུན་པས་ངེས་པ་ཡིན་ནོ།** །ཞེས་གསུངས་ཏེ། ཟབ་པའི་ཐད་ནས་ཐེག་རིམ་དགུའི་ཡང་རྩེ་རྒྱུ་འབྲས་གཉིས་ཀྱི་ནང་ནས་རྩོལ་མེད་འབྲས་བུའི་ཐེག་པ་ཡིན་པས། འདི་ལས་ཟབ་པའི་གདམས་ངག་ཡོད་ནི་མ་རེད། མྱུར་བའི་ཐད་ནས་ཡིན་ན། མདོ་ལམ་ལྟ་བུའི་དབང་དུ་བྱས་ན་དབང་པོ་ཤིན་ཏུ་རྣོན་པོ་ཡིན་ཡང་བསྐལ་ཆེན་གྲངས་མེད་གཅིག་གི་བར་དུ་ཚོགས་བསགས་སྒྲིབ་པ་སྦྱངས་ནས། མཐར་མཐོང་ལམ་རྣམ་པར་མི་རྟོག་པ་ངོ་འཕྲོད་ནས་བསྒོམས་ཀྱང་བསྐལ་ཆེན་གྲངས་མེད་གཉིས་མ་སོང་ན་སངས་རྒྱས་ཐོབ་མི་ཐུབ་ཅིང་། ཕྱི་རྒྱུད་སྡེ་གསུམ་ལ་མཚོན་ན། མི་ཚེ་བཅུ་དྲུག་མ་སོང་གི་བར་ལ་རང་འབྲས་མི་ཐོབ། བླ་མེད་ཀྱི་རྒྱུད་སྡེ་ཐམས་ཅད་ཀྱི་སྒོ་ནས་ཡིན་ན། བརྩོན་པ་ཤིན་ཏུ་དྲག་པོ་ཞིག་བརྟེན་ནུས་ན་ཚེ་གཅིག་གིས་སངས་རྒྱས་ཐོབ་པར་གསུངས་ཡོད་ནི་རེད་ཀྱང་། དེའི་ནང་གི་གསར་རྒྱུད་ཚོའི་དབང་དུ་བྱས་ན། རིམ་ལྔ་དང་སྦྱོར་དྲུག་ལྟ་བུ་རྩོལ་བཅས་ཀྱི་ཐབས་ལ་ཡུན་རིང་འབད་ནས་བཞི་བའི་འོད་གསལ་ད་གཟོད་མངོན་དུ་གྱུར་དགོས་རྒྱུ་དང་། རྙིང་རྒྱུད་ཀྱི་མ་ཧཱ་ཨ་ནུ་ཚོ་ལྟ་བུ་ཡིན་ན། བསྐྱེད་རྫོགས་ཀྱི་རྩོལ་བ་ལ་བརྟེན་ནས་ཡེ་ཤེས་མངོན་དུ་སྨིན་དགོས་རྒྱུ་དེ་ཚོ་ཐམས་ཅད་ཀྱང་། འདི་དང་བསྡུར་ན་ཁྱད་པར་ཆེན་པོ་ཡོད་ནི་རེད། བླ་མའི་བྱིན་རླབས་དང་སློབ་མའི་དད་པ་ནང་འཛོམས་པའི་རྐྱེན་གྱིས་སོ་སྐྱེ་འཆིང་བ་ཀུན་ལྡན་ཞིག་ཡིན་ན་ཡང་། རིག་པ་རང་བྱུང་གི་ཡེ་ཤེས་ངོ་སྤྲོད་ནས་རྩོལ་མེད་རང་བཞག་གི་ལམ་ཉམས་སུ་བླངས་ན། ལོ་གསུམ་གྱིས་སངས་རྒྱས་ཐོབ་ཐུབ་པའི་གདམས་པ་འདི་དང་བསྡུར་ན། རྐང་ཐང་ཞིག་དང་ཉི་ཟླའི་བགྲོད་པའི་མྱུར་ཁྱད་

སྣང་གིན་ཡོད་ནི་འདྲ་ཞིག་གི་ཁྱད་པར་ཡོད་ནི་དེ་མོ་ཡིན་ནི་རེད། **རང་སེམས་འོད་གསལ་བསྒོམ་པས་འབྲས་བུ་ཐོབ་རྒྱུའང་དེའི་སྟེང་གི་རྣམ་རྟོག་དང་དེའི་བག་ཆགས་ཀྱི་སྒྲིབ་པ་རང་སངས་ཏེ། མཁྱེན་གཉིས་རྩོལ་མེད་དུ་རྒྱས་ནས་གདོད་མའི་གཏན་སྲིད་ཟིན་ཏེ་སྐུ་གསུམ་ལྷུན་གྱིས་གྲུབ་པ་ཡིན་ནོ།** །ཞེས་གསུངས་ན། དང་པོ་བླ་མས་ལྟ་བ་ངོ་སྤྲོད་པ་དེའི་ཐོག་ལ་ཐག་བཅད། དེའི་ངང་ལ་རྒྱུན་དུ་གནས་པའི་སྒོམ་པས་དང་བསྐྱང་། དེའི་སྐབས་སུ་གང་ཤར་རང་སར་གྲོལ་བའི་སྤྱོད་པས་བོགས་དབྱུང་ན་སྐུ་གསུམ་ལྷུན་གྱིས་གྲུབ་པའི་འབྲས་བུ་མངོན་དུ་གྱུར་ཡོང་ནི་རེད། མི་ཕམ་ཚང་ཁོང་རིག་གིས། ལྟ་བ་འཛིན་མེད་རང་གསལ་ཡིན། །སྒོམ་པ་གཞི་མེད་རྩ་བྲལ་ཡིན། །སྤྱོད་པ་ཕྱོགས་མེད་གློ་བདེ་ཡིན། །འབྲས་བུ་སྐུ་གསུམ་ལྷུན་གྲུབ་ཡིན། །ཞེས་གསུངས་ཡོད་པ་ལྟར། རང་གི་སེམས་ཀྱི་ཆོས་ཉིད་འོད་གསལ་བདེ་གཤེགས་སྙིང་པོའི་དོན་སྒོམ་པའི་འབྲས་བུ་ཐོབ་པ་དེ་ཡང་། གཞི་ལ་མེད་པའི་འབྲས་བུ་རང་རྒྱུད་པ་གཞན་ཞིག་ཐོབ་པ་ཡིན་ནི་མ་རེད། སྤངས་པའི་ཡོན་ཏན་གྱི་ཐད་ནས་ཡིན་ན། རང་བཞིན་ལ་ཡུལ་དུ་འཁྲུལ་སོང་ནོ་དེས་བསྐྱེད་པའི་ས་རྟོ་ལ་སོགས་མ་དག་པའི་སྣང་བ་དང་། ཐུགས་རྗེ་ལ་སེམས་སུ་འཁྲུལ་ནས་དེ་ལས་ཤར་བའི་གཞི་རང་གི་བཞུགས་ཚུལ་དང་མི་མཐུན་པ། རྒྱུད་བརྟག་གཉིས་ལས། སེམས་ཅན་ཐམས་ཅད་སངས་རྒྱས་ཉིད། །འོན་ཀྱང་གློ་བུར་དྲི་མས་སྒྲིབ། །དྲི་མ་དེ་བསལ་སངས་རྒྱས་དངོས། །གསུངས་ནོ་ལྟར་དུ། སེམས་ཅན་ཐམས་ཅད་ངོ་བོ་ཡེ་དག་དང་རང་བཞིན་རྣམ་དག་གི་ཆ་ནས་སངས་རྒྱས་ཡིན་ཡང་། གློ་བུར་ཉོན་ཤེས་ཀྱི་དྲི་མས་སྒྲིབ་པ་ན། དེའི་སྟེང་གི་རྣམ་རྟོག་དང་དེའི་བག་ཆགས་ཀྱི་སྒྲིབ་པ་ཆེད་དུ་སྤངས་པ་མིན་པར། རང་སངས་རེད་སོང་དུས་དེ་དུས་སྤངས་པ་མཐར་སོན་པ་ཡིན་ནི་རེད། དེའི་སྐབས་མཁྱེན་གཉིས་རྩོལ་མེད་དུ་ཇི་ལྟར་རྒྱས་ནི་རེད་ཟེར་ན། ཆོས་ཉིད་ཇི་བཞིན་དུ་མཐོང་བ་ཇི་ལྟ་མཁྱེན་པའི་ཡེ་ཤེས་དང་། ཆོས་ཅན་མ་འདྲེས་པར་གཟིགས་པ་ཇི་སྙེད་མཁྱེན་པའི་ཡེ་ཤེས་ཏེ། མཁྱེན་པ་གཉིས་ཀ་རྩོལ་མེད་རང་བྱུང་གི་ཚུལ་དུ་རྒྱས་ནས། གདོད་མའི་གཏན་སྲིད་ནང་གསལ་བུམ་པའི་སྐུ། འབྲས་བུའི་མཐར་ཐུག་མངོན་དུ་གྱུར་

ནས། སླར་འཁོར་བར་འཁྲུམས་མི་དགོས་པའི་བཙན་ས་ཟིན་ཏེ། སྐུ་གསུམ་ལྷུན་གྲུབ་འབྲས་བུ་ཡིན། །གསུངས་ནོ་ལྟར་དུ། ཆོས་སྐུ་སྤྲོས་པ་དང་བྲལ་བ། ལོངས་སྐུ་ངེས་པ་ལྔ་ལྡན། སྤྲུལ་སྐུ་གང་ལ་གང་འདུལ་དུ་སྣང་བ་གསུམ་པོ་དབྱེར་མེད་པར་ལྷུན་གྱིས་གྲུབ་པ་འབྲས་བུའི་མཐར་ཐུག་བརྙེས་པ་ཡིན་ནོ་གསུངས་ནི་རེད། དེ་ཡན་ཆད་ཀྱིས་ཐོག་མར་དགེ་བ་སྐབས་ཀྱི་དོན་བཤད་བྱའི་ཡན་ལག་བཤད་པ་དང་། བར་དུ་དགེ་བ་གཞུང་གི་དོན་བཤད་བྱ་གཞུང་གི་དོན་ཆ་ཚང་བ་སོང་ནས།

ཐ་མར་དགེ་བ་མཇུག་གི་དོན།

ད་གསུམ་པ་ཐ་མར་དགེ་བ་མཇུག་གི་དོན། མཇུག་ཡོངས་སུ་རྫོགས་པའི་བྱ་བ། དམ་ཚིག་ལ་ཚད་བཙུགས་ནས་ཟབ་མོའི་གདམས་ངག་གསང་བར་གདམས་པ་དང་། གང་གིས་མཛད་པའི་མཛད་བྱང་སྨོས་པ་དང་གཉིས་ཡོད་པའི་ནང་གི

དམ་ཚིག་ལ་ཚད་བཙུགས་ནས་ཟབ་མོའི་གདམས་ངག་གསང་བར་གདམས་པ།

དང་པོ་དམ་ཚིག་ལ་ཚད་བཙུགས་ནས་ཟབ་མོའི་གདམས་ངག་གསང་བར་གདམས་པ་ནི། **ཟབ་པོ།** ཞེས་པ་བཀའ་རྟགས་ཀྱི་རྒྱ་ཡིས་བསྟན་ནི་རེད། མན་ངག་འདི་ནི་ཆོས་ཚུལ་གཞན་ལས་ཁྱད་དུ་འཕགས་པའི་བརྗོད་བྱ་གཏིང་ཟབ་པ་དང་། བྱིན་རླབས་ཀྱི་ཚན་ཁ་མ་ཉམས་པ། མཐོང་ཐོས་དྲན་རིག་ཐམས་ཅད་འཚང་རྒྱ་བར་བྱེད་པ་ཡིན་པར་བསྟན་ནི་རེད། **གུ་ཧྱ༔** ཞེས་པ་ཐ་ཚིག་གི་རྒྱ་ཡིས་ཅི་ཞིག་བསྟན་ནི་རེད་སྙམ་ན། ཆོས་འདི་ནི་ཤིན་ཏུ་གཏིང་ཟབ་ཅིང་། དཔོག་དཀའ་བ་ཡིན་པས་ན། སྣོད་དང་ལྡན་མིན་ལ་མི་བལྟ་བར་གང་ཐུག་སུ་བྱུང་ལ་བསྟན་ན། སྒྲོ་སྐུར་གྱི་དབང་གིས་ངན་འགྲོའི་རྒྱུར་འགྱུར་བ་དང་ནི། དམ་ཉམས་སོགས་ལ་བཤད་པས་དམ་ཚིག་ཉམས་ན། བྱིན་རླབས་ཀྱི་དྲོད་ཚད་ཡལ་འགྲོ་བ་དང་། བཀའ་སྲུང་དམ་ཅན་གྱི་འཁྲུ་ལྡོག་དྲག་པོ་ཡོང་རྒྱུ་ལ་སོགས་པ་མི་འདོད་པ་དུམ་

འབྱུང་བ་ཡིན་པས་ན། གསང་བར་གདམས་ནི་རེད། **ས་མ་ཡ༔** ཞེས་པ་དམ་ཚིག་གི་རྒྱ་འདིས་ཆོས་འདི་སྣོད་དང་ལྡན་མིན་ལ་མི་བལྟ་བར་སུ་ཡིན་ལ་སྤེལ་ན་གསང་སྒོ་འཆོལ་བས། དམ་ཚིག་ཉམས་པ་ཡིན་པའི་ཕྱིར་ན། ཡ་ཀྵ་ཁྲོ་བོས་སྙིང་ཁྲག་ཞོ་ལྟར་དུ་འཐུང་བ་དང་། ཚེ་འདིར་མི་འདོད་པ་སྣ་ཚོགས་ཀྱིས་མནར་ནས། ཕྱི་མར་རྡོ་རྗེའི་དམྱལ་བར་འགྲོ་དགོས་པས་ན་ས་མ་ཡ༔ གསུངས་ནས། དམ་ཚིག་ཚད་ལ་བཞག་ནས། ཟབ་པོ། གུ་ཧྱ༔ ས་མ་ཡ༔ གསུམ་གྱིས་གསང་བའི་མན་ངག་གསང་དགོས་པར་རྒྱ་རིམ་པ་གསུམ་གྱིས་བསྡམས་པ་ཡིན་ནི་རེད།

གང་གིས་མཛད་པའི་མཛད་བྱང་སྨོས་པ།

གཉིས་པ་དུས་ནམ་དུ་གང་གིས་མཛད་པ་པོའི་མཛད་བྱང་ནི། **རབ་ཆོས་མེ་རྟ་ཟླ་༢ཚེས་༡༢ལ་ཐོས་བསམ་ལ་ཆེར་མི་བརྩོན་ཡང་སེམས་ངོའི་ཉམས་ལེན་འདོད་པའི་གྲོང་སྔགས་པ་སོགས་ཀྱི་ཆེད་དུ། རྟོགས་ལྡན་ཆེན་པོ་ཕལ་གྱི་ཉམས་སྨྱོང་དམར་ཁྲིད་ཀྱི་ཆོས་སྐད་གོ་བདེ་དང་བསྡུན་པའི་གདམས་པ་ཟབ་མོ་མི་ཕམ་འཇམ་དཔལ་རྡོ་རྗེས་བཀོད་པ་དགེའོ། །མངྒ་ལཾ། །** ཞེས་གསུངས་ཏེ། རབ་ཆོས་ཞེས་པའི་རབ་འདི་ཕུག་ལུགས་ཀྱི་མེ་མཁའ་རྒྱ་མཚོའི་བོད་རབ་བྱུང་གི་རྩིས་མགོ་ རབ་བྱུང་རྣམ་བྱུང་དཀར་པོ་དང་ལ་སོགས་པའི་ལོ་དང་པོ་དེའི་མིང་དེ་བརྩི་གཞི་བྱས་ནས་དེ་ཉིད་དེའི་མན་གྱི་བརྩི་གཞི་རེད་སོང་ནི་རེད། དཔེར་ན་རབ་ཅེས་པ་རབ་བྱུང་དང་། ཆོས་གསུངས་ན་ཆོས་ཀྱི་ཟླ་བའི་ཆ་ཤས་ཡོངས་སུ་རྫོགས་པ་དེ་ཆོས་བཅོ་ལྔའི་ཉིན་ཡིན་པས། བཅོ་ལྔ་ལ་གོ་ནི་རེད། གྲངས་ཀྱི་མངོན་བརྗོད་ལ་ཆོས་ཟེར་རྒྱུ་དེ་གྲངས་བཅོ་ལྔའི་མངོན་བརྗོད་རེད། མངོན་བརྗོད་ཅེས་པ་མངོན་པར་བརྗོད་འདོད་ཀྱི་མིང་བཅོ་ལྔའི་མིང་ལ་ཆོས་ཞེས་བཏགས་ནི་འདྲ་ཞིག་རེད། དེ་དང་རབ་བྱུང་གཉིས་ཀ་ཚིག་སྡུད་ཀྱིས་སྤྲེལ་ནས་བོད་རབ་བྱུང་བཅོ་ལྔ་པ་ལ་རབ་ཆོས་ཟེར་རྒྱུའི་ཐ་སྙད་བཏགས་ནི་རེད། རབ་བྱུང་བཅོ་ལྔ་པའི་ལོ་རྒྱན་དྲུག་ཅུའི་ནང་ནས་མེ་ཕོ་རྟ་ཡི་ལོ་དེ། མེ་ཕོ་ཡིན་ཟེར་སྐྱུད་ཅིའི་ཕྱིར་རེད། མེ་མོ་ཡིན་ན་ཅི་ཤེས་བསམ་རྒྱུ

ཡོད་ནི་མ་རེད། ཁྲི་སྟག་འབྲུག་ཧ་སྤྲེལ་ཁྲི་ཐོ། །དེ་ལྟག་དྲུག་པོ་མོ་ལོ་ཡིན། །གསུངས་ནི་རེད། རྗེས་གཞུང་གི་ནང་ན་གཏན་འཁེལ་བྱས་བཞག་ཡོད་ནི་རེད། དེའི་ལོ་དེའི་རྗེར་ཟླ་གཉིས་པའི་ཚེས་བཅུ་གཉིས། ཟླ་བའི་ཡར་ཚེས་ལ་དཀར་ཕྱོགས་དང་མར་ཚེས་ལ་དམར་ཕྱོགས་ཟེར་རྒྱུ་བོ་ཟླ་བའི་འཕེལ་འགྲིབ་ཀྱི་ཆ་ནས་ཟླ་བ་རེ་རེར་ཕྱོགས་གཉིས་རེ་ཡོད་ནི་རེད། ལོ་གསུམ་ཕྱོགས་གསུམ་ལ་མཚམས་བསྡམ་ཟེར་རྒྱུ་དེ་ཚོ་ལོ་གསུམ་དང་ཟླ་ཕྱེད་གསུམ་ལ་ཟེར་གྱིན་ཡོད་ནི་རེད། དེ་ལྟ་བུའི་ཡར་ཚེས་བཅུ་གཉིས་ཀྱི་ཉི་མ་ལ་ཐོས་བསམ་གྱི་གྲྭ་ས་མ་འགྲིམས་པས་འདི་སྦྱངས་ཐལ་བསམ་རྒྱུའི་བརྗོད་པ་མི་མངོན་ན་ཡང་། སེམས་ངོའི་ཉམས་ལེན་སེམས་ཉིད་དེ་བཞིན་ཉིད་སྤྲོས་པ་དང་བྲལ་བའི་རིག་པ་ཆོས་སྐུའི་ངོ་བོ་དང་འདུ་འབྲལ་མེད་པའི་ལྟ་སྒོམ་སྤྱོད་འབྲས་ཀྱི་ཁྱེར་སོ་དང་མི་འབྲལ་བའི་ཉམས་ལེན་ལ་བརྩོན་འདུན་ཡོད་པའི་གྲོང་ངམ་ཁྱིམ་ན་གནས་པའི་སྡུགས་པ་དང་སྡུགས་མ་ལ་སོགས་པ། མདོར་ན། ཡམ་འདིར་མོས་པ་དང་དོན་གཉེར་ཅན་ཐམས་ཅད་ཀྱི་ཆེད་དུ། སྐབས་བདེ་མོ། དཀའ་ལས་མེད་པར། དོན་ཆེན་པོ་སངས་རྒྱས་རང་ལག་ལ་ཡོད་པའི་ཉེ་ལམ། རྫོགས་ལྡན་རྒན་པོ་ཚོའི་ཉམས་མྱོང་དམར་ཁྲིད་ཐད་ཀར་དམར་འཛུས་བྱས་ཏེ་བཤད་པའི་གོ་བདེ་རྒྱུ་གཙོ་བོར་བྱས་པའི། གདམས་པ་ཟབ་མོ། དུས་གསུམ་སངས་རྒྱས་ཐམས་ཅད་ཀྱི་དགོངས་པ་ལག་ཏུ་བླངས་ནས་བསྟན་པའི་གདམས་པ་ཟབ་མོ་འདི། ཁོང་མི་ཕམ་འཇམ་དཔལ་དགྱེས་པའི་རྡོ་རྗེས་བཀོད་པའོ་གསུངས་ན་འདིའི་མཛད་བྱང་དང་བཅས་པ་གདམས་པ་ཟབ་མོ་ཆ་ཚང་བ་བཤད་གྲུབ་པའོ། །

བསྔོ་བ་དང་སྨོན་ལམ།

དེ་ལྟར་ཆོས་འཆད་ཉན་བྱས་པའི་དགེ་བའི་རྩ་བ་འདིས་མཚོན་ཏེ་རང་གཞན་སེམས་ཅན་ཐམས་ཅད་ནས་ཕྱོགས་བཅུའི་རྒྱལ་བ་སྲས་བཅས་དང་བཅས་པས་དུས་གསུམ་ཀུན་ཏུ་བསགས་པའི་ཟག་བཅས་དང་ཟག་མེད་ཀྱི་དགེ་ཚོགས་ཐམས་ཅད་གཅིག་ཏུ་བསྡུས་ཏེ་བསྔོམས་ནས། ཀུན་མཁྱེན་རྒྱལ་བ་ཤཱཀྱ་སེང་གེའི་བསྟན་པ་རིན་པོ་ཆེ་ལུང་དང་རྟོགས་པའི་བདག་ཉིད་ཅན་

བཤད་དང་སྒྲུབ་པ་གཉིས་ལྡན་གྱིས་འཛིན་སྐྱོང་སྤེལ་ཏེ་ཕྱོགས་དུས་གནས་སྐབས་ཀུན་ཏུ་དར་ཞིང་རྒྱས། བསྟན་འཛིན་གྱི་སྐྱེས་བུ་རླབས་ཆེན་བསྟན་འགྲོའི་དཔལ་མགོན་གང་ན་འཚོ་ཞིང་བཞེས་པ་དག་གི་སྐུ་ཚེའི་ཞབས་པད་བརྟན། ཐུགས་བཞེད་གེགས་མེད་དུ་འགྲུབ། དགེ་འདུན་འདུས་པའི་སྡེ་ཐམས་ཅད་ཐུགས་མཐུན། ཁྲིམས་གཙང་། བསླབ་པ་གསུམ་གྱི་ཡོན་ཏན་གོང་ནས་གོང་དུ་འཕེལ། ཡངས་པའི་རྒྱལ་ཁམས་ཐམས་ཅད་དུ་ནད་མུག་མཚོན་འཁྲུགས་འབྱུང་བཞིའི་འཇིགས་པ་ལ་སོགས་པ་རྒུད་པའི་སྐལ་བ་ངན་པ་ཐམས་ཅད་ཞི། འབྲེལ་ཐོགས་འགྲོ་བས་གཙོས་པའི་མཁའ་མཉམ་རིགས་དྲུག་གི་སེམས་ཅན་ཐམས་ཅད་མཐར་ཐུག་བླ་ན་མེད་པ་ཡང་དག་པར་རྫོགས་པའི་བྱང་ཆུབ་ཀྱི་གོ་འཕང་ཐོབ་པའི་རྒྱུར་འགྱུར་བའི་ཕྱིར་དུ། སྤྱིར་རྒྱལ་བ་སྲས་དང་བཅས་པས་ཇི་ལྟར་བསྔོས་པ་བཞིན་དུ་བསྔོ་བའི་ཐུགས་འདུན་ཟབ་མོ་གནང་བར་ཞུའོ།། །།

བསོད་ནམས་འདི་ཡིས་ཐམས་ཅད་གཟིགས་པ་ཉིད། །
ཐོབ་ནས་ཉེས་པའི་དགྲ་རྣམས་ཕམ་བྱེད་ཅིང་། །
སྐྱེ་རྒ་ན་འཆི་རྦ་རླབས་འཁྲུགས་པ་ཡི། །
སྲིད་པའི་མཚོ་ལས་འགྲོ་བ་སྒྲོལ་བར་ཤོག །

འཇམ་དཔལ་དཔའ་བོས་ཇི་ལྟར་མཁྱེན་པ་དང་། །
ཀུན་ཏུ་བཟང་པོ་དེ་ཡང་དེ་བཞིན་ཏེ། །
དེ་དག་ཀུན་གྱི་རྗེས་སུ་བདག་སློབ་ཕྱིར། །
དགེ་བ་འདི་དག་ཐམས་ཅད་རབ་ཏུ་བསྔོ། །

འདིས་མཚོན་དུས་གསུམ་བསགས་པའི་དགེ་རྩ་ཀུནཿ
དྲན་རིག་ཟག་པ་མེད་པའི་ཡེ་ཤེས་ཀྱིསཿ
འཁོར་གསུམ་ཡོངས་དག་ཆེན་པོར་རྒྱས་བཏབ་ནསཿ
གནས་ལུགས་རྫོགས་པ་ཆེན་པོའི་ཀློང་དུ་ཨཿ

སྤྱི་ལོ་༢༠༠༧ལོར་སྐབས་རྗེ་རིན་པོ་ཆེས་རྫོགས་ཆེན་པདྨ་ཐང་ལུང་རྟོགས་པདྨའི་དགའ་ཚལ་དུ་ཁྲིད་ཡིག་ཡེ་ཤེས་བླ་མའི་རྗེས་འབྲེལ་དུ་ལྷུགས་ཁྲིད་གནང་བ་དགུ་རོང་སྤྲུལ་སྐུ་ཨོ་རྒྱན་བསྟན་འཛིན་ནས་སྐྲ་ཐག་ལས་འཕྲི་སྐྱོན་མེད་པར་ཟིན་བྲིས་སུ་ཕབ་པའོ།།

www.ingramcontent.com/pod-product-compliance
Lightning Source LLC
Chambersburg PA
CBHW022012160426
43197CB00007B/403
9780956859631